国学公开课系列

老子公开课

刘亚玲 ◎ 编著

当代世界出版社
THE CONTEMPORARY WORLD PRESS

图书在版编目（CIP）数据

老子公开课 / 刘亚玲编著 . —北京：当代世界出版社，2016.11
ISBN 978 - 7 - 5090 - 1144 - 7

Ⅰ.①老… Ⅱ.①刘… Ⅲ.①老子—哲学思想—思想评论 Ⅳ.①B223.15

中国版本图书馆 CIP 数据核字（2016）第 266480 号

书　　名：	老子公开课
出版发行：	当代世界出版社
地　　址：	北京市复兴路 4 号（100860）
网　　址：	http://www.worldpress.org.cn
编务电话：	（010）83907332
发行电话：	（010）83908455
	（010）83908409
	（010）83908377
	（010）83908423（邮购）
	（010）83908410（传真）
经　　销：	新华书店
印　　刷：	北京晨旭印刷厂
开　　本：	710 毫米×1000 毫米　1/16
印　　张：	18
字　　数：	270 千字
版　　次：	2017 年 3 月第 1 版
印　　次：	2018 年 3 月第 2 次
书　　号：	ISBN 978 - 7 - 5090 - 1144 - 7
定　　价：	39.80 元

如发现印装质量问题，请与承印厂联系调换。
版权所有，翻印必究；未经许可，不得转载！

前言

老子是公认的百家之祖,是中国古代文化的奠基人,老子的思想对中国的思想史、文化史、宗教史都有巨大而深远的影响,被誉为"东方巨人""中国和世界的第一哲人"。

老子的思想主要体现在《老子》(又称《道德经》)一书中。《老子》是一部历代学者已研究了两千多年的伟大著作,虽然它仅有五千言,但内容涉及哲学、文学、美学、社会学、伦理学、军事学等许多领域,俨然一部精微的百科全书;更重要的是它体系完备,构造出了朴素、自然、宏大的框架,被人称为"万经之王"。

《老子》分为上下两篇,上篇起首为"道可道,非常道;名可名,非常名",所以被称为《道经》;下篇起首为"上德不德,是以有德;下德不失德,是以无德",所以被称为《德经》。《道经》讲述了宇宙的根本,道出了天地万物生成及变化的玄机;《德经》主要说的是处世和治国的方略,阐述了人事的进退之术。《老子》一书中的智慧源于老子对世事人情的深刻洞察,时局的动荡、社会的不安定、人事的纷争、生命的无常等,都深刻地影响到了老子的思想,并且反映在《老子》中。

《老子》很早就受到了国外思想家的重视,各种专门对它进行研究的著作层出不穷,近几年国外甚至出现了几次研究老子思想的热潮,一大批专家学者投身其中,乐此不疲。德国哲学家尼采称《老子》"像一个不枯竭的井泉，满载宝藏，放下汲桶，唾手可得"；存在主义哲学家海德格尔认为自己"最直接地从《老子》中获取了思想资源"。西方学者阅读老子，大都是希望能从中获取拯救西方文明危机的良方。他们发现《老子》对人与自然关系的理解以及为人处世的方法，对弥补西方文明中的精神失落和强权意志等，都具有积极的意义，他们对《老子》寄予了深切的期望。

虽然《道德经》具有如此高的思想价值，可今天的读者要想完全理解它却十分不易，它是非常难懂的。我们编写这本书的目的就在于让《道德经》变得尽可能通俗，尽可能贴近现实生活。古人说"诗无达诂"，还说"圣人难知"，因此可以理解为什么人们对老子思想会众说纷纭。我们在这本书的编写过程中一度诚惶诚恐，生怕一不小心就"念歪了老祖宗的经"，尽管字斟句酌，但由于水平所限，其中纰漏肯定在所难免，恳请广大读者批评指正。

目录

第一章 老子与《老子》

大彻大悟的老子在世间留下了五千言，这五千言博大精深，包罗万象，历经数千年而光芒不减，老子思想犹如一个巨大的宝库等待我们去深度挖掘。

老子的生平 ………………………………………… (2)
老子的故事 ………………………………………… (5)
《老子》的微言大义 ……………………………… (8)
老子的和谐思想 …………………………………… (12)
老子思想研究概况 ………………………………… (18)

第二章 快乐生存的智慧

人如何才能快乐？老子：说不丧失纯朴的本性，摒弃欲念的牵绊，懂得知足，挣脱束缚我们的精神枷锁，我们就能快乐。

人为乏趣，天机自然 ……………………………… (22)
摒弃诱惑 …………………………………………… (27)
越简单就越自由快乐 ……………………………… (31)

知足常乐 …………………………………………………… (35)
挣脱心灵的枷锁 ………………………………………… (39)
莫为名利舍弃一切 ……………………………………… (44)
算计得失者永不快乐 …………………………………… (48)
不追求完美 ……………………………………………… (53)
追求快乐但不追求享乐 ………………………………… (55)

第三章 做立身敦厚的大丈夫

老子说：真正的大丈夫有自知之明并能自胜自强；他立身敦厚，存心朴实；他待人友善，有同情心，宽容，谦虚，勇于承担责任，他是一个顶天立地的人。

人贵有自知之明 ………………………………………… (60)
挑战自己，打败心中的魔鬼 …………………………… (64)
大丈夫为人厚道，朴实无华 …………………………… (67)
善待他人就是善待自己 ………………………………… (70)
做人要有同情心 ………………………………………… (75)
学会宽容 ………………………………………………… (77)
报怨以德 ………………………………………………… (80)
谦逊是美德 ……………………………………………… (83)
勇于承担责任 …………………………………………… (86)

第四章 高人一筹的做事法则

万物都有其内在的规律可循，做事也是如此。为什么有的人功成名就，有的人却头破血流？这与做事功夫的高低有重要的关系。

不要非做第一不可 ……………………………………… (90)
不可锋芒太露 …………………………………………… (93)

莫与强者争锋 ································ (97)
控制自己的情绪 ······························ (99)
忍耐功夫实在可贵 ···························· (102)
不逞匹夫之勇 ································ (105)
以柔克刚 ···································· (108)
抑制浮躁情绪 ································ (114)
从细微之处做起 ······························ (120)
坚持能让你取得成功 ·························· (123)
把困境转化为顺境 ···························· (128)
善始善终方成事 ······························ (132)
学会选择，懂得放弃 ·························· (135)
富贵不骄，功成身退 ·························· (138)

第五章 动静由心的人际交往

人是社会中的人，社会性是人的根本性质之一，所以谁都离不开人际交往。在人际交往中把握分寸，能进能退，能动能静，这才是智者所为。

不要自我封闭，敞开心扉应对一切 ·············· (144)
保持人际和谐 ································ (148)
不怕人不知 ·································· (152)
不要轻许诺言 ································ (154)
创造互利人生 ································ (157)
交友须谨慎，多交必滥 ························ (161)

第六章 微妙的语言艺术

语言是人的思想的外化。美好的语言使人获得声名，聪明的语言助人事成，糟糕的语言让人遭殃，而无声的语言——沉默，它的力量深不可测。
滴水不漏的说话技巧 ……………………………………（166）
美言可以获得尊重 ………………………………………（172）
直不行就绕个弯 …………………………………………（174）
沉默是金 …………………………………………………（177）
谨防祸从口出 ……………………………………………（181）

第七章　高明的教育思想与学习方法

　　教育要培养全面发展的、和谐的人，要根据受教育者的成长规律和个性特征因时因材施教。善于学习，博采众长并能融会贯通，我们就能博大精深。

教育要培养和谐的人 ……………………………………（188）
个性化的教育 ……………………………………………（193）
学习是了解世界的重要方法 ……………………………（197）
善于向他人学习 …………………………………………（199）
从大自然中学习 …………………………………………（201）
博采众长，融会贯通 ……………………………………（203）
大器晚成 …………………………………………………（206）

第八章　保养生命的智慧锦囊

　　懂得生命的珍贵才能珍惜生命。心态积极，不违背客观规律，自然而然，我们就能健康，就能长寿，而最好的长寿之法莫过于让精神永存世间。

珍惜生命 …………………………………………………（210）
养生关键要心态好 ………………………………………（213）
学会享受生活 ……………………………………………（216）
顺应自然规律的养生之道 ………………………………（218）

无为养生法 …………………………………………（220）
养生过度损健康 ……………………………………（222）
让精神长存 …………………………………………（225）

第九章　无为无不为的管理之道

以"无为"达到"无不为"是老子管理之道的精髓。学会识别人才并尊重人才也是管理者的必修课。

老子管理思想概论 …………………………………（228）
变领导为引导 ………………………………………（232）
以身作则 ……………………………………………（234）
礼贤下士 ……………………………………………（238）
平等对待员工 ………………………………………（242）
重视员工利益 ………………………………………（245）

第十章　无往不胜的商战韬略

以诚信为立商之本，定位准确，抓住机遇，稳扎稳打，懂得让利与合作，防范商业危机，我们就能在激烈的商战中立于不败之地。

诚信为本 ……………………………………………（250）
要善于把握时机 ……………………………………（255）
不可盲目行事 ………………………………………（259）
选择一个好场所 ……………………………………（262）
先做小事，赚小钱 …………………………………（265）
学会让利 ……………………………………………（268）
合作也是一种竞争 …………………………………（271）
要保护商业机密 ……………………………………（273）
防患于未然 …………………………………………（275）

第一章　老子与《老子》

　　大彻大悟的老子在世间留下了五千言，这五千言博大精深，包罗万象，历经数千年而光芒不减，老子思想犹如一个巨大的宝库等待我们去深度挖掘。

老子的生平

老子姓李,名耳,字聃。据说老子一生下来,他父母就发现这个孩子耳朵特别大。古人喜欢从一个孩子的特征来取名,于是替老子取名为李耳。老子又叫老聃,聃就是耳朵大的意思,也有人说是耳朵没有耳轮。

有人肯定要问了,孔子姓"孔"才叫孔子,孟子姓"孟"才叫孟子,那么他姓"李",为什么要叫"老子"?《史记正义》引的有关材料,其中有一条说:"李母怀胎八十一载,逍遥李树下,乃割左腋而生。"老子的妈妈怀孕竟然长达八十一年,那天快要生了,她来到一棵李树下,割开左腋,生下了老子。老子一生出来已经有八十一岁了,连胡须眉毛都白了,人家自然也就称他为"老子"了!不过,学者还有文雅的说法,《史记正义》就另有一说:老子是个号,"老"是"考"的意思,"子"就是"孳"的意思,也就是"考教众理,达成圣孳,乃孳生万物,善化济物无遗也"。他研究了许多的道理,善于教化别人,济物又没有遗留,神圣地孳生出万物,因此就叫他老子了。当时,称人的字是表示尊敬,称"老"更是对师长辈的尊称,这与今天称"老李"只是一般的称呼,称"李老"才是尊称不同。

不过,老子到底是怎样的一个人,还真是个难题。历史学家司马迁写下了约 52.6 万字的《史记》,但是在为老子这位道家圣人作评传时,只写了 450 多个字。这是没有办法,因为材料太少,司马迁治学又很严谨。他一开头写了 27 个字:

老子者,楚苦县厉乡曲仁里人也,姓李氏,名耳,字聃,周守藏室之史也。

这是介绍了老子的籍贯、姓氏、职务。老子是楚国的苦县厉乡曲仁里人。这个苦县厉乡曲仁里在哪里呢？有人说在今天的河南鹿邑县城东，今天在那里还有许多有关老子的遗迹。不过，也有学者认为老子的故乡在安徽涡阳地区的。

《史记》记载，他是"周守藏室之史"，这个职务，现在许多研究《老子》的学者认为是周王室的图书管理员，一个小官吏；但是，从《庄子》《史记》的有关资料看，"周守藏室之史"这个官可不小。《庄子》记载，孔子第一次去拜见老子，是为了让自己的著作能被周王室收藏。子路给孔子出主意说，听说原来的征藏吏老聃现在退休回家，可以去走走他的门路。在书写条件十分落后、又没有印刷术的情况下，著书立说能被王室收藏，非常不容易。退休的老子还有这样大的影响力，可见其地位之高。

老子的作用还不仅于此，他这个藏室应该不仅有图书，而且有文物、档案以及其他的东西，这就可能兼有像我们现在的国家图书馆、国家博物馆、国家档案馆合一的情况。老子就是这么一个把这些东西结合在一起管理的馆长。这样比拟后，如果我们再往深里思考的话，就发现一个秘密，为什么他写下的5 000多个字就成了中国的一大经典、世界上的一大智慧？为什么他有这么大的学问？为什么他的思想这么深刻？从他的职业，从他的工作岗位，我们也许可以找到其中的秘密。

他做国家图书馆的馆长，兼做档案馆、博物馆的馆长，于是他有了特别丰富的知识与智慧的源泉。第一，他看到的东西不是一般人所能看到的。他看到的图书、档案、文物，当然大大超过一般人，因为一般人没有这样的便利条件。他不仅看到大量的东西，而且还会看到许多秘密甚至机密的东西。第二，我们可以再想，他既然是那个时候国家级别的馆长，当时的一般人不能到那里去查阅图书的，那么到他那里的人，必然是高层次的文化人，高层次的学者，他碰到的就是这些高层次的文化人、学者，并经常与他们进行交流。他的知识、智慧便会在高起点上不断地丰富起来了。第三，他这个职位在京城，处于王朝、政权的中心。因此，他不仅能够知道大量的历史信息，而且能够和当时王朝政权的核心频繁接触，也就是说他能够获取大量王朝的时代信息。再加上老子天分聪慧，悟性极高，有这样的智慧，有这样的素质，又处在这么优越的条件下，当然灵性焕发，以超乎常人的深邃智慧与生命境界成为中国的哲学之父。

司马迁在《史记》中还用极其简单的161个字记叙了孔子向老子学习的事，用67个字写了老子出关的事，再后来就拿不准了，只能记下有的这样说，又有的那样说了。司马迁在此文中提到几个有关人物：一是老莱子，为楚国人，与孔子同时；二是"自孔子死之后百二十九年"有一位"太史儋"，曾见过秦献公；三是战国时期魏国将军李宗的父亲。然而这些人到底是否即是老子，也只是"或曰""世莫知其然否"。这就是说世上没有人知道那些说法是对，还是不对。再比如有人说，老子活了160多岁，有人说活了200多岁，等等，也不可考证了，大约老子是一位特别长寿的人。

至于到底谁是老子，后世争论颇多。比如有的认为，当时李姓还没有形成，老姓却已经有了；或又有说老子字伯阳，谥号聃。有的学者认为，老子即太史儋，或说即老莱子。有的认为有两个老子，比如春秋时一个老子是李耳，战国时一个"老子"是太史儋。如此等等，各有所见，因此从司马迁的《史记》一直到现代，关于老子其人以及《老子》其书的见解很多。

关于老子其人的时代，近现代学者也还有不同看法：一说老子是春秋末年的人，比孔子早些。一说老子是战国中前期人，应该比孟子早，比墨子晚。一说老子是战国末期人，比庄子晚。结合当今的出土文物来看，大部分学者都认为老子是春秋末期的人似乎更合理一些。

老子的故事

中国的民间文化积淀丰厚,不仅有丰富的民间故事,还有美丽的神话、动人的仙话,关于老子的神话、仙话就不少。

1. 孔子向老子求教

孔子很谦虚好学,当时老子名声很大,孔子决定去拜见老子,向他请教礼的问题。于是孔子一路风尘仆仆地从鲁国山东曲阜来到周王都洛阳。

那天老子刚洗了头,正在晾头发。孔子一踏进门就被眼前的情景弄傻了,只看见老子披着长长的散发,迎风而立,微微抬头,双目似闭又非闭,面上似笑又不笑,神情似醒又非醒。树叶飘过,不动声色;风吹拂脸,声色不动,就像一株枯树挺立在那儿!孔子心里打了个问号:这就是当代最有名望的大思想家、大学问家老子?怎么会这个样子啊,像个枯木?不过孔子很有礼貌,不打扰老子,而是先退了下去,静静等待着。

当老子会见孔子,和他谈论时,孔子好像被老子带到了一个神奇的智慧世界,看到了从来没有看到过的智慧,听到了从来没有听到过的哲理。

孔子很真诚又很直率地问老子:"先生,是我眼花了呢,还是真的,刚才先生的形体就同枯木一样,好像超脱了一切!"老子微微一笑,讲出了一番深刻的哲理。原来老子利用晾头发的时候,完全进入了一个寂静的、虚无的、深邃的奇妙世界,遨游到万物本来开始的地方,即事物的生机活泼的原生态中去了。孔子奇怪地问道:"这种情况又是怎样的呢?"老子神秘地一笑说:"达到这种境界是最高层次的审美,是最高层次的快乐,能够体味到这些的就是最高境界的人了!"孔子的心灵被震动了,老子的形象在他心目中变得无比高大,无比智慧,无比光辉。

据说孔子拜见老子回去以后,几天没有讲话。学生们都很纳闷,咱们的夫子怎么了?其实孔子是在进行深刻的反思。孔子从此以后变得眼界更开阔,思想更博大,智慧更丰富了!后来孔子深深感叹说:"真了不起啊,老子是人中之龙啊!而我好像是瓮罐中的一只小小的飞虫啊!"

孔子的学生不懂:"请问老师,为什么称老子是龙呢?"孔子说:"如果是只鸟,我当然知道会飞;如果是条鱼,我当然知道会游;如果是只野兽,我当然知道会跑。是鸟,就可以用箭射它;是鱼,就可以用线钓它;是野兽,就可以用罗网捕它。至于一条龙,我就不知道它是怎样乘着风、驾着云遨游太空的。所以说老子是龙啊!"(详见《庄子》)

2. 老子出关

老子后来看到周王朝越来越衰弱了,衰败得不像样子了。于是在56岁那年辞官,告老还家。他决定出走,要远走高飞了。

老子骑上青牛,离别家乡,一直往西,准备到秦国讲学。到秦国去,到西域去,这就得经过函谷关。函谷关原来大概就在今天的河南灵宝县,后来关口移到了今天的河南新安县。这里两山对峙,中间一条小路,因为路在山谷中,又深又险要,好像在匣子里一样,所以取名为函谷关。

把守函谷关的关令名叫尹喜,他夜观天象,见紫气横空,知道必有贵人来临。就派人四下打听,看近来有谁要来函谷。不久就打听到了老子弃官西游,将要赴秦讲学,从函谷关路过。

关令尹喜早已仰慕老子盛名,知道他生性善良,慈爱百姓,道高德崇,学问渊博,能知天上阴阳,人间祸福,懂得世间万物既对峙又和合,发展变化无不循道而行,是个非常有智慧的人物。于是他就派人严密把守函谷关,将吊桥竖起,如若见到老子,留着不让他走,请他在这里住一段时间,写一部书,一来可以修身齐家,治国安邦,二来可以流传后世,教化子孙。

这天忽然风送异香,霞光升起,老子骑着青牛徐徐而来。老子来到城壕外边,见吊桥高竖,无法通过。青牛善知主人心意,看到此种情况,它两眼一瞪,尾巴一拧,四蹄顿生紫云,驮主人腾空而起。牛身下云朵涌动,错落连环,自东往西,越伸越长,霎时在函谷关上空仿佛搭起一座紫色的"天桥"。老子就这样过了函谷关。青牛落到地上,驮着主人,继续西行。

关令尹喜听说老子骑青牛从城头上飞过，十分惊奇，就骑上白马，领着随从，出西门，一直追赶老子，追了十二里，见老子正骑牛缓缓而行。尹喜急忙下马，上前拜见老子，向他说明了自己的心意，请他答应请求。关令尹喜知道他要远走高飞了，就一定要让这位当代最著名的思想家留下他的智慧来，于是缠着他，要他写一点著作。开始老子不答应，经关令尹喜再三恳求，老子才答应他的要求。

关令尹喜把老子请回函谷关，盛情招待，十分尊敬，不仅一天三宴，三天九宴，而且亲自铺床叠被，早晚问安。盛情难却，老子就在函谷关写下了五千言的《道德经》。书稿完成后，即辞别关令尹喜，骑青牛离开函谷关，继续西行。这就是历史上有名的"老子过函谷"。

有趣的是老子骑坐的"青牛"也成了道教文化中一个著名的意象，后来成了神仙道士的坐骑。到后来，"青牛"也成了老子的代名词，所以老子又被称为"青牛师""青牛翁"等。

3. 老子赶山

今天的河南鹿邑县城内的东北角上有一座约十三米的高台，叫"老君台"。台上有座老子庙，庙前埋有一根碗口粗的铁柱子，被当地人称为"赶山鞭"。相传老子曾在这里讲学，此地离老子家有好多路，老子来来往往都要经过一座"隐阳山"。这座山很高，遮天蔽日，山北见不到太阳，冰天雪地，寸草不生。山南又烈日当空，庄稼枯死，这座山让当地老百姓受尽了苦难。老子目睹这一切，虽想解救百姓，但心有余而力不足。后来骑青牛飞过了函谷关，知道自己已经成仙，于是和青牛一起飞回家乡去治理那座山。到了家乡，老子一鞭子打在隐阳山上，山顶削去了，飞到了山东，成了泰山。再一鞭子打去，把山腰打到了河南，成了平顶山。这时鞭梢甩断，甩断的鞭子飞到了山西。老子一看手中的鞭子只剩下一个杆子，就顺手插在地上，这就是这个铁柱子的来历。老子乘青牛飞走了，而那鞭子杆就永远留在了那儿。从这以后老子家乡的百姓就过起了风调雨顺的好日子。百姓感谢老子赶走了这座大山，就把老子挥鞭赶山时站立的土台叫"升仙台"，将地上的铁柱子称"赶山鞭"。唐高祖李渊尊老子为"太上老君"，所以当地人又把这个台称为"老君台"，还修了庙，进行祭祀。

《老子》的微言大义

有人认为,《老子》仅仅5 000多字便能包罗万象,世界上什么事情都说到了,任何问题都可以在书里找到答案;甚至认为读通《老子》,可以得道成仙。有人认为,这是一本宣扬消极避世哲学的书,什么"不敢为天下先",也许对奋斗遭受了挫折、有失落感的成年人有抚慰的作用,却对培养青少年积极进取的精神有妨碍。还有人批评《老子》把"小国寡民"作为理想境界,是要开历史倒车,回到生产力低下的原始社会去。至于说《老子》是站在没落奴隶主阶级立场上,宣扬唯心主义、阴谋权术,这样的观点今天已经不大有人提了,但持有这样观点的人其实也不在少数。而另一方面,据联合国教科文组织的一项统计,《老子》是被译成外国文字发行量仅次于《圣经》的世界文化名著。尽管《老子》在中国流传了2000多年,但是以前《老子》的注译本,存在大量的误读与曲解,根据以往的中文注译本翻译的《老子》外文本,自然也会错得很严重。所以,其实世界上大多数人了解的《老子》,与《老子》的本来意思是有很大距离的,有些地方甚至是南辕北辙的。流传2000年,目前世界上拥有读者众多,而其本意还尚未彻底弄清楚,真正的价值当然远未被人认识,这样奇异、矛盾的现象,怎么会发生在《老子》这本书上?《老子》又是怎样一本奇书呢?

《老子》是中国第一本哲学著作。《周易》也是一本哲学著作,而且成书年代比《老子》早得多,之所以说《老子》是中国第一本哲学著作,是因为《周易》虽然包含了许多朴素的哲理,但全书基本上还是以占卜为主。直到孔子与他的弟子写出阐释《周易》的篇章,才将《周易》的哲理提升并系统化了，连同《周易》一起才成为一部哲学著作。所以《周易》成书虽在《老子》之前，而提高到哲学书的地位却在《老子》之后。

《老子》首先是一本政治哲学著作，而且是专对侯王（诸侯与国王）进行说教的政治哲学著作。西周重教化，开办官方的学校，培训王公贵族及其子弟与官吏，这官方学校学的内容叫"王官之学"。我们今天看到保留在"四书"里的"王官之学"，其实只是官学，是培训官吏用的；《老子》里说的才是王学。

除了《老子》，世界上几乎所有的政治哲学都教授统治者怎么做大做强，政治哲学理所当然地成了强者的哲学、大者的哲学。而《老子》则反其道而行之，要侯王"受国之垢""受国不祥"。就凭这一条，《老子》便高居于世界哲学的顶峰，何况《老子》哲学是一个有本体论的严密、深邃、完满的体系，《老子》是中国第一个自觉运用哲学思维来观察、研究、解决实际问题的范例。又因为在老子的观念中，侯王应该是"圣人"，也就是品质高尚的人，侯王只有凭他的道德、修养，才能长久、稳固地拥有统治大权，才能"没身不殆"。所以，《老子》的政治哲学实际又是好人哲学，可以顺理成章地推广、引申到哲学的各个层面、各个方面，乃至在后世创立道教时被引为修身经典。所以有人说，"中国迄今为止的所有哲学思想、流派都在《老子》创立的哲学体系的覆盖之下。从世界范围看，其思想高度可以和佛教哲学比肩而立，比古希腊哲学可能还要高出一筹。"

《老子》中有两个极为重要的概念，即"道"和"无为"（由"道"和"无为"衍生出一个新的概念——和谐，由于这个概念十分重要，我们将在下一节详细论述）。这两个概念非常抽象，很不容易理解，在本书中将要多次涉及，下面分别阐释一下它们各自的内涵。

"道"这个哲学概念，首经老子提出。这个颇带东方神秘主义色彩的名词，在《老子》一书中频频出现，它有时显示宇宙天地间一种无比巨大的原动力；有时又在我们面前描画出天地混沌一片的亘古蛮荒的状态；还有时展示天地初分、万物始生、草萌木长的一派蓬勃生机；等等。从老子对"道"的种种构想中，我们完全可以体会到他对"道"的那种近乎虔诚的膜拜和敬畏。老子对"道"的尊崇，完全源于对自然和自然规律的深信不疑,这完全有别于那个时代视"天"(或称为"神")为绝对权威的思想观念。老子的"道"具有一种对宇宙人生独到的悟解和深刻的体察,这是源于他对自然界细致入微的观察和一种强烈的神秘主义直觉。这种对自然和自然规律的着意关注,是构成老子哲学思想的基石。

"无为"的含义有六重。其一,老子说的"无为"通常就是指不做。不是少做,而是不做。不是随便,而是绝对的坚持。这时的"无为"拒绝一切,是一种智慧的高姿态。

其二,无为就是"勿为",指不要去做。这是对"不做"这一自我意志的外化,要求别人或自己不要做某事,这本身就是一件事。用事来做事就会陷入事的连环套,多不能得。所以要用人来做事,不要用事来做事。要求别人或自己"勿为"通常是无效的。所以老子自己也承认:"我说的道理是有根据的,也很好懂,可是没有人理解我。"

其三,无为就是"无以为",指条件不具备,以至无法下手,无从开展。这时的"无为"是一种缺憾事。

其四,无为就是"以无为之",指不受约束地做事,用无所谓或无所顾忌、甚或无法无天的态度、方法做事。以无为之是一种极高境界,它既不是用事做事,也不是用人做事,而是用"道"做事,人甘当"道"的工具,把自己交出去是自由的,这时往往不重结果,而重在享受过程。

其五,无为就是"为无",指做事追求零结果、零效果,不求得失而求均衡,不求胜负而求和谐。这是一种极高境界,"为无"已是道本身。佛经说:"不增不减,不净不垢。"《古兰经》说:"他(指安拉)既不生育,他也不被生育。"这就是"为无"的最好诠释。

其六,无为就是"自为",指自己规定自身,让外力失效。黑格尔说:"这时它(指意志)是自为的自由的,是以自由为对象的,它就是自由。"自为就是自由,其程序有三:一是清除外力,不再"他为";二是自己做自己,自为主宰;三是自己也不做自己,消失主宰,任一切随便。

但由于继承、总结了中国上古推举制氏族社会政治理念的《老子》,不合宗法制封建社会与宗法制集权社会统治者的心意,因此,韩非子第一个以《老子》继承发扬者的面目,用"解老""喻老"的方式,将民本的

《老子》篡改为君本的搞阴谋权术的《老子》。即使在吸取了秦朝迅速灭亡的教训，实行"黄老之术"的汉初，也是外黄老而内法，到汉武帝独尊儒术之后，《老子》则被从庙堂（朝廷）放逐到民间，变成政治上失意的知识分子寻求精神解脱的读物。对《老子》的严重误读与曲解，主要是由此而生的。

抹去历史的尘埃，我们今天来读《老子》，不禁为中华民族在2500多年前就产生了这样伟大的思想家、哲学家而感到骄傲，并且我们可以运用《老子》的智慧来提高我们的道德修养与精神境界，改进我们的思维，分析、研究、解决现实问题。《老子》不是老古董，在当今世界仍然充满生命活力，焕发熠熠光辉。按《老子》的教诲去看世界、学做人，你一定会觉得内心充实，精神舒畅，心胸坦荡。祖先留给我们这么一笔丰厚的遗产，我们有什么理由不继承。古人说，"夫取法于上，仅得其中；取法于中，不免为下"，"天与弗取，反受其咎"。因为忽略《老子》优秀的人文精神，中华民族文化里积淀了多少负面、消极、残忍的东西；当今世界也是物欲横流，我们多么需要用老子思想的清流来涤荡污浊。

中华民族有着悠久灿烂的传统民族文化，老子作为我国古代一位伟大的哲学家、思想家，他的哲学思想，内容博大精深，影响将永不泯灭。

老子的和谐思想

"道"是老子哲学的最高范畴,老子的和谐思想是以他的"道"为基础的,具体表现在以下几个方面:

1. 道是和谐的

老子认为道是本原,所以道生万物,它能够包容一切,统摄一切,一切事物统一于道。"万物负阴而抱阳","一阴一阳谓之道",阴阳两性的变化是有序的,所谓"阴阳相推",就是指阴阳的有序变化。道就是事物的和谐统一关系,道就是和谐,和谐是道的基本特征。道不仅是对万事万物的系统性、整体性的概括,而且是对万事万物发展过程的高度抽象和概括。"无"和"有"都来自道,是道的不同角度的名称。道是万物的本体和来源,天地万物都是由道演化而来。道不是物质性实体,也不是精神性实体,它是一切关系的总和,是总的和谐关系,是万事万物的总根源。道作为本原,是浑然一体的东西。老子指出,"道之为物,惟恍惟惚","其中有象","其中有物","其中有精"。就是说,道无处不在,恍恍惚惚,在无形之中有事物的影像;在依稀隐约之中有具体的物质;在深远幽暗之中有真实的东西,即阴阳的和谐关系。总之,道在表面上是无序的,但实质上却是有序的、和谐的。老子说:"知和曰常,知常曰明。"老子的话告诉我们,和谐是道的规律,认识了和谐就能够认识道的无形,道的玄妙,道的规律。

道的运动是和谐的循环运动。老子指出:"道者万物之奥。"就是说,道是万事万物运动的规律。道存在于一切事物之中,贯穿于一切事物发展过程的始终,万物从道起源,又回归于道,"各归其根,归根曰静,复命曰常",返回本性是事物发展的永恒规律。老子指出:"反者道之动。"就是说,道是周而复始、循环往复的运动的。周而复始的循环圈本身就是一种和谐有序的结构。再者,道的运动过程也是在阴阳的相互作用下进行的。运动从起点开始,逐渐离开,越离越远,到了一定限度又返回来,回到出发点,由此构成一个环形结构。道就是这样的系统,它包括两个基本的要素:反和复,"反"指的是离开的过程,它可以包含若干阶段;"复"指的是返回来,它也可以包含若干阶段。老子用一个"反"字表达了两重含义,即"反"是反与复的统一,二者构成了运动的和谐结构。老子经常用"归根""复命"这些语汇,指的都是和谐循环的意思。

2. 矛盾双方是和谐的

老子的道论,讲了许多辩证法思想,他认为自然和社会中存在着矛盾,诸如,福与祸,美与丑,善与恶这些矛盾,它们共处于一个统一体中,互为存在条件,相互依赖,相互依存,相互渗透。灾祸、幸福依傍着它;幸福、灾祸潜伏其中。老子认为,美与丑、善与恶都是相比较而存在的,美是相对于丑而言,善是相对于恶而言;美与丑、善与恶又都相互包含,相互依存,并在一定条件下相互转化。没有绝对的美,也没有绝对的善,美和善都是相对的。一切以时间地点条件为转移,美和善不是孤立存在的,而是与其对立面相互比较而存在的。有美就有丑,有善就有不善。同样道理,有无、难易、长短、高下、前后等,也都是相互依存,相互转化的关系。老子说的"有无相生"就是这个道理。这种相互包含,相互依存的关系是一种相辅相成的关系,也就是和谐关系。每一方都包含着对方,每一方都以对方为存在条件,离开了对方自己也就不存在了。矛盾也可能激化,但是那不是老子愿意看到的。

老子认为矛盾方面的对立和冲突必然发展为和谐与统一。他指出:"冲气以为和。"一切事物都包含着矛盾,"万物负阴而抱阳",阴与阳是矛盾的两个方面,它普遍存在于万物之中,矛盾是普遍存在的,没有矛盾的事物是没有的。矛盾双方相互排斥、相互作用,使事物达到和谐和统一,即"冲气以为和"。"冲"是涌动、激荡的意思,可以引申为冲突、对立,象征矛盾的不平衡和对立状态,它是事物实现和谐与统一的内在动力。

3. 和谐的原则适度

根据和谐规律，老子提出了和谐的原则。和谐就是适度，达到一个平衡点，一个最佳状态。他以设问的方式提出了一系列问题：名誉和身体哪个更值得爱？身体和财富哪一个更重要？得到名利和丧失生命哪一个是病害？当然，老子肯定的是后者。这说明老子是看重身体（生命）的价值的。因此，他提出了凡事都要适度，不要过分。过分的吝惜，一定会造成巨大的耗费，过多的保藏一定会造成巨大的损失。人们要"知足""知止"，知道满足的人不会受辱，懂得适可而止的人，不会有危险，这样的人可以长泰永存。

现代辩证法认为度是质的数量界限，量变必然引起质变。凡事都有个度，超过了一定限度，事物的质的稳定性就会被破坏，事物的性质就会发生变化。要保持事物的质的稳定性，就要坚持适度原则，使量变限制在一定的限度内，做到无过无不及。老子强调"去甚、去奢、去泰"就是这个道理。老子用了一些隐喻论述他的观点，他说，天下万物，有的在前面行走，有的在后面跟随，有的送暖气，有的吹冷风，有的强壮，有的羸弱，有的得胜，有的失败。当时，大小诸侯就是这样，你争我夺，争战不已。老子最后得出结论，从政者要戒除走极端，戒除奢侈，戒除过分。这是老子的"中庸"思想，其要旨是不要走极端，不要奢侈，不要过分。核心是不要走极端（去甚）。有人说，老子的思想意在取消矛盾或消解矛盾，这是不公正的。老子提出了一种解决矛盾的方法，这种方法可以避免矛盾的激化和转化，保持事物的相对稳定。解决矛盾不是只有一种方法，即促使矛盾激化，实现矛盾的转化的方法。这要看是什么矛盾，解决"甚，奢，泰"这样的问题，不必等激化了再着手解决，那样就麻烦了。当然"去甚、去奢、去泰"之后，还是存在矛盾的，虽然老子没有谈及，也是不言而喻的。因此说，他并没有取消矛盾或消解矛盾。老子的中庸思想有其合理性，中庸作为文化心理现象已成为我们民族性格的组成部分，作为传统思维方式也一直影响着一代又一代的中国人。我们常用"太极端了"，"太过分了"等说法描绘某人的不良行为。这说明中庸思想是深入人心的。"去甚"是正确的，极端不代表事物的主流和发展趋势。事物普遍具有中心和两端三部分，不论从空间角度看，还是从时间角度看，都是这样。偏离中心，离开轨道，就会走入歧途，适度才是最好的。

4. 和谐的政治观

老子认为"道法自然"，道是无为的。他告诉人们要"唯道是从"，爱道，循道，无为而无不为。老子的无为思想是他和谐思想的精髓，老子强调"无为"的理念。他指出，道永远是无为的，君侯王公如果能遵守道，即客观规律，万物将自然而然发生变化。老子的无为原则不是别的，是要人们守道，行道，遵循规律。坚持无为原则，万物将自化，天下将自定。而为所欲为、胡作非为、倒行逆施是要受到规律的惩罚。他主张无为而治，无为而无不为。让老百姓认为统治者的作为是顺应自然，是自然而然的事。另外，统治者要很好地进行统治，还得处理好人与物的关系。维护万物的"自然"状态，使之能保持不变。也就是统治者在处理人与人和人与事的关系时，应遵循"法自然"的原则。老子所说的自然并不等同于我们现所说的大自然或自然界，而是一种自然状态。老子所关心的不是自然界，而是人类和人类社会，是与人类社会生存有关的状态，是一种类似于自然无为、自然而然的和谐状态。自然状态包含事物自身内在的发展趋势，是原有自发状态延续的习惯和趋势。老子眼中的"自然"是一种排除外力干扰的情况下的事物自发状态的保持与延续的习惯与趋势，或者说是事物内在的规律性。老子所描绘的这种"自然"状态下的人类社会，统治者与老百姓之间自是互不干扰，相安自得，怡然自乐，从而使整个社会呈现出一种自然和谐的田园式理想状态。

老子从"道"出发，推演出治国理念，在原则上要求"法自然"，按事物自身应有的规律办事，不要人为地干涉事物的发展；在实践层面上就是要求统治者不要为所欲为，利用手中的特权横加干涉老百姓的生活。统治者应该是"我无为而民自化，我无事而民自富"，在政治统治的操作上做到"无为而治"，从而达到统治者与被统治者之间相安无事，和谐共存。老子反对统治者干预民众的生活，倡导让民众按其自然本性而活。老子认为，治理国家，特别是大国，就像烹小鱼一样，不要随意扰动，简单处理就行了。老子主张以道治国，实行无为而治的原则。以道治国，即使妖魔鬼怪也不能显灵，即使显灵也不能伤害人，即使圣人也不伤害人了，这就是以道治国取得的结果。总之，老子认为，只要顺应自然，就会取得成功。要统治天下，就不要做扰攘百姓之事。反之，苛政褥节，禁令繁多，令百姓无所适从，最终只能失天下。统治者要治理好一个国家需以"清静无为"为原则，以安定不扰民为上，只有这样，才能各守其静，天下也就相安无事，达到天下大治的目的。这就是老子的"内政"方略。

现代社会结构复杂，事物繁多，现代国家的治理不是那么容易。但是老子的治国原则还是有其合理内涵的，极为重要的一点就是：要保持社会的稳定与和谐。这一宝贵的政治经验，往往为历代贤明的从政者所接受。

保持社会的和谐稳定关键是实行平等的原则。老子从自然界的平衡法则引申出人间的平等法则，主张人与人之间的关系平等。他特别指出，当时人间的法则不是这样，剥夺不足而供养有余，这就是社会不平等现象的根源。老子这里论述了社会平等的思想，体现出他的社会政治观。应该说，老子的社会平等思想是一大创见，比欧洲近代启蒙思想家用自然法则解释社会现象要早2000多年。老子是一个现实主义者，也是一个理想主义者，虽然在他那个时代根本不可能实现社会平等，他还是执着地追求这样的理想社会。

老子描绘了一幅古代理想社会的图景，他的参照物是周代的社会制度。周在入主中原以前，国家规模很小，这正是老子"小邦寡民"的原型。他主张国家的规模要小一点，人口数量要少一点，好的器具也不用，使人民重视生命而不随意迁移。有车船不乘，有甲兵不去打仗。国家治理得好，人民吃得香甜，穿得漂亮，住得安适，过得快乐。邻邦之间，鸡犬之声都能听到，但是民众一直到死也不相往来。这是一种古代的乌托邦思想，它的实质不是历史的倒退，而是向人们展示未来社会的状况。希望用一个理想的社会取代当时的社会。

在"外交"方面，老子针对"国际"上常出现的以强凌弱，以大欺小的情况，提出了处理国与国之间的事务应遵循"谦下"的基本原则。大国对小国谦下，小国就如百川汇之于江海，自然就能聚拢于大国周围；小国谦下就能被大国所容纳。这样，无论是大国还是小国"皆得其欲"，从而能做到和平相处。

5. 和谐的自然观

老子认为，生物来源于自然，人也来源于自然，人和生物必须在自然给予的条件下求得生存。生态系统是道循环运动的产物，"道生之，德畜之，物形之，势成之"。道缔造了生物，德养育了生物，周围环境使它成为一定的形态，各种力量制约它的成长。生态系统遵循道所固有的规律运动，循环往复，周而复始，生生不息。生态系统变化的动力来自它的内部，"万物负阴而抱阳，冲气以为和"，阴阳的相互作用是生态变化的内在动力。

道使生态系统趋向平衡。"天之道，高者抑之，下者举之，有余者损之，不足者补之"，"天之道，损有余而补不足"。这种平衡是自然本身的动态平衡，不是神或上帝的力量促成的。现代生态学表明，各种元素的地球化学循环，水和大气的循环，各种食物链的能量转换，构成了生态系统的动态平衡。现代系统科学揭示了耗散结构的系统循环的内在机制。老子指出，宇宙中有四大，人是其中之一，人与万物都是道缔造的，都遵循着道的规律。自然的协同、稳定与和谐给人的启示是：人与自然应该保持和谐一致，同时也要维护自然的稳定与和谐，特别是维护生态平衡。美国著名学者卡普拉对道家的这一思想给予高度评价，他说："道家提供了最深刻并且最完善的生态智慧，它强调在自然的循环过程中，个人和社会的一切现象以及两者潜在的一致。"老子强调，天道自然无为，人道应顺从天道，唯道是从，自觉地维护生态平衡，保持与大自然的和谐。

老子思想研究概况

秦汉以后,学者对于《老子》的注疏,最为重要的有西汉河上公的《老子道德经章句》,东汉严遵的《道德真经指归》,三国魏王弼的《老子道德经注》。在此三家以外,各种研究注疏著作极多,有书上说达到了3000余种,今天所能见到的有400种左右。1973年,在湖南长沙马王堆汉墓出土了两种帛书本《老子》。1993年在湖北荆门郭店战国楚墓出土的三种竹简本《老子》,是目前新见的《老子》的最早版本。这两批《老子》古本一经出土,就成为国内外古代史研究、考古学研究、古代文献学研究、古文字研究、哲学史研究等众多学科领域所共同关注的焦点,成为近20年来学术界研究的一条主线。

现代以来,老庄哲学作为一种重要的时代精神的产物以及一种重要的文化资源,受到了更多的关注。晚清至现代初期,学术界在对儒学进行改造和批判的同时,曾经以极大的热情关注诸子学说,其中对于老子关注尤多,当时最为优秀的学者几乎对老子都有研究,著作众多,推动了老子学说的深入发展。新中国成立以后,老子的思想学说继续得到关注,先后出现了两次高潮。20世纪80年代对于老子思想学说的讨论,有更多的学者参与其中,这期间仅对于《老子》的通俗白文注解,就出版了50余种。

清末至民国初年,自乾嘉古文学派、桐城学派、常州今文学派,到康有为、严复、刘师培,再到章太炎、王国维、胡适,对老庄道家学说都有一定程度的研究。20世纪二三十年代,在西方思潮影响下,以疑古派为中心的论争,马其昶、马叙伦、高亨的现代考释,梁启超、冯友兰、金岳霖、钟泰的西方式哲学研究,老庄道家学说仍然为一大核心。自20世纪

80年代以来，道家研究呈多元化发展趋势：李泽厚、汤一介、冯友兰、陈鼓应等人的哲学解读；张舜徽、徐梵澄、崔大华的综合诠释；李学勤、李零的考古学与古文献学的最新论证；刘师培、蒙文通、王明等人对道藏进行整理；许地山、刘咸炘以及陈寅恪、汤用彤、陈垣等人对道教史进行研究；陈撄宁、刘仁航等人，对仙道思想进行了阐扬；还有目前方兴未艾的着眼于东西方文化交融的"新道家"等。

港台地区对道家学说的研究，自20世纪五六十年代以来，一直持续不断。早在20世纪50年代，就有钱穆、吴康等人从事老庄学说研究，钱穆著有《老庄通辩》一书。到六七十年代，一大批学者涌现出来，出版的各类研究著作十分丰富。其中严灵峰的《老子集成》卷帙浩大。进入80年代以后，港台地区的老庄道家学说研究呈现出一派更为繁荣的新气象，出现了许多新的研究成果，研究的角度各不相同，方法更为灵活多样，既有较为专深的学术著作，又有许多适合于学生和普通人阅读的著作。

就港台老庄学说的研究状况来看，对老子的研究仍然盛于庄子，老子在道家学说中仍然居于最重要的地位。20世纪80年代在老庄研究方面还出现了一个新的特点，就是生命与智慧成为老庄研究中的一大主题，语译类、文学传记类比较浅近通俗的著作占了较大比重，甚至出现了蔡志忠《漫画老子：智者的低语》《漫画庄子：自然的箫声》那样深受一般读者喜爱的系统的漫画作品，标示了现代社会对于古代文化继承与认同的一个新方向。

国外研究老子已有悠久的历史，对于老子的评价较孔子高出许多，特别是西方科学家对于老子有普遍的关注和认同。在近邻日本、韩国，老子具有巨大影响，近年来更在韩国成为热门话题。日本和韩国，很早就有各种汉文版本流传。在亚洲其他国家，越南文、印度文以至梵文、女真文的《老子》译本，都可以找到。

西方学者对于老庄道家思想向来怀有很大兴趣。北京大学教授李零1993年访美，回国以后著文说，"西方人对中国思想一见钟情的必然是道家，对儒家老是提不起兴趣"，因为道家"所表现出来的东西，无论是对宇宙、生命、社会，还是其他问题的关心，都比较容易同他们的传统合拍，比较容易同他们作心理沟通"。

西方文明从19世纪上半叶黑格尔著《哲学史讲演录》时，就开始注意道家了，认为"孔子只是一个实际的世间智者，在他那里思辨的哲学是一点也没有的，只有一些善良的、老练的、道德的教训，从里面我们不能获得什么特殊的东西"，而说道家"这派的主要概念是'道'，这就是'理性'""道就是道路、方向、事物的进程、一切事物存在的理性与基础"，从而给予很高评价。黑格尔此处体现出的自然是西方的学术立场，但是其观察问题的方法也是值得注意的。

现代以来，有一大批西方和东方的科学家、哲学家，都曾关注老子。其中最为著名的如美国物理学家卡普拉、英国科学家李约瑟、比利时科学家普利高津和日本物理学家汤川秀树。卡普拉所写的《物理学之道》专门探讨现代物理学与东方哲学的会通，对老子道家思想作了极大肯定。该书出版之后很快畅销全球，几年之内就多次再版，行销50万册，并被译成多国文字。李约瑟从20世纪30年代起就献身中国文化，他的巨著《中国科技史》是这个领域中最伟大的著作，他自己因为热爱道家学说，甚至取了道号，叫作"十宿道人"。

由此可见，老子思想受到世界各国的重视。随着研究的深入，我们将会对老子思想有越来越深刻的认识，老子思想也会对人类的明天作出更大贡献。

第二章　快乐生存的智慧

人如何才能快乐？老子说：不丧失纯朴的本性，摒弃欲念的牵绊，懂得知足，挣脱束缚我们的精神枷锁，我们就能快乐。

人为乏趣，天机自然

【原文】复归于婴儿。(《老子·第二十八章》)

【大意】回复到婴儿那样纯真的状态。

老子认为婴儿不懂得伪饰，一切随性而为，天机自然，最接近于"道"，他主张应向婴儿学习，做一个纯真自然的人。老子最出名的观点就是"无为"，"无为"的核心就是顺其自然，用老子的话说就是"万物之自然"。

老子所说的自然为何物？老子说：自然者，自然而然也。自然就是自然而然，也就是平常所说的天然，指万事万物没有人为因素的那种状态，清水芙蓉，自得天成。"自然"是"道"的根本特性，也是道家所提倡的一种生活态度，是老子所推崇的最高的人生境界。

河神和我们一样分不清什么是自然，什么是人为，一天他跑去问北海神："请问什么是自然？什么是人为？"

北海神打了一个比方："牛马生下来就有四只脚，这就叫自然。用辔头套在头上，用缰绳穿过牛鼻孔，又在马脚底钉上铁蹄，这就叫人为，不要用人为的事去毁灭自然，不要用矫揉造作去毁灭天性。不要因贫困去求名声，谨慎地守护着自然之道，这就叫回归到了本来的天性。"

"自然"就是指人的本性，也就是人的真性情、真思想，所以"自然"又与虚伪相对。在老子那里"真"与"自然"是一个意思——真的就是自然的，自然的同样也是真的。自然是一个人性情真诚的极致。

物贵天然，人贵自然。老子强调自然无为，不管干什么都要因循自然的规律，不以人为的方式去扰乱它。同样，自然无为也是他的审美标准，一切违背自然的必定就是丑恶的。

自然而然，是对人性的一种肯定，一种保护，一种张扬。生活，包括政治生活、经济生活和社会生活，其固有的种种秩序往往就是对人性的限制。如果可能的话，人性对现实是应有所超越的。《史记·滑稽列传》中记载了这样一个故事。春秋时齐国有个叫淳于髡的人，属于齐国的"倒插门"女婿，为人滑稽善辩。有一次，齐威王问淳于髡："都说先生您能喝酒，您到底一顿能喝多少？"淳于髡说："怎么说呢？喝一斗也醉，而喝一石也许不醉。"齐威王说："这话怎么讲呢？"淳于髡说："如果和大王您在一起喝酒，旁边站着倒酒的，后边立着保卫的，气氛非常紧张，在这种情况下，我也许喝不上一斗就醉了。若陪重要的客人喝酒，需要不停地照顾客人，这种情况下，能喝二斗也就不错了。如果和长时间没见面的友人喝酒，'欢然道故，私情相语'，这样能喝五六斗。若是男女在一起搞娱乐活动，大家在一起欢欢乐乐，也就是所说的'男女搭配，喝酒不醉'，这样可以喝八斗。如果是晚上，'合尊促坐，男女同席'，烛光晚宴，席间女性又微红香腮，飘柔长发，轻解衣襟，脉脉含情，这种情况我心中最为兴奋；情致痛快淋漓，那么就是喝上一石也不醉了。"其实，淳于髡所说的"不醉"的境界，就是人性不受扼制的时候，而饮一斗辄醉则是人性最受禁锢的时刻。

所以，从某种意义上说，人性就是自然之性，任何包装和限制都是对人性的背叛。

老子认为，人的本性是善良的纯真的，而种种人类丑恶行为，则应当是不合理、不完善的社会制度造成人性扭曲的不正常现象。由此，老子坚持去伪存真，保留人性善美而契合自然之道的东西。摒弃所有引起人的贪欲的东西，尤其是当时流行的推崇贤能的风尚，更被他认为是最易产生罪恶的渊薮。在他的眼里，让人们在一种自由宽松的社会环境中保持人类纯朴天真的精神生活，与自然之道相契合，比物质文明虽然发达，但充满着危机、争斗、谋杀和阴谋的社会制度显然更符合人类的本性。

孔子拜见老子时，提出自己的"仁义"主张向其讨教。

老子说："飞扬的草屑进入眼睛，也会颠倒天地四方，蚊蚋之类的小虫叮咬皮肤也会使人通宵不能入睡。而你所推行的仁义给人的毒害就更为惨痛了，可以使人昏聩糊涂。"

孔子说："这是怎么讲呢？"

老子说："你要想让天下不至于丧失淳厚质朴，你就该纵任风起风落似的自然而然地行动，一切顺于自然规律行事，又何必那么卖力地去宣扬仁义，好像是敲着鼓去追赶逃亡的人似的呢？白色的天鹅不需要天天沐浴而毛色自然洁白，黑色的乌鸦不需要每天用黑色渍染而毛色自然乌黑，乌鸦的黑和天鹅的白是出于本然，不足以分辨谁优谁劣。名声和荣誉那样外在的东西，更不足以散播张扬。泉水干涸了，鱼儿相依偎在陆地上，大口出气来取得一点湿气，靠把唾沫涂抹在对方身上得到一点儿润湿，这样互助互爱、苟延残喘有什么意义呢？倒不如回到江湖里将对方忘却，自由自在。"

正人君子的外表文质彬彬，他们用一层层面具把自己的真实面目遮掩起来，衣服有一定的样式和颜色，语言总有一定的分寸，举手投足温文尔雅，面部总装有一种固定的表情。这种人不仅虚伪无聊，同时也毫无趣味。我们引为骄傲的文明如果就是这般模样，那真是太可怕了。我们在同一条流水线上制造规格一样的机器，我们是否也在用同一种见不到的模子铸造同一规格的人？人们说相同的话，想同样的问题，千人一面，这样的文明将把人类的本能和创造力扼杀殆尽。

魏晋许多文人厌恶这种一本正经的正人君子，要求抛弃一切压抑人性的礼节，让每个人能真实地表现自我，高兴时就放声大笑，痛苦时就号啕大哭。

经常纵酒的刘伶，每每喝得酩酊大醉。有一天家中酒喝光了，他想酒简直想疯了，于是缠着他妻子，要她去酒店为他买酒，妻子把酒瓶摔在地上说："你喝得太多了，这不是自己糟蹋自己吗？从今天起非戒酒不可。"刘伶说："太好了，我自己没有毅力戒酒，只有求神保佑我能戒掉。现在快去弄些酒肉来。"妻子听了非常高兴，连忙去买酒买肉供在神前请刘伶发誓，刘伶跪下来发誓说："天生刘伶，以酒为命，一饮一斗，五斗清醒，妇人之言，千万别听！"说完把供在神前的酒肉喝光吃尽。

刘伶的好友嵇康提出为人应当"越名教而任自然"的口号，"越名教"就是抛开传统束缚人的礼节、名分等，剥光自己人格、情感和思想上的伪装，赤裸裸地露出自我。

他曾说自己对做官求荣毫无兴趣，只想放任自己的天性，过一种自然的生活。他向过去的朋友讲了九条不愿做官的理由，其中有几条是：自己喜欢抱着琴漫步，边唱边弹，或者去野外钓鱼射鸟，做官以后就不能随意行动；当官要正襟危坐着办公，腿脚坐麻了也不能起来活动；自己特别不喜欢世故奸猾的俗人，而做官必然要与这些家伙共事，看到他们吹牛拍马、点头哈腰的丑态，实在叫人恶心。

他不愿意为了权势和荣华扭曲自己的本性，强调要像老子所说的那样，按自己的本性生活。

在现实生活中我们却往往不能真实表现自我。见到势利小人很少有人公开表示轻蔑，有时还得面带微笑地应付敷衍；许多公事实在是讨厌极了，但谁也不会拂袖而去，还得耐着性子把它干完；自己平时的沮丧失望情绪，很少在脸上表露出来，在人前装出一副自信的样子；自己在事业上取得了成功，更不敢在脸上露出兴奋得意的神气，否则必然招来"翘尾巴"的指责；即使是在自己的丈夫（或妻子）、情人面前，也免不了要说违心的话、表违心的态、干违心的事。在这个世界上很难见到真实的面孔了，人们露出来的都是伪装后的虚假的"脸"。

谁也没有觉得这有什么不对，大家不仅默认了伪装，而且还在不断地鼓励它。不信，你朝势利小人吐唾沫看看，不仅势利小人要与你老拳相向，旁人也会说你是"二百五"；你成功了在公开场合喊"我成功了"试一试，"浅薄""轻浮""骄傲"会一股脑儿压在你的头上。

在现代人的词典中，压抑自己的本性叫"克制能力强"，善于伪装就叫"有涵养"。如果叫你头上天天戴上伪装圈，你一定感到难受极了；同样，人们天天戴上意识的假面具也活得太累了，所以人类自从文明诞生之日起就离不开狂欢节。

巴西和西方其他国家盛行狂欢节，节日这一天人们完全打乱日常的生活秩序，撕下一本正经的假面孔，把长期压抑的情绪发泄出来，使大家暂时能恢复各自的本来面目。这时人们说话可以不讲礼貌，行为也允许有失体统，尽情尽兴地狂欢。这些国家每年狂欢节总会死一些人，但政府和人民宁可死人也要保留这个节日，如果一年到头不狂欢一下，那可能大家真的都要憋得发狂。

老是躲在阴暗角落里不见天日，这不是活受罪吗？老是把自己的真面目隐藏起来也叫人难受，我想每个人都愿意露出自己的真面目，就像每个人都喜欢阳光一样。

摒弃诱惑

【原文】五色令人目盲；五音令人耳聋，五味令人口爽；驰骋畋猎令人心发狂，难得之货令人行妨。是以圣人为腹不为目，故去彼取此。(《老子·第十二章》)

【大意】缤纷的色彩使人眼花缭乱，嘈杂的声音使人听觉失灵，丰美的食品使人舌不知味，驰马打猎使人心发狂，贵重稀有的物品使人偷和抢。因此高尚的人只求安饱而不逐声色、拒绝物质的诱惑而保持内心安足的生活。

老子指出，人不能纵情声色，糜烂生活令人目盲、令人耳聋、令人心发狂，物欲横流让人精神腐蚀。

我们之所以丧失自我，甘愿把自己作为商品推销出去，有智力的出卖自己的智力，有体力的出卖体力，其根源是我们想以此交换金钱物质，甚至是满足自己贪婪的欲望。老子早就指出，过分追逐外物必然丧失自己的本性。我们今天的生活，不能只知拼命攒积金钱财富，只看重动物性的满足发泄，全部身心都沉浸在财富的追逐中，都浸泡在放纵感官肉体的快乐里面。这样，我们追逐到的财富越多，我们的心灵就越空虚，我们本性的丧失就越厉害，我们的精神就越贫乏，我们的生命表现就越少。

丧失本性的人们莫不由于对外物的贪欲，小人牺牲自己去求财宝，盗跖为了金银财宝被人打死在金陵山上，为财丧失了本性。

今天最容易使人失去自我的东西是财、官、色、味。有的人为了口腹之乐不惜盗用公款，有的人为了声色之娱可以丧心病狂，有的人为了金钱可以出卖肉体，有的人为了当官可以出卖良心。这些人弄到了财、官、

味、色，还以为自己有所得，脸上浮现着一副得意的神情。他们出卖了自己换来金钱地位，不仅不知道可怜自己，反而还飘飘然得意起来。

我们认为老子的观点并不是要把精神文明与物质文明对立起来，并不是否定发展文化，不像有些学者所言，认为老子的这些观点是他对人类社会现实和历史发展所持的狭隘庸俗的反历史观点。他希望人们能够丰衣足食，建立内在宁静恬淡的生活方式，而不是外在贪欲的生活。一个人越是投入外在的旋涡里，则越会产生自我疏离感，心灵则会日益空虚。所以，老子才提醒人们要摒弃外界物欲的诱惑，保持内心的安定清静，确保固有的天性。

如今，现代文明高度发达，许多人只求声色物欲的满足，价值观、道德观严重扭曲，许多人心发狂的事例，令人感慨不已。

人是不能够贪的。思想家荀子认为，"人生而有欲"，如"饥而欲食，寒而欲暖"等，就是人基于生理需要而产生的生存欲望，是生来就有的；人还有乞求物质与精神享受的欲望，"余财潜积之富"，即聚财致富的欲望等。对于人的自然的、合理的欲望，荀子主张"制礼义"加以调节，并通过自己的辛勤劳作，以使欲望得到一定程度的满足。荀子同时指出，人往往由于"好利"而使欲望"穷年累世不知足"，因此他强调："欲虽不可去"，但"求可节也"，意思是：对于欲望，既不能禁止，也不能放纵；对于过度的乃至贪得无厌的奢求，还必须加以节制。

"世人都说神仙好，唯有功名忘不了。"人人都想活得潇洒一点、轻松一点、快乐一点，但有些人终其一生也潇洒不了、轻松不了、快乐不了。他们被什么东西拖住了、缠住了、压住了，这东西就是功名利禄。功名利禄成了人生的境界，似乎功名愈厚，人生也愈美妙。其实功名利禄是一副用花环编织的罗网，只要你进去了，就无法自在与逍遥。没有功名利禄，于是想得到功名利禄，得到了小的功名利禄还想得到更大的功名利禄，得到功名利禄，又害怕失去功名利禄。人生就在患得患失中度过，哪里品尝得到人生的甘美清纯滋味呢？世人只知道功名利禄会给人带来幸福，殊不知功名利禄也会给人带来痛苦。为了功名利禄，我们劳心、劳神、劳力；为了功名利禄，我们计划、忙碌、奔波；为了功名利禄，我们如履薄冰、患得患失。

老子说，万事万物没有贪欲之心了，天下便自然而然达到稳定、安宁。所以，戒贪戒诈，保持内心世界的宁静，是一种很高的精神境界和人生修养。历史上许多仁人志士都深谙"静以修身""俭以养德""淡泊明志""宁静致远"的道理，并且身体力行。面对"灯红酒绿"、物欲横流，如果能够保持平静的心态，甘于淡泊，出淤泥而不染；面对一部分人先富起来，如果能够保持平衡的心态，神闲气安，坚持默默无闻的奉献；面对人生的各种逆境，如果能够保持平常人的心态，做到宠辱不惊、去留无意，那样，才是真正的幸福、持久的幸福、纯粹的幸福。

《聊斋志异》中聂小倩是一个被妖物胁迫的女鬼，以色惑人害人，她勾引一个叫宁采臣的读书人，先用美色引诱，宁采臣不为所动，于是她又捧来一锭黄金。不料宁采臣一把抓起，把它扔出了屋外，昂然说："这是不义之财，拿了玷污我的钱袋！"后来女鬼说这不是真金乃是罗刹鬼骨，如果拿了它，能吞食人的心肝。世上不义之财、不仁之贵的持有者，哪一个不怀"罗刹鬼骨"的恐怖？所以古人说："心里没有亏心事，夜半敲门心不惊。"

佛祖告诫世人："财色之取，譬如小儿贪刀刃之饴，甜不足一食之羹，然有截舌之患也。"任何一种宗教，都有戒律，每种戒律都有关于财色之戒。这种不谋而合难道是偶然的吗？

春秋时宋国有个贤人叫子罕，官至辅政。国中有人拿了一块硕大的美玉献给他，可是子罕不接受。献玉者问他："你为什么不要这块玉呢？这是件玉匠鉴定过的宝物，价值连城啊！"子罕回答："我就以不贪为宝，而你以玉为宝，我们俩应该各守其宝。请你把玉拿走吧。"

元代名士许衡，夏季里一天与众人赶路，口干舌燥时，正巧发现路边有片梨树林，大家一哄而上，摘梨解渴，只有许衡默默不动。别人问他为什么不吃，这梨树没有主人啊！许衡回答说："不是自己的东西，就不该乱拿，现在世道混乱，梨树无主，难道我的心也无主吗？"子罕和许衡这两位贤人都拒绝诱惑，以不贪为立身持命的"宝"和"主"。内心有主，就是坚持自己的信念不因外部环境的改变而改变。这种人生将是自信、自

立、自尊、自爱的,是不会为诱惑所累的。

对手握大权的人,诱惑实在太多了,欲望也实在太多了。如何抵御种种诱惑?古人说得好,"见欲而止为德","邪生于无禁,欲生于无度"。当官掌权若忘记了世界观的改造,忘记了清正廉洁,忘记了当官为民的道理,难免产生邪心恶念。而"疾小不加理,浸淫将毁身",到头来就可能出大事,栽大跟头。当权力变成一个工具,一个为满足自己欲望、为所欲为的工具的时候,带来的并不是幸福。这种把持权力的人,或许能够得到一时的满足感、获得一时的快乐,但是他们的心理也因此深感不安,诚惶诚恐。

人生在世,难免要与功名利禄、荣辱得失打交道。许多人是以荣宠和功名利禄为人生最高理想,目的就是为享荣华富贵。对于功名利禄,可说是人人都需要。但是,把它摆在什么位置上,人与人的态度就不同了。如果你把它摆在比生命还要宝贵的位置之上,那就大错特错了。老子说:"吾所以有大患者,为吾有身,及吾无身,吾有何患?"老子从"贵身"的角度出发,认为生命远贵于名利荣宠,要清静寡欲,一切声色货利之事,皆无动于衷,然后可以受天下之倚重,而为万民所托命。

德国生命哲学的先驱者叔本华说:"凡是为野心所驱使,不顾自身的兴趣与快乐而拼命苦干的人,多半不会留下不朽的遗物。反而是那些追求真理与美善,避开邪想,公然向'公'意挑战并且蔑视它的错误之人,往往得以不朽。"

越简单就越自由快乐

【原文】是以圣人去甚、去奢、去泰。(《老子·第二十九章》)

【大意】圣人要去掉极端的、奢侈的、过分的东西。

河上公注:"甚谓贪淫声色,奢谓服饰饮食,泰谓宫室台榭。"可以说,甚、奢、泰都是"过",都是由"贪"引起的。一个人越贪婪,他就越是穷奢极欲。反之,一个人越是奢侈过度,他就会越贪。老子认为,一些极端的过分的东西会拖累我们的身体和灵魂,应该抛弃它们,过一种简单的生活,这样我们才能自由、快乐。

绝大多数人都希望自己的生活能够达到"简单并快乐着"的最佳状态,但是他们真能做到吗?毫无疑问,这是一个大大的问号。因为大家都会被实实在在的生活压得喘不过气来。著名捷克作家米兰·昆德拉有一句名言:"承受生命之重"。实际上绝大多数人不堪承受生命之重,因为他们被占有物质财富——票子、房子、车子等欲望折磨得疲惫不堪。有许许多多的人是在令人难以察觉的绝望状态下生活的,这在工业化程度越高的现代社会,情况尤为严重。

一项统计显示,在美国社会中,一对夫妻一天当中只有12分钟时间进行交流和沟通;一周之内父母只有40分钟与子女相处;约有一半的人处于睡眠不足的状态。时间的危机实际上是感情的危机。大家好像每天都在为一些大事疯狂地忙碌,然后疲惫不堪,没有时间顾及其他。大家都在劳动,都在创造,但是生活质量真的变好了吗?

美国心理学家迪纳已经证明,物质财富是一种很差的衡量快乐的标准,人们并没有随着社会财富的增加而变得更加快乐。在大多数国家,收入和快乐的相关性是可以忽略不计的；只有在最贫穷的国家里，收入才是适宜的标准。

抛开这些抽象的理论不说，物质财富的增长有时确实使人们作茧自缚。举一个很简单的例子，电话、传真、电子邮件已经成为许多工作不可缺少的帮手，不过，如果一项工作每天都面对源源不绝的电子信息，就很可能产生"信息疲乏并发症"。许多企业界的经理人和信息业的工作者抱怨，每天必须接听的电话和处理电子邮件造成精神上莫大的压力，引发"信息疲乏并发症"甚至会造成长期失眠，严重影响健康。至于伴随文明发展而来的噪声、污染等问题则更是尽人皆知的。

在习惯的支配下，我们对这个嘈杂的世界、混乱的时空没有感到有什么不对劲，也许只有到临终的时候，才会悲哀地发现，自己的一生，原来是这么的不快乐。

那么快乐是什么？快乐来源于"简单生活"。物质财富只是外在的，真正的快乐来自于发现真实独特的自我，保持心灵的宁静。

有人问："简单生活"是否意味着苦行僧般的清苦生活，清心寡欲，辞去待遇优厚的工作靠微薄存款过活？这是对简单生活的误解。简单意味着悠闲，仅此而已。丰富的存款，如果你喜欢，那就不要失去，重要的是不要让金钱给你带来焦虑。

简单，是平息外部无休无止的喧嚣，回归内在自我的唯一途径，当我们为拥有一幢豪华别墅、一辆漂亮小汽车而加班加点地拼命工作，每天晚上在电视机前疲惫地倒下；或者是为了一次小小的晋升，而默默忍受上司苛刻的指责，并一年到头赔尽笑脸；为了无休无止的约会，精心装扮，强颜欢笑，到头来回家面对的只是一个孤独苍白的自己的时候，我们真该问问自己干吗这样，它们真的那么重要吗？简单的好处在于：也许你没有海滨前华丽的别墅，而只是租了一套干净漂亮的公寓，这样你就能节省一大笔钱来做自己喜欢的事，比如旅行或者是买上早就梦想已久的摄影机。你不用在上司面前唯唯诺诺，你自己就是自己的主人，职位的晋升并不是唯一能证明自己的方式，很多人从事半日制工作或者是自由职业，这样他们就可以更加自由支配自己的时间。而且如果你能推去那些不必要的应酬，你将可以和家人、朋友交谈，分享一个美妙的晚上。我们总是把拥有物质的多少看得过于重要，用金钱、精力和时间换取一种所谓的优越生活，却没有察觉自己的内心在一天天枯萎。

简单应该是每个人的目标，当你剔除心中的各种物欲和焦虑时，你就生活于简单中。简单的意义，不是幻想生活而是面对生活，祈求心灵的宁静。何须费心寻觅呢？它不在千里之外，而是深存在你的心中。记住梭罗的话："我们的生命不应虚掷于琐碎之事，而应该尽量简单，尽量快乐。"

最能体现追求简单的生活，崇尚真正的自由的人莫如第欧根尼。

第欧根尼是古希腊一个伟大的哲学家，他通过戏剧、诗歌和散文的创作来阐述他的学说；他向那些愿意倾听的人传道，他拥有一批崇拜他的门徒，他言传身教地进行简单明了的教学。所有的人都应当自然地生活，他说，抛开那些造作虚伪的习俗，摆脱那些繁文缛节和奢侈享受，只有这样，你才能过自由的生活。富有的人认为他占有宽敞的房子、华贵的衣服，还有马匹、仆人和银行存款，其实并非如此，他依赖它们，他得为这些东西操心，把一生的大部分精力都耗费在这上面。它们支配着他，他是它们的奴隶。为了攫取这些虚假浮华的东西，他出卖了自己的独立和自由。

第欧根尼没有房子，甚至连一个茅庐都没有。他认为人们为生活煞费苦心，过于讲究奢华。他拥有一条毯子——白天披在身上，晚上盖在身上，他睡在一个桶里，人们称他为"狗"，把他的哲学叫作犬儒哲学。

他就这样生活着，全然不顾社会规范，而且还朝他所鄙视的人咧嘴叫喊。他躺在阳光下，心满意足，比波斯国王还要快活（他常这样自我吹嘘）。

马其顿国王、希腊的征服者亚历山大正在视察他新的王国，他到处受欢迎受尊崇受奉承。他是一代英雄，几乎人人都涌向科林斯，为的是向他祝贺，希望在他麾下效忠，甚至只是想看看他。唯独第欧根尼，他身居科林斯，却拒不觐见这位新君主。怀着亚里士多德教给他的宽宏大度，亚历山大决意造访第欧根尼。

亚历山大穿过两边闪开的人群走向"狗窝"。他走近的时候，所有的人都肃然起敬，第欧根尼只是用一肘支着坐起来；所有的人都向他鞠躬敬礼或欢呼致意，第欧根尼一声不吭。

一阵沉默。亚历山大先开口致以和蔼的问候。打量着那可怜的破桶和破衣烂衫，还有躺在地上的那个粗陋邋遢的形象，他说："第欧根尼，我能帮你忙吗？"

"能，"第欧根尼说，"站到一边去，你挡住了阳光。"

一阵惊愕的沉默。慢慢地，亚历山大转过身，沉默不语。几分钟后，他对着身边的人平静地说："假如我不是亚历山大，我一定做第欧根尼。"亚历山大是懂得自由的含义的。

不论你对简单下什么样的定义，其本质都是摆脱过剩的物质负担和精神负担。你依然可以追求烹饪之乐，但却不必订数种美食杂志、累积收藏无数的食谱；你依然可以追求最新的时尚，但却不必同款鞋各买一色或买许许多多的领带；你依然可以买下别墅，却不必依平日家居的方式来布置它；你可以多交朋友，却不必多到非得用名片检索的地步。

你一定有过年前大扫除的经验吧。你是不是惊讶自己在过去短短一年内，竟然累积了那么多的东西？你是不是懊悔自己为何事前不花些时间整理，淘汰一些不再需要的东西？否则，今天就不会累得连腰都直不起来。

大扫除的懊恼经验，让很多人懂得一个道理：人一定要随时清扫、淘汰不必要的东西，日后才不会有沉重的负担。

问自己一个问题：我是不是每天忙忙碌碌，把自己弄得疲惫不堪，以至于总是没能好好静下来，替自己做清扫？

对那些会拖累你的东西，必须立刻放弃——心灵扫除的意义，就好像是生意人的"盘点库存"。你总要了解仓库里还有什么，某些货物如果不能限期销售出去，最后很可能会因积压过多拖垮你的生意。

很多人都喜欢房子清扫过后焕然一新的感觉。你在拭掉门窗上的尘埃与地面上的污垢、让一切整理就绪之后，整个人好像突然得到一种释放。在人生诸多关口上，我们几乎随时随地都得做清扫。念书、出国、就业、结婚、生子、换工作、退休……每次的转折，都迫使我们不得不"丢掉旧的你，接纳新的你"，把自己重新"扫一遍"。

把自己的心灵清扫一番，你一定会感到从未有过的轻松和快乐。

知足常乐

【原文】 故知足之足，常足矣。(《老子·第四十六章》)

【大意】 所以知道满足的人，永远是满足的。

知足常足，也就是我们通常说的知足常乐。一个人知道满足，心里面就时常是快乐的、达观的，有利于身心健康。相反，贪得无厌，不知满足，就会时时感到焦虑不安。用叔本华的观点来说，就会使人生在欲望与失望之间痛苦不堪。现实中，我们看到不少落得身败名裂的人正是因为欲壑难填、贪得无厌而走上犯罪道路的。看到这些人的犯罪事实，很多人都会由衷感叹："要是他早一点收手，大概也不会走到这一步！"不知大家注意到没有，这些感叹所流露的，正是"知足"的思想啊！问题是，一旦受贪欲支配，又哪里会知足，哪里会收得住手呢？

所以，"知足"不是没有追求；"知足常乐"更不是平庸的表现。相反，倒是难得修炼成的德性，尤其是在我们这个物欲诱惑滚滚而来挡也挡不住的时代。

人是应该有更高的追求，但这与知足并不矛盾，实现了一个目标后，可以准备下一个，但不能在这个还没实现时就想得更多，那就沦为了贪婪，事实上，知足才是最好的追求动力。

知足不同于自满，虽然从表面上看来，它们都是对自身情况感到满意的反应，但事实上，由于出发点和外在表现不同，它们往往给人以不同的感受。而从根本上说，知足也罢，自满也罢，与外在客观条件并不一定有相互的关联，一个人自己觉得生活到这个程度，于愿已足，并不代表他的生活真的一定就无懈可击，样样可打满分，主要是他能衡量自身的能力，正视客观的条件，不妄想不贪求，也不去与他人比高下，能够以宽容坦荡的心去对待生活，使自己的人生不受外界的影响和干扰，顺命随缘地和平度过。

那些骄傲的人，真的都是那么自信、骄傲，对自身的一切都心满意足吗？如果你肯仔细分析，也许会吃惊地发现，事情恰恰相反。

依据心理学上的说法，那种处处要表现自己的不凡，就怕谁人不知他的出类拔萃和光荣历史，无法克制地要以骄傲的面孔示人的人，常常是心理上欠缺安全感、满足感，或自怜狂在作祟的人。因为缺少安全感、满足感，便相对地失去了自信，便急于要在别人的赞美或惊叹声中找回信心，证明自己确实如自己所希望和幻想的那样不同凡响。骄傲、自满、目中无人，是由于反常心理在后面推动，不但给人极坏的印象，也是一种十分可悲的病态心理。

知足常乐的人很容易被人们认为是胸无大志。因为这些人往往在竞争异常激烈的今时今日，不去争，不去怨，不去嫉妒、伤害他人，乐观地生活着，这样就导致别人以为他们没出息、没能力。这显然是一种错误的观点，知足并不代表不进取，无大志，它只是我们生活的一种态度而已，是一种看透世事无常后的大彻大悟罢了。

能够体味人生的酸甜苦辣，做过了自己所喜欢的事，丰衣足食，爱己所爱，没有虚度岁月年华，心灵从容富足，那么无论贫富贵贱，都足以安心了。生长于贫困之家与生长于富贵之家，人生中的得意与失意，都不可看得太重。如果以不义的手段取得财富和地位，好像浮云一样，既不会长久，也不值得看重。这是先哲孔夫子的一番话。他还说：人都有利心，这是不可避免的，但是要去贫贱、求富贵都必须以是否符合"义"为前提，"重义"应该是人的本分，因为欲望是无止境的，如果不顾一切手段，谋求富贵，最后吃亏的还是自己。荀子说：如果去争夺财货，而不知道辞让，只是商人盗贼罢了。以这样的姿态去挥霍自己的精力与生命，本身就是对生命的一种亵渎。

庄子讲过一个支离疏的故事。南方楚国有一个人叫支离疏，他的形体是造物主的一个杰作或者说是造物主在心情愉快时开的玩笑：脖子像丝瓜，脑袋形似葫芦，头垂到肚子上而双肩高耸超过头项，颈后的发髻蓬蓬松松似雀巢，背驼得两肋几乎同大腿并列。

然而支离疏却暗自庆幸，感谢上苍独钟于他，平日里乐天知命，舒心顺意，日高尚卧，无拘无束，替人缝衣洗服，簸米筛糠，足以糊口度日；当君王准备打仗，在国内强行征兵时，青壮汉子如惊弓之鸟，四散逃入山中。而支离疏呢，偏偏耸肩晃脑去看热闹，他这副尊容谁要呢，所以他才那样大胆放肆。当楚王大兴土木，准备建造王宫而摊派差役时，庶民百姓不堪骚扰，而支离疏却因形体不全而免去了劳役。每逢寒冬腊月官府开仓赈贫时，支离疏欣然前去领取三种小米和十捆粗柴，仍然不愁吃不愁穿。

孟子说过："有所不为，而后有为。"换句话说，能知足才有资格不知足。知足与不知足是一个量化的过程，我们不会把知足停留在某一个水平上，也不会把不知足固定在某一个需要上。不同的年代，不同的环境，不同的阶层，不同的年龄，不同的生活经历，知足与不知足总会相互转化。青年人还是不要知足的好，唯有这样，才有创新；暴发户们，对于精神生活的追求多一些也许可以提升生活质量。

知足使人平静、安详、达观、超脱；不知足使人骚动、搏击、进取、奋斗；知足的智慧在于知不可行而不行，不知足的智慧在于可行而必行之。若知不可行而勉为其难，势必劳而无功；若知可行而不行，则是堕落和懈怠。这两者之间实际上存在一个"度"的问题。度就是分寸，是智慧，更是水平，只有在合适温度的条件下，树木才会发芽。《渔夫和金鱼》中的那个老太婆是不懂得知足的最大失败者，她就是没有把握好知足这个"度"。在知足与不知足之间，应更多地倾向于知足。因为它会让我们心中坦然，无所取，无所需，就不会有太多的思想负荷。在知足的心态下，一切都会变得合理、正常、坦然，我们还会有什么不切合实际的欲望和要求呢？

知足是一种境界。知足的人总是微笑着面对生活，在知足的人眼里，世界上没有解决不了的问题，没有趟不过去的河，他们会为自己寻找合适的台阶，而绝不会庸人自扰。

有一首《不知足歌》曾广为流传，这首歌当然有封建时代的局限性，但却不失戒世的意义。歌词是这样的：

终日茫茫只为饥，方得饱来便思衣。
衣食两般俱丰足，房子又少美貌妻。
娶下娇妻并美妾，出入无轿少马骑。
骡马成群轿己备，田地不广用难支。
买得田园千万顷，又无官职被人欺。
七品五品犹嫌小，四品三品犹嫌低。
一品当朝为宰相，又想神仙对局棋。
种种妄想无止息，一棺长盖念方灰。

这首歌的作者最后说："不知足"乃人间活地狱，活百年也无一刻之乐境，每日只生无限之愁叹！

不与人比，坚持自己的价值观，不用处心积虑地算计别人，懂得知足，那么你就会拥有真正而长久的快乐。

挣脱心灵的枷锁

【原文】 大方无隅。(《老子·第四十一章》)

【大意】 最方正的反而没有棱角。

老子说,最方正的反而没有棱角。其含义是人应该突破种种限制,尤其是心灵的限制,让灵魂自由飞翔,像"道"一样无形无象,不被拘不被束。

有一种虫儿叫跳蚤,是跳高能手。如果把它放在桌子上,用手一拍,它可以跳很高,高度能是自己身高的百倍以上,这在动物界是屈指可数的。科学家们在跳蚤的头上罩上一个玻璃罩,再迫使跳蚤跳动。每次跳蚤都碰到了玻璃罩。这样连续多次以后,跳蚤改变了自己能够跳起的高度来适应新环境,每次跳起的高度总保持在罩顶以下。科学家们逐渐降低玻璃罩的高度,跳蚤经过数次碰壁之后又主动改变自己跳起的高度。最后,玻璃罩接近桌面,跳蚤无法再跳了,只好在桌子上爬行。经过一段时间,科学家把玻璃罩拿走了,再拍桌子,跳蚤仍然不会跳,跳蚤变成爬虫了。跳蚤变成爬虫,并不是因为它已经失去跳跃的能力,而是由于一次次遭受挫折学乖了,习惯了,最后麻木了。最可悲的地方就是:虽然玻璃罩已经不存在,跳蚤却连"再试一次"的勇气都没有了。玻璃罩的限制已经深深地刻在它那十分有限的潜意识里,反映在它的心灵上。

动物是这样,人也是这样,心理学家把这种现象叫作"自我设限"。

一个人在成长的过程中,特别是幼年时代,遭受外界,比如父母、老师等太多的批评、打击或遭受挫折,于是奋发向上的热情、欲望就被"自我设限"压制和封杀了。在这种情况下,如果没有得到及时的疏导与激励,他们就会对做事惶恐不安,对失败习以为常,逐渐丧失了信心和勇气,渐渐养成了懦弱、犹疑、狭隘、自卑、孤僻的性格,害怕承担责任,不思进取,不敢拼搏。

一个小孩在看完马戏团精彩的表演后,随着父亲到帐篷外拿干草喂养表演完的动物。

小孩注意到一旁的大象群,问父亲:"爸,大象那么有力气,为什么它们的脚上只系着一条小小的铁链,难道它无法挣开那条铁链逃脱吗?"

父亲笑了笑,耐心为孩子解释:"没错,大象挣不开那条细细的铁链。在大象还小的时候,驯兽师就是用同样的铁链来系住小象,小象起初也想挣开铁链的束缚,可那时候的小象,力气还不够大,试过几次之后,知道自己的力气不足以挣开铁链,也就放弃了挣脱的念头,等小象长成大象后,它就甘心受那条铁链的限制,而不再想逃脱了。"

在大象成长的过程中,人类聪明地利用一条铁链限制了它,虽然那样的铁链根本系不住有力的大象。

在我们成长的环境中,是否也有许多肉眼看不见的链条在系住我们?而我们也就自然将这些链条当成习惯,视为理所当然。

就这样,我们独特的创意被自己抹杀,认为自己无法成功致富;认为自己难以成为配偶心目中理想的另一半,无法成为孩子心目中理想的父母。然后,开始向环境低头,甚至于开始认命、怨天尤人。

这一切都是我们心中那条系住自我的铁链在作祟罢了。或许,你必须耐心静候生命中来一场大火,逼得你非得选择挣断链条或甘心遭大火席卷。你还有一种不同的选择。你可以当机立断,运用我们内在的能力,立即挣开消极习惯的捆绑,改变自己所处的环境,投入另一个崭新的领域中,使自己的潜能得以发挥。

常见的心灵枷锁有以下几种:

1."别人会怎样想"的枷锁

"别人将会有什么看法呢?"这的确是一种最普遍而且最具自我毁灭性的心理状态。这种"别人"式的想法是一种强而有力的枷锁。它会伤害你的创造力和人格,把你原有的能力破坏殆尽,使你停滞不前。为摆脱这种

"别人"式的枷锁，你不妨想一想，"别人"并不是"先知先觉"，他们往往是"事后诸葛亮"。你应该记住：走自己的路，让别人去说吧！

2．"注定会失败"的枷锁

这是另一种非常普遍的心理。一旦失败，便将自己初始的动机统统的扼杀。他们不断重复着说："早知如此，何必当初！"他们因此把自己看得渺小，无法真正透彻地看清自己。要知道，世上绝没有后悔药。为了摆脱"注定会失败"的枷锁，你需要改变思想，换"脑筋"，思想本身会左右事情的发展。你不妨跟自己闲谈，保持积极的态度。切莫在不经意中将自己的创新意识抛弃，它是你最珍贵的东西。想着"我将要成功"而不是会失败，"我是一个胜利者"而非"一位失败者"，寻找助你成功的方法。你会发现你能左右自己的心灵，同样能左右自己的行动。

3．"已为时太晚"的枷锁

许多失败者相信自己太晚了，已无法挽回，无法再创业了，因此对未来完全妥协，逆来顺受地熬日子。这种"已为时太晚"的枷锁，包括各式各样的人物：一个30岁的青年做生意亏了本就认为无法东山再起；一个40岁的职员失业后想创业就自认为为时已晚；一位10年前没有扩大投资的厂长要想重新开始投资就认为时过境迁。为了戒除这种"为时太晚"的枷锁，你可以多观察那些在社会生活中的活跃人物，而不去理会"年龄的限制"，并下定决心，不断奋斗，所谓"春蚕到死丝方尽，蜡炬成灰泪始干"，成功与年龄无关，重新开始永远为时不晚。

4．"过去错误"的枷锁

许多人都害怕再次尝试，因为他们曾经失败过，而且受创很深，正所谓"一朝被蛇咬，十年怕井绳"。但是，对每位有志之士来说，他都必须对过去所犯的错误保持正确的哲学观，从而使他得以再求突破，再创佳绩。如果你能将自己的失败看成是很有价值的教育投资的话，那就有效减少损失了。因此，你完全不必把"过去的错误"看得太重。其实那根本不能算作失败，只能算是受教育，它能教会你许多事情，使你更加成熟。

不管是哪一种，这些心灵的枷锁都会加重你的负担，使你步履艰难甚至压得你喘不过气来。只有把它们卸下来，你才能一身轻松地去奋斗，向着你的目标甩开步子、勇往直前。

追随自己的激情，追求自己最向往的事情，不怕失败，不在乎别人怎么说，你就可以摆脱心灵的枷锁，自由自在。

艾伦是一位非常成功的经济学家，她在加拿大温哥华的一家金融机构担任很高的职位。她有两个孩子和一个温暖的家庭。但她总感觉自己好像失去了什么，生活并不是很完美。当她16岁时，她第一次上舞蹈课，她就满怀激情地想要成为一名舞蹈家，虽然她不时地学习舞蹈，做一些半专业化的表演，但她始终没有显示出在舞蹈方面成功所必备的才能。而在商务方面她却显得轻车熟路。她获得了经济学硕士学位，建立了成功的事业。

"我父母曾教导我说，要做就要做你能做得好的，如果你不能把某件事做得很好，就不要做。虽然我对跳舞有热情，但我没有成为伟大舞蹈家的天赋。我常常在心里进行着无法形容的斗争，无法决定是否要继续跳下去。"

考虑到父母的教导，压制住自己的激情，艾伦全身心地投入到家庭和工作中去。可是她从没有放弃在一个完整的舞剧中创作和表演的梦想，尽管她总是说服自己是因为没有时间、能力、创造力和资金来使这件事成功。

有一次，她无意中从卫生间的镜子里看到了令她吃惊的一幕，自己仅有32岁，但是看上去却像个老妇人，也许再也不能在舞台上跳舞了，心中回味着不能实现自己梦想的一生。就在那时，她下了决心去练习舞蹈，搞一次表演，即使人们笑话她，即使她一个人在空荡的剧场里跳舞，她也要将这个梦想变成现实。就在那天，她跳上了一辆计程车，怀着不可动摇的决心返回到舞蹈课程的学习中。

艾伦发现她不必为了追求自己的梦想而放弃生活的其他方面。"我一直以为，如果我做一些需要付出很大努力的事情，就很难顾及其他事情了，比如孩子或工作。但事实并非如此，为梦想努力，反而使我的工作效率更高了，在工作中取得了更大的成绩。我在工作中表现出了更大的信心和自我意识，和孩子们在一起也更有乐趣和更加自然。孩子们和我一起参加到演出中,卖票,调度灯光,他们也非常喜欢做这些事。我们作为一家人所共同度过的时光也更美好了,确实更加美妙了。"

在办公室和在舞台上,她继续着自己的两个职业。她现在已经是一家金融机构的总裁和总经理。作为她自己公司的总裁,她是一位深受欢迎的企业顾问和发言人;同时,她仍然找出时间,制作、编写、演出了四部舞剧,大量观众观看了演出,并且好评如潮。

艾伦成功地挣脱了心灵的枷锁,使自己的生活更加丰富精彩,这不是对"大方无隅"最生动、最形象的诠释吗?

莫为名利舍弃一切

【原文】 使我介有知，行于大道，唯施是畏。(《老子·第五十三章》)

【大意】 假使我稍微有点儿智慧，走在大道上，只害怕走上邪路。

大彻大悟的老子深知追名逐利的危险，所以他告诫世人不可为名利舍弃一切，走上邪路。然而为追名逐利而走上邪路的事例却屡见不鲜。

《唐语林》记载，唐朝诗人宋之问有一外甥叫刘希夷，很有才华，是一位年轻有为的诗人。一日，刘希夷写了一首诗，叫作《代白头吟》，到宋之问家中请舅舅指点。当刘希夷诵到"古人无复洛阳东，今人还对落花风。年年岁岁花相似，岁岁年年人不同"时，宋之问情不自禁连连称好，忙问此诗可曾给他人看过，刘希夷告诉他刚刚写完，还不曾给别人看。宋之问便说道："你这诗中'年年岁岁花相似，岁岁年年人不同'二句，着实令人喜爱，若他人不曾看过，让与我吧。"刘希夷说："此二句乃我诗中之眼，若去之，全诗无味，万万不可。"晚上，宋之问睡不着觉，翻来覆去只是念这两句诗。心想，此诗一面世，便是千古绝唱，名扬天下，一定要想法据为己有。于是起了歹意，命手下人将刘希夷活活害死。后来宋之问获罪，先被流放到钦州，又被皇上勒令自杀，天下文人闻之无不称快！刘禹锡说："宋之问该死，这是天之报应。"

俗话说"雁过留声，人过留名"，谁也不想默默无闻地活一辈子，自古以来胸怀大志者多把求名、求官、求利当作终生奋斗的三大目标。三者能得其一，对一般人来说已经终生无憾，若能尽遂人愿，更是幸运之至。然而，从辩证法角度看，有取必有舍，有进必有退，就是说有一得必有一失，任何获取都需要付出代价。问题在于，付出值不值得。为了公众事业、民族和国家的利益，为了家庭的和睦，为了自我人格的完善，付出多少都值得，否则付出越多越可悲。老子所说的淡泊名利，正是从这个意义上提出的人生命题。在求取功名利禄的过程中，奉劝诸君少一点贪欲，多一点节制，莫为名利遮住眼。

客观地说，求名并非坏事。一个人有名誉感就有了进取的动力，有名誉感的人同时也有羞耻感，不想玷污自己的名声。但是，什么事都不能过分追求，过分追求又不能一时获取，求名心太切，有时就容易产生邪念，走上邪道。结果名誉没求来，反倒臭名远扬，遗臭万年。君子求善名，走善道，行善事；小人求虚名，弃君子之道，做小人勾当。古今中外，为求虚名不择手段，最终身败名裂的例子很多，确实发人深省。有的人已小有名气，还想名声大振，于是邪念膨胀，连原有的名气也遭人怀疑，更是可悲。

在中世纪的意大利，有一个叫塔尔达利亚的数学家，在国内的数学擂台赛上享有"不可战胜者"的盛誉，他经过自己的苦心钻研，找到了三次方程式的新解法。这时，有个叫拉比丹诺的人找到了他，声称自己有千万项发明，只有三次方程式对他是不解之谜，并为此而痛苦不堪。善良的塔尔达利亚被哄骗了，把自己的新发现毫无保留地告诉了他。谁知，几天后，拉比丹诺以自己的名义发表了一篇论文，阐述了三次方程式的新解法，将成果攫为己有。他的做法在相当一个时期里欺瞒住了人们，但真相终究还是大白于天下了。现在，拉比丹诺的名字在数学史上已经成了科学骗子的代名词。

名利之心人皆有之，这当然是正常的，问题是要能进行自控，不要把名利看得太重，到了接近极限的时候，要能把握分寸，跳得出这个圈子，不为名利之争而舍弃一切。宋之问、拉比丹诺等也并非无能之辈，在他们各自的领域里都是很有建树的人。就宋之问来说，即便不夺刘希夷之诗，也已经名扬天下。糟的是，人心不足，欲无止境！俗话说，钱迷心窍，岂不知"名"也迷心窍。一旦被迷，就会使原来一些颇有才华的"聪明人"变得糊里糊涂，使原来还很清高的文化人变得既不"清"也不"高"，做起连老百姓都不齿的肮脏事情，以致弄巧成拙，美名变成恶名。

还是东坡先生说得好："苟非吾之所有，虽一毫而莫取。"美名美则美矣！只是对于那些还有一点正义感、有一点良知的人，面对不该属于他的美名，受之可以，坦然却未必办得到！得到的是美名，得到的也是一座沉重的大山，一条捆缚自己的锁链，早晚会被压垮。如果真有人对此能坦然受之，那这个人的品质也就算恶得可以了！

历史上倒是有许多不追求名利的人反而得到了名利。

《儒林外史》记载，元朝末年，有一人名叫王冕，在诸暨县乡村居住。七岁上亡父，他母亲做些针线活，供他到村学堂里去读书。他十岁时因为家里穷，只好到隔壁人家放牛，每月得几钱银子，又有现成饭吃。这样，王冕也没有什么不乐意的。

王冕边放牛，边读书。一天大雨过后，景色清新优美，湖里有十来支荷花，荷苞上清水滴滴，荷叶上水珠滚来滚去。王冕看了一会儿，决心学画，便托人买些胭脂铅粉之类，学画荷花，画到三个月后，那荷花的精神颜色无一不像，便有人来购买，名声渐渐传出去了。自此不愁衣食，便愈发自由自在。

一个在京城做官的书法家回乡居住，见到了王冕的画，爱不释手，即约王冕相见，王冕推辞不去，无非是不想趋炎附势，招灾引祸罢了。知县来请，也躲到一边不见。王冕怕大祸临头，就出远门去了。他在外边租了小门面，卖卜测字，聊以度日。县里几个俗财主，见到王冕的画儿，时常要买，王冕被闹腾得不耐烦，就搬走了。母亲病倒在床，临终前对王冕说："我眼见不济事了。这几年来，人人都在我耳根前说你有学问，劝你去做官。做官怕不是光宗耀祖的事，我看做官的都没有好下场。况且你的性情高傲，更容易惹是非。我儿可听我的遗言，将来娶妻生子，守着我的坟墓，不要出去做官，我死了，口眼也闭。"王冕含泪应诺。

不过一年有余，天下就大乱了。朱元璋拜请王冕出山，王冕不从，更引起朱元璋的好感。明朝建立后，朱元璋又请王冕出来做官，授予他咨议参军之职，但使者到来时，王冕早已连夜逃往会稽山中去了。后来得病在家中安然去世，被山邻安葬。

在名利问题上，得失的对立似乎特别明显。然而究其实，两者总是相互转化的，得到反而意味着失去，失去反而意味着得到，甚至得失的不仅是名利，还有身家性命。在形式上放弃它，反而能够永久地保存。当刘备将死时，三分天下之势已确立，他看到诸葛亮确实是人杰，就劝他如果儿子阿斗可以辅助就加以辅助，如果实在上不了台面就自己做君称王。而诸葛亮未必不是做君主的料，他甘做人臣，这似乎没有得到人主之高位与尊荣，但千载之后，他的英名却比任何一位皇帝都高。一句"鞠躬尽瘁，死而后已"，把他与历史永久性地联在一起。如果他废阿斗自立，那他前半生的一切英名，都将被篡权者的恶名所掩盖，他的失正是最大的得到。

俗话说："退一步阳光大道，进一步死路一条。"追求名利是人类的一大弱点，是害别人也是害自己的祸患。应谈笑看名利，努力追求事业，但不为名利牵累。

算计得失者永不快乐

【原文】名与身孰亲？身与货孰多？得与亡孰病？甚爱必大费，多藏必厚亡。(《老子·第四十四章》)

【大意】名誉、名声和生命到底哪个更重要呢？自身与财物相比，何者是第一位的呢？得到名利地位与丧失生命相衡量起来，哪一个是真正的得到，哪一个又是真正的丧失呢？过分追求名利地位就会付出很大的代价，有庞大的储藏，一旦有变必然是巨大的损失。

老子的话极具辩证法思想，告诉我们应该站在一个什么样的立场上看得失的问题。一个人也许平时可以做到虚怀若谷，大智若愚，但是一旦吃亏，总觉得自己在遭受损失，渐渐地就会心理不平衡，于是就会计较自己的得失，再也不肯忍气吞声地吃亏，一定要分辩个明明白白，结果朋友之间、同事之间是非不断，而所想到的也照样没有得到，这是失的多还是得的多呢？

每一种生活都有它的得与失，正如俗话所说："醒着，有得有失；睡下，有失有得。"所以我们应该正视人生的得失，要知道世间之物本来就是来去无常，所以得到的时候要懂得珍惜，失去的时候也不必无所适从。月亮即使有缺，也依然皎洁；人生即使有憾，也依然美丽。不舍弃别人都有的，便得不到别人都没有的。会生活的人失去的多，得到的更多，只要这样一想，你就会有一种释然顿悟的感觉。

人在大的得意中常会遭遇小的失意，后者与前者比起来，可能微不足道，但是人们却往往会怨叹那小小的失，而不去想想既有的得。

其实得到固然令人欣喜，失去也会使人伤心。得到的时候，渴望就不再是渴望了,于是得到了满足,却失去了期盼;失去的时候,拥有就不再是拥有了,于是失去了所有,却得到了怀念。连上帝都会在关了一扇门的同时又打开一扇窗,得与失本身就是无法分离:得中有失,失中又有得。

《孔子家语》里记载:有一天楚王出游,遗失了他的弓,下面的人要找,楚王说:"不必了,我掉的弓,我的人民会捡到,反正都是楚国人得到,又何必去找呢?"孔子听到这件事,感慨地说:"可惜楚王的心还是不够大啊!为什么不讲人掉了弓,自然有人捡得,又何必计较是不是楚国人呢?"

"人遗弓,人得之"应该是对得失最豁达的看法了。就常情而言,人们在得到一些利益的时候,大都喜不自胜,得意之色溢于言表;而在失去一些利益的时候,自然会沮丧懊恼,心中愤愤不平,失意之色流露于外。但是对于那些高尚的人来说,他们在生活中能"不以物喜,不以己悲",并不把个人的得失记在心上。他们面对得失心平气和、冷静以待。如晋代的陶渊明在官场摸爬滚打十多年之后,认为官场是污浊的、肮脏的,他置身其中总有一种格格不入的感觉。于是,他毅然决然辞官还乡,他失去了功名利禄,但是却毫无遗憾和留恋。"采菊东篱下,悠然见南山。"精神上的这些得意和轻松,是任何物质的东西都难以取代的,陶渊明不被世俗所束缚,舍弃物质利益,放飞心灵的伟大壮举,千百年来,令多少人"高山仰止,心向往之"。

当我们在得与失之间徘徊的时候,只要还有抉择的权利,那么,我们就应当以自己的心灵是否能得到安宁为原则。只要我们能在得失之间作出明智的选择,那么,我们的人生就不会被世俗所淹没。

我们不要做患得患失之人,不要在生活中计较太多,不要做锱铢必较、追名逐利之徒。面对得失我们一定要有清醒的头脑,不要把得失看得太重,在得的后面,可能潜藏着失,只有那些短视的人,才只顾眼前利益,看不见利益背后的隐患;而失的后面也有可能潜藏着得,只不过有的人因为目光短浅对此不作深入分析,只看到是一种失,便避之唯恐不及,从而与"失中之得"擦肩而过。

中国历史上很多先哲都明白得失之间的关系,他们看重的是自身的修养,而非一时一事的得与失。春秋战国时期的子文,担任楚国的令尹。这个人三次做官,任令尹之职,却从不喜形于色,三次被免职,也怒不形于色。这是因为他心里平静,不为得失所累。子文心胸宽广,明白争一时得失毫无用处。该失的争也不一定能够得到,越得不到,心理越不平衡,对自己毫无益处,不如不去计较这一点点损失。

患得患失的人是把个人的得失看得过重。其实人生百年,贪欲再多,官位权势再大,钱财再多,也一样是生不带来死不带走。可偏偏有人处心积虑,挖空心思地巧取豪夺,难道就是人生的目的?这样的人生难道就完善就幸福吗?过于注重个人的得失,会使一个人变得心胸狭隘,斤斤计较,目光短浅。而一旦将个人利益的得失置于脑后,便能够轻松对待身边所发生的事,遇事从大局着眼,从长远利益考虑问题。南朝梁人张率,12岁时就能做文章。天监年间,担任司徒的职务,在亲安的时候,他曾派家中的仆人运3000石米回家,等运到家里,米已经耗去了大半。张率问其原因,仆人们回答说:"米被老鼠和鸟雀损耗掉了。"张率笑着说:"好大的鼠雀!"后来始终不再追究。张率不把财产的损失放在心上,是他的为人有气度,同时也看出来他的作风。粮食不可能被鼠雀吞掉那么多,只能是仆人所为,但追究起来,主仆之间关系僵化,粮食还能收得回来吗?粮食已难收回,又造成主仆关系的恶化,这不是失的更多更大吗?同样,唐朝柳公权,他家里的东西总是被奴婢们偷走。他曾经收藏了一筐银杯,虽然筐子外面的印封依然如故,可其中的杯子却不见了,那些奴婢反而说不知道。柳公权笑着说:"银杯都化成仙了。"从此不再追问。

《老子》说:"祸往往与福同在,福中往往就潜伏着祸。"得到了不一定就是好事,失去了也不见得是件坏事。正确地看待个人的得失,不患得患失,才能真正有所得。人不应该为表面的得到而沾沾自喜,得也应得到真的东西,不要为虚假的东西所迷惑。失去固然可惜,但也要看失去的是什么,如果是自身的缺点、问题,这样的失又有什么值得惋惜的呢?

美国心理专家罗宾通过多年的研究,以铁的事实证明,凡是太能算计得失的人,实际上都是很不幸的人,甚至是多病和短命的人。他们90%以上都患有心理疾病。这些人感觉痛苦的时间和深度也比不善于算计的人多了许多倍。换句话说，他们虽然会算计，但却没有好日子过。

罗宾根据多年的研究，列出了200道测试题，测试你是否是一个"太能算计得失者"。这些题很有意思，比如：你是否同意把一分钱再分成几份花？你是否认为银行应当和你分利才算公平？你是否梦想别人的钱变成你的？你出门在外是否常想搭个不花钱的顺路车？你是否经常后悔你买来的东西根本不值？你是否常常觉得你在生活中总是处在上当受骗的位置？你是否因为给别人花了钱而变得闷闷不乐？你买东西的时候，是否为了节省一块钱而付出了极大的代价，甚至你自己都认为，你跑的冤枉路太多……只要你如实地回答这些问题，就能得出你是否是一个"太能算计得失者"。

凡是对得失太过于算计的人，都是活得相当辛苦的人，又总是感到不快乐的人。在这些方面，罗宾有许多宝贵的总结。

第一，一个太能算计得失的人，通常也是一个事事计较的人。无论他表面上多么大方，他的内心深处都不会坦然。算计得失本身首先已经使人失去了平静，陷入一事一物的纠缠里。而一个经常失去平静的人，一般都会引起较严重的焦虑症。一个常处在焦虑状态中的人，不但谈不上快乐，甚至可以说是痛苦的。

第二，爱算计得失的人在生活中很难得到平衡和满足，反而会产生对人对事的不满和愤恨。常与别人闹意见，分歧不断，内心充满了冲突。

第三，爱算计得失的人，心胸常被堵塞，每天只能生活在具体的事物中不能自拔。习惯看眼前而不顾长远。更严重的是，世上千千万万事，爱算计得失者并不是只对某一件事情算计，而是对所有事都习惯于算计。太多的算计埋在心里，形成沉重的负担，这样的人怎么会有好日子过？

第四，太能算计得失的人，也是太想得到的人。而太想得到的人，很难轻松地生活。往往还因为过分算计引来祸患，平添麻烦。

第五，太能算计得失的人，必然是一个经常注重阴暗面的人。他总在发现问题，发现错误，处处担心，事事设防，内心总是灰色的。

罗宾的研究还表明：太能算计的人，心率一般都较快，睡眠不好，常有失眠现象伴随。消化系统遭到破坏，气血不调，免疫力下降，容易患神经性、皮肤性疾病。最可怕的是，太能算计的人，目光总是怀疑的，常常把自己摆在世界的对立面。这实在是一种莫大的不幸。太能算计的人骨子里还贪婪。拥有更多的想法，成为算计者挥之不去的念头，像山一样沉重地压在心上，使生命变得没有轻松和快乐。

而更有趣的是，罗宾自己曾经就是一个患得患失的人。他知道哪家袜子店的袜子最便宜，哪怕只比其他店便宜几分钱；他知道方圆30里内，哪家快餐店比其他店多给顾客一张餐巾纸；哪辆公共汽车比哪辆公共汽车便宜5分钱；什么时候看电影门票最低等。

正因为这样，他得了一身病。30岁之前，他总与医院打交道。当然，他也知道哪一家医院的药费最便宜。不过那时他没有一天好日子过，更不要说快乐了。幸运的是，罗宾在他32岁那年终于醒悟了，他开始了关于"患得患失者"的研究，追踪了几百人，得出了惊人的结论。

罗宾的研究成果，使许多人脱离苦海，看清了自己，身心得到了解放，病也全好了。他不但改变了命运，还过上了好日子。如今，他已经成为了美国最健康人群中的一员，每天都是乐呵呵的。他出版的《好日子》，在美国家喻户晓。

不追求完美

【原文】 大成若缺，其用不弊。（《老子·第四十五章》）

【大意】 最完美的东西表面看上去有缺陷，但它的作用不会停止。

老子说，大的成就仍像有缺陷，仍显得不完美，但却没什么妨碍，可见世间没有终极的完美。完美只是一种假设，存在于想象中。所以极力追求完美就会被完美所累，就不会快乐。

不完美代表一种缺憾，一种距离，有了这种缺憾和距离我们才会不断追求，不断完善，从中获得快乐，如果失去了这种追求的快感和距离的美感，人生该是多么的枯燥、单调！所以从这个角度来说，不完美也是一种美。

席勒在《遗失的部分》一书中有一个写给中学生的寓言：一个圆被切去了一部分，它希望自己是一个完美的圆，因此就四处寻找遗失的那一部分，但因为它不是一个完整的圆，所以只能慢慢滚动，由此它得以沿途欣赏美丽的花草、明媚的阳光，并与蚯蚓娓娓而谈。途中它也发现了许多圆遗失的部分，但没有一片能与自己相匹配，因此它不得不继续寻找。有一天，圆找到了自己遗失的那部分，与自己相配得天衣无缝。它高兴极了，因为它又是个完美的圆。它开始飞地快滚动，快得连花都看不清楚，更不用说与蚯蚓谈话了。它发现在快速滚动中世界整个变了样，许多美好的东西都失去了，于是它又停了下来，将千辛万苦找回的那一部分丢在路旁，然后慢慢地滚动着行走。这其实说明了一个道理：有缺憾时拼命追求完美，而一旦拥有了完美的一切，反而没有梦想，没有渴望，没有奋斗的激情与快乐。

不能容忍美丽的事物有所缺憾，是一种普遍心态。对许多青年人来说，追求尽善尽美是理所当然的。他们从未想过，正是这种态度，给他们的生活带来了巨大的压力。

生活有太多的不尽如人意、太多的遗憾，比如有情人不能终成眷属，比如高考不能金榜题名，比如事业不能大展宏图，比如子欲孝而亲不在……刻意去追求完美只能使自己疲惫不堪。

你不必因为一次考试少几分而耿耿于怀；不必因为说过一句错话、犯一个小过错而久久内疚；不必因为好朋友的一个小缺点而感到遗憾；不必因为一顿不可口的饭菜而埋怨；不必因为一次评比名落孙山而垂头丧气；不必因为错过一次提拔机会而怨天尤人；不必因为一次失败而放弃你的全部计划。不是每粒种子都能找到它生长的土壤，不是所有的付出最终都有回报。

哲理诗人赫塞说过："生命并不是一种计算，它不是一种数学的总合，而是一种奇迹。"傅雷说："真正的光明并非没有黑暗的时刻，只是永不为黑暗所淹没罢了。"接受不完美，你才能面对现实，也才能更好地面对生活。不必强求完美，你会少一些抱怨和哀叹，多几分坦然和洒脱，以豁达的心态坦然地走你的人生之路。

追求快乐但不追求享乐

【原文】夫唯无以生为者，是贤于贵生。(《老子·第七十五章》)。

【大意】只有不在生活方面过分看重享受的人，才比贪求个人生活奢侈安逸的人高明。

过去人们在物质上只求温饱，按自己的本性过一种自然的生活，办事只求心安，精神只求舒畅，心灵只求宁静，因此享受着清闲和快乐。

快乐是精神适意、安宁、自足，享乐则从来没有安宁和自足感。如一次挣了许多钱、在酒吧间遇到了一个妖艳的女郎、中了彩票、大吃了一顿、打麻将赢了钱等，只是欲望暂时的满足。享乐需要通过不断的刺激才能获得，刺激一停止就又感到无聊了。

一个人的精神快乐并不需要荣华富贵，这些东西都不属于生命本身，真正的快乐是从生命的本性流露出来的，它来源于自己的精神内部。享乐则来源于生命的外部，它是身外之物刺激的结果，因而，享乐常与荒淫、堕落连在一起，享乐与堕落只有一墙之隔，甚至有些享乐本身就是堕落。

快乐的心境是自在安宁的，享乐则狂热放纵，有时还失去了理智。得意了就彻底狂欢，失意了便垂头丧气，受了创伤更是失魂落魄。享乐者的心里总得不到安宁，受到的刺激不同心情就不同：时而狂喜，时而愤怒，时而大笑，时而悲伤，时而放纵，时而怯懦，时而浮躁，时而叹息……

快乐则可以不受外物的影响，不为穷困而苦恼，不为富贵而得意，这是由于快乐不是来于外物的刺激而来自心灵。它是一个人具有生活目的、人生信念和创造乐趣后的一种情感状态，这样，快乐又是与对人生的憧憬、对未来的希望联系在一起的。

相反，享乐正是缺乏生活目的，没有人生信念，更没有创造乐趣，享乐者认为人生没有什么信念和意义可言，人生就是为了吃喝玩乐。许多享乐者今朝有酒今朝醉，瞻望前途，不寒而栗，所以享乐背后是病态和失望。旧的刺激刚过去又得马上寻求新的刺激，否则，享乐者就会百无聊赖，惶惶不安。

延伸开来，我们应该追求精神层次的欢乐，有正确的价值观，人生观。

人活着当然要吃，但不能为吃而活着；人活着应该穿，但穿高档时装却不是人生的目的。如果我们把穿和吃作为人生的目的，那么一旦有穿有吃以后，人生就会失去了目标，因而也就变得空虚和无聊起来。吃穿只是人的一种基本的生理需要，是人的各种需要中最低级的一种，这种需要是人与动物共有的，可悲的是不少人把吃穿等基本需要当作人生的全部目的，把自己的生命意义限制在动物的层次上，因此，当吃穿等基本需要得到满足以后就不可能有新的追求。吃饱穿暖以后就无事可干，而人身上的能量又需要释放出来；既然把生命的意义限制在动物的层次上，那么释放本能的方式就只能是追求种种所谓"刺激"的低级趣味，由享乐走向了堕落，这在经济发达的地区表现得尤其明显。

有了钱，可以当慈善家，也可以当恶霸，这就要看人的追求是高尚还是低下，看有没有人生的根基，有没有自己精神的支柱了。

老子说："不失其所者。""所"的本意是处所或地方，这里引申为根基或根本的意思。"不失掉根基就能长久"——老子这句话在今天尤其具有重要意义。

世界上的各种生物都有自己的根基，鱼儿在水中欢快地游，离开了水就很快丧命；树木在沃土里茁壮地成长，离开了土壤就要干枯。人的根基是什么呢？人既是自然动物，人像鱼和树一样，离不开空气、阳光、土壤，同时人又是社会动物，离不开精神的支柱和根基，这个支柱或根基就是老子所说的"道"。

我们正处在传统的农业社会与现代文明社会的交接点上，传统的人生观受到了怀疑和动摇，而新的人生观又没有确立，大家失去了安身立命的基础,找不到行为的准则是什么,心中全然没有主见,思想、行为和语言都模仿着电视广告。

这是由于我们没有精神的支撑点,没有生活的目标,没有高尚的追求,归结到一点:我们失去了人生的根基。人生没有根基,生命成了无源之水、无本之木。

说真的,我们常常不知道自己爱什么、恨什么、需要什么、不需要什么。即使像谈恋爱这种纯粹的个人行为,在现代社会也被潮流化了。大家总是看到别人去干什么自己就干什么,我们干的许多事情不是出于个人的主动选择,而是随大流的结果。我国几乎一年就有一个或几个"热",如"出国热""房地产热""股票热""跑男热"等。因为大多数情况下人们没有明确的价值观和人生观,所以找不到"我应该干什么",而是"别人干什么我就干什么""人家怎样我也怎样"。没有自己的个性,没有自己的好恶,没有自己的追求。我们就像水上漂浮着的落叶,水流向哪我们就漂向哪儿,关键是我们没有自己的"根"。

因此,我们的出路是努力找回自己的根基,找到自己的归宿,找到自己精神的支柱。有了人生的根基就会有人生的目的,有了人生的目的就有主见,就会坚定不移地走自己的路,一举一动就不会看别人的脸色。这样,我们也就找回了失落的自我。

第三章 做立身敦厚的大丈夫

老子说：真正的大丈夫有自知之明并能自胜自强；他立身敦厚，存心朴实；他待人友善，有同情心，宽容，谦虚，勇于承担责任，他是一个顶天立地的人。

人贵有自知之明

【原文】 自知者明。(《老子·第三十三章》)

【大意】 能认清自己的人是聪明的。

人贵有自知之明。现代人都有一种通病,那就是不了解自己。我们往往在还没有衡量清楚自己的能力、兴趣、经验之前,便一头栽进一个过高的目标,而这个目标往往是在与人攀比时得来的,而不是了解自己之后定出来的,所以我们每天要受尽因自己有些盲目的目标带来辛苦和疲惫的折磨。

人如果在生活中总是与别人攀比,总是希望获得他人的掌声和赞美,博取别人的羡慕,那么,他就会慢慢地迷失自己,否定真实的自己。一个人成天乞讨别人的掌声,他的生活必然是空虚的。久而久之,他的生活就变成了负担和苦闷,而不是充实和快乐。所以,人贵在了解自己,根据自己的能力去做事,那才有真正的喜悦。人彼此都不相同,有的人聪明,有的人平庸;有的人强壮,有的人羸弱;每个人的性格、能力、经验也各不相同。我们只有依照自己的潜能去发展,才能有真正的成功,真正的快乐。

有一些人自以为是,不懂装懂,刚刚了解了一些事物的皮毛,就以为掌握了宇宙变化与发展的规律;还有些人没有什么知识,而是凭借权力地位,招摇过市,摆出一副无所不知的架势,用大话、假话欺人、蒙人。对于这些人,老子不以为然。

在自知之明的问题上,中国古代哲人们有非常相似的观点。孔子说:"知之为知之,不知为不知,是知也。"(《论语·为政》)在老子看来,真正领会"道"之精髓的圣人,不轻易下断语。只有这个态度,才能使人不断地探求真理。他还说:"知不知,尚矣;不知知,病也。圣人不病,以其病病。夫唯病病,是以不病。"意思是:知道自己还有所不知,这是很高明的。不知道却自以为知道,这就是很糟糕的。有道的圣人没有缺点,因为他把缺点当作缺点。正因为他把缺点当作缺点,所以他没有缺点。

所以,老子认为"知不知",才是最高明的。在古今社会生活中,刚愎自用、自以为是的人并不少见。这些人缺乏自知之明,刚刚学到一点儿知识,就以为了不起,从而目中无人,目空一切,甚至把自己的老师也不放在眼中。这些人肆意贬低别人,抬高自己,以为自己天下第一,这说到底,就是没有自知之明。

人需要了解自我之"短"。知其不足而后改之,乃是一种公认的美德。但是,常有一些人,或则只知其长,不知其短;或则虽知其短,但却自谅,而不知其短之害;或则视"短"为"长",甚至洋洋自得。项羽力能扛鼎,力气过人,少有大志;他的叔父项梁要他读书,不成,又学剑术,不成,遭到叔父怒斥,项羽说:"书足以记名姓而已,剑,一人敌,不足学,学万人敌。"意谓自己将来要指挥千军万马,驰骋疆场,不学书剑又何妨。项羽不知其短,尚有可谅,而不知其短之害,甚至视"短"为"长"则是一个大错误!这也正是他后来虽有雄心,而无雄才,终至事败的重要原因之一。

知人不易,自知更难。老子认为能识别他人只是机智,而能认识自己才算高明。古希腊也有近似的名言:"认识你自己。"认识自我是人类永远也不会完成的任务,直到今天,人们还一再强调"人贵有自知之明"。

有人说:我自己还能不了解我自己,这不是笑话吗?"如鱼在水,冷暖自知"。其实,问题绝不那么简单。仅就才能这一项来说,许多庸人却以天才自居,狂妄自大,不安于平凡的工作岗位;天才反而自轻自贱,悲观畏缩,压抑和埋没了自己潜在的优势。

有些杰出的天才甚至长期被自卑所困扰。俄罗斯大文豪屠格涅夫,在出版《猎人笔记》之前,一直怀疑自己的文学才华,几次准备放弃文学创作。奥地利哲学家维特根斯坦,写出了令人惊叹的不朽之作《逻辑哲学导论》后，仍然觉得自己缺乏哲学才能，一天半夜他去敲罗素的房门，失望地问这位英国的大哲学家："我是不是个白痴？我能不能从事哲学事业？"还有许多科学攻关到了关键时刻，仅仅因科研承担者对自己才能缺乏自信导致半途而废。

当然，人们更多的是被自傲所害，我们往往高看了自己的长处。如今这个世界上，很少有人满足于自己的地位和财富，很少人不满意自己的才能。

怎样才能既不盲目骄傲又不妄自菲薄呢？这就需要我们进行广泛的社会交往，人也和任何事物一样，是在相互比较中获得对自己的正确认识的。如有人谈到自己的能力时说："比上不足，比下有余。"这一认识就是通过比较得来的。同时，更重要的是要进行广泛的社会实践，在实践中不断丰富和修正对自己的认识。俗话说："旁观者清，当事者迷。"苏东坡在《题西林壁》一诗中吟道："不识庐山真面目，只缘身在此山中。"

我们自己看不清自己的主要原因，就和身在庐山反而看不清庐山真面目是一个道理。要有自知之明，还得让自己跳出自我的小圈子，站在旁观者的立场来分析和评价自己。孔夫子称他每天反省自己三次。反省就是自己把自己作为对象进行审视，让自己成为自己的审判官。鲁迅先生也曾说过："我有时解剖别人，但常常更严格地解剖自己。"这样才能对自己有清醒的认识。

另外从低谷中认识自己，也是一种智慧。

我们在日常生活中有时情场失意、工作不得志、与家人无法沟通、在同事中不被认同……我们常因为无法得到他人或是自己的认可与肯定而陷入低潮。当我们处在低潮时，其实正是好好反省、重新认识自己的时候，因为我们在所谓清醒的时刻，往往并非是真正的清醒。不管是刻意压抑或是在潜意识中，都会在有意或无心的时候，否定了内心种种的感受，也压抑了各种情绪，忽视了自己心灵深处的呼唤。生活中的低谷就像在马路上开车遇到红灯一样，可以让我们停下来做个短暂的休息，伸个懒腰、做做深呼吸来放松紧张的精神，甚至可以看看是否走错了方向。车子在行进当中需要集中注意力，若是没有这些短暂的休息，肯定是无法好好地继续完成旅程的。

中国人历来把自知之明看作君子的道德，认为善知人者必先知己。毛泽东早在青年时代就认识到自知的重要性。他在评论"五四"前夕各项社会改革的流弊时说道：今天下纷纷，本为变革应有的事情；就人而言，则是诸人自身本领之不足使然。而本身本领之不足："此无他，无内省之明，无外观之识而已矣。己之本领何在，此应自知也。"不知道自己到底有多大本领，而妄谈变革社会，当然是十分可笑的，其可笑之处也在于缺少自知之明。

然而一个人要做到有自知之明并不容易。《贞观政要》有"知人既以为难，自知诚亦不易"的古训，自知比知人更难，难就难在它不仅需要智慧，而且需要勇气，敢于以挑剔的眼光面对自身的不足。这常常是与自尊心和自信心相冲突的。

人在社会上需要给自己一个心理定位，不要越位也不要错位，也不能不到位或者缺位。给自己定位定得太低，自卑了不行，人一自卑就没有精神、没有斗志；也不要越位，越位以后容易傲慢自负，看不起别人；错位更不行，你本来不适合当厂长、当经理，可非要争，争到最后彻底完蛋。就好像一些教授学者，学问上很好，可当不了管理者。因为管理者需要管理、公关的能力。所以，当教授的未必适合当院长，有管理能力未必能搞科研。如果能认清自己并给自己以合理的定位，生活会变得非常美好，到处阳光普照，自己也会心情愉悦；如果定位不当，自己痛苦，对别人也是负担。

挑战自己，打败心中的魔鬼

【原文】 自胜者强。(《老子·第三十三章》)

【大意】 能够战胜自我的才是强者。

认识自我不是目的，认识自我是为了超越自我。老子与我们对人生世事的看法常常相反。"强"这个字眼一般是送给那些在激烈竞争中的胜利者，如拳王、击剑能手、摔跤大王、被大家捧为"强者"。老子的看法却是：能够战胜别人的只能叫作有力，而能够战胜自己的才算强者。

"强者"这项桂冠只能戴在那些战胜了自己的人头上。

古人说："破山中贼易，破心中贼难。"这话实在有道理。每个人都或多或少有不健康的情感、不良的生活习惯，甚至还有一些见不得人的欲望。如果我们成了这些情感、欲望的俘虏，我们就会变得荒淫、自私、贪婪、怯懦、懒惰，那样，什么坏事和丑事都干得出来，我们就成了披着人皮的野兽。要成就一番事业，首先就得有克制自己的能力。

就以学习弹钢琴来说吧。从钢琴上弹奏出来的乐调实在妙不可言，但学习弹钢琴却枯燥无味。有一个音乐家特地写了一首钢琴曲，表现练习钢琴的单调无聊。在琴键上练习各个指头的力量，翻来覆去弹奏同一支乐曲，许多人都忍受不了这种单调的动作，最后就半途中止了练习。没有自我克制的能力，绝对成不了钢琴演奏家。

舞蹈的情形也一样。我们观看舞蹈演员在舞台上的姿势高雅优美极了，但舞蹈演员练习跳舞却单调极了。要想成为舞蹈名家，就得数十年如一日忍受单调重复的练习动作。一位著名的舞蹈家接受记者采访，记者问她说："你很喜欢舞蹈吧？"她的回答叫人大吃一惊："不，我最讨厌舞蹈，平时我每天要跳十小时，厌烦透顶，但为了事业我又不得不去跳，我现在仍坚持每天跳十小时。"

这实在是一语道破了"成人不自在，自在不成人"的道理。成人立业没有不断地"破心中贼"的意志实在不成！

我们平时所说的做自我批评，就是不断战胜自我，把卑鄙的念头剔除出去。

一个人想要战胜自己，关键是要自信。一个人在遇到挫折时会有两种心态：一种是我一定能行，这点失败算什么？另一种是算了，认输吧，再拼恐怕也躲不过失败的厄运。这两种心态中自信是天使，不自信是魔鬼，而且它们也都是最真实的自己，最重要的是你要小心不要被魔鬼打败。

有一个学习成绩优秀的青年，去报考一家大公司，结果名落孙山。这位青年得知这一消息后，深感绝望，顿生轻生之念，幸亏抢救及时，自杀未遂。不久传来消息，他的考试成绩名列榜首，是统计考分时，电脑出了差错，他被公司录用了；但很快又传来消息，说他又被公司解聘了，理由是一个人连如此小小的打击都承受不起，又怎么能在今后的岗位上建功立业呢？这个青年虽然在考分上击败了其他对手，可他没有打败自己心理上的敌人，他的心理敌人就是惧怕失败，对自己缺乏信心，遇事自己给自己制造心理上的紧张和压力。

在追求成功的道路上，我们发现一部分人失败了，而另一部分人却成功了。这其中的主要原因是：前者是被心中的魔鬼打败了，而后者却是打败了魔鬼成全了心中的天使。美国有位叫凯丝·戴莱的女士，她有一副好嗓子，一心想当歌星，遗憾的是嘴巴太大，还有龅牙。她初次上台演唱时，努力用上嘴唇掩盖龅牙，自以为那是很有魅力的表情，殊不知却给别人留下滑稽可笑的感觉。有一位男听众很直率地告诉她："龅齿不必掩藏，你应该尽情地张开嘴巴，观众看到你真实大方的表情，相信一定会喜欢你的。也许你所介意的龅牙，会为你带来好运呢！"

一个歌唱演员在大庭广众之下暴露自己的缺陷，首先是要用理智说服自己，还要有勇气打败心中的那个凶悍强大的魔鬼。凯丝·戴莱接受了这位男听众的忠告，不再为龅齿而烦恼，她尽情地张开嘴巴，发挥自己潜能特长，终于成为美国影视界的大明星。

世界著名的游泳健将弗洛伦丝·查德威克，一次从卡得林那岛游向加利福尼亚海湾，在海水中泡了16小时，只剩下一海里时，她看见前面大雾茫茫，潜意识发出了"何时才能游到彼岸"的信号，她顿时浑身困乏，失去了信心。于是她被拉上小艇休息，失去了一次创造纪录的机会。事后弗洛伦丝才知道，她已经快要登上成功的彼岸，阻碍她成功的不是大雾，而是她心中那个可怕的魔鬼。是她自己在大雾挡住视线之后，对创造新的纪录失去了信心，然后才被魔鬼所俘虏。过了两个多月，弗洛伦丝·查德威克又一次重游加利福尼亚海湾，游到最后，她不停地对自己说："离彼岸越来越近了！"她的潜意识发出了"我这次一定能打破纪录！"的信号，顿时浑身来劲，弗洛伦丝·查德威克终于实现了目标。

人有了信心，就会产生意志力。人与人之间，弱者与强者之间，成功与失败之间最大的差异就在于意志力的差异。人一旦有了自信，也就有了力量，就能战胜自身的各种弱点，做成在这个世界上能做的任何事情。

人生唯独自己是最难战胜的。有位作家说得好："自己把自己说服了，是一种理智的胜利；自己被自己感动了，是一种心灵的升华；自己把自己征服了，是一种人生的成熟。大凡征服了自己的人，就有力量征服一切挫折、痛苦和不幸。"

大丈夫为人厚道,朴实无华

【原文】大丈夫居其厚,不居其薄;居其实,不居其华。(《老子·第三十八章》)

【大意】大丈夫立身敦厚,不居于浅薄;存心朴实,不居于浮华。

老子很重视人的厚道,在《老子》一书中他反复地从各个角度进行论说。

老子认为"道之华"为"愚之始",即高尚的道德是纯真朴实的,如偏于奢华,则是愚昧的开端。他还说,"善者,吾善之;不善者,吾亦善之"。为人要仁慈大度,多为他人着想,对诚实上进者抱以激励之心,对消极后进者亦给予关怀和帮助,以诚信之心去感染转化他人,从而创造出一种同心同德的群体气氛。"修之于身,其德乃真;修之于家,其德乃余;修之于乡,其德乃长;修之于邦,其德乃丰;修之于天下,其德乃普。"即修德养性之最终之目的不仅要用于自身,而且可用于社会、国家,要让品德的光芒普照人间。

厚道不外乎"忠厚之道",它包含了诚实、善良、豁达、感恩、直率、助人为乐、爱憎分明等品质,浓缩了几千年来人类的精神美。而对天性追求真善美的人类来讲,没有谁愿意拒绝厚道。那么,就从现在开始认真学习"忠厚之道"吧。

"做人要厚道"其内涵外延无限延伸,语境随意得放之四海而皆准。"做人要厚道"应是中华民族的传统美德,这个传统美德,在重视政治文明、提倡精神文明、强化物质文明的今天,不但需要发扬光大,而且应该成为人人具有的一种涵养。

我们之所以强调厚道为人，是因为现实生活中还存在着许多有失厚道的地方，极大地妨碍着人际关系的和谐与团结。有人有理不让人，无理搅三分，动辄小题大做，来一个针尖对麦芒；有人论人单论短，不首先看人家长处，见人家有什么毛病则抓住不放；有人计恩怨翻小账，谁有意无意对自己有所得罪，便十年八年耿耿于怀；还有些人，眼里容不得意见不同的人，横竖看不惯，常有指责挖苦之言等。对人对事多有刻薄，少有宽厚。往往弄得亲友红脸，同事反目，让旁观者也都觉得过分。

　　某医院晋级评职称，十个中级职称的指标让医生占去了九个，只分了一个给护师。护师有六个符合要求，其中有三个是同一级毕业，同一年升上护师的，余下的三个则是晚一届。当然按照论资排辈的铁律，这一个指标要在前三位中选出一个。三人之中有一个护士长，有一个学术论文比较多，且发表的杂志级别较高。第三个人则一切平平，除了年限到了之外，再无任何优势可言。第三个人当然也想得到，争了一段时间，眼看毫无指望，便偃旗息鼓，不再争了。第一、第二位相执不下，第一位不仅是护士长，且与一位院长私交甚深，这位护士长人前人后拼命活动，最后当然得到了。消息刚传出来，评上中级职称的护士长竟然当着众人面大骂那个与她争职称的女护师，大家自然议论纷纷，除了说她缺乏教养外，更看不起她那种无赖的面孔。结果，她的口碑陡然变坏。而另外两位护师和其他三位，第二年顺顺当当全评上了。那位前一年没被评上并获得广泛同情的护师吃了多少亏呢？一年的工资差，不过是几百元左右，而那位护士长争名夺利以及恶语相向所丧失的人格和名誉岂止是几百元钱所能买回来的呢？

　　厚道对于人，可以说是立身之本。古语云："君子不可苛察。"诗人萨迪也说过："无论你是一个男子，还是一个女子，待人温和宽大才配得上人的名称。"可见，在为人要厚道这一点上，古今所见略同，没有教人要刻薄的。

　　人和动物的一个根本区别就在于人的社会性，不论何时何地，人要在社会上立足、生存、发展，都要结成群体同舟共济。谁都不可能独往独来，谁都喜欢厚道之人，从这个意义上讲，不厚道无异于被人群弃绝。

　　厚道得人心，人们常常称许那些善于大处着眼不计前嫌的人"有政治家的风度",这种风度不应当仅属于政治家,我们都需要这样为人处世。对同志、上级、下属、同事,厚道意味着谅解、支持、信任、爱护。"水至清则无鱼,人至察则无徒",厚道待人,可赢得友情和尊重,往往还是加倍的。

唐代《国史补》中记载了一个"呷酒节帅"的故事,一位名叫任迪简的判官,一次赴宴迟到,按规矩该罚酒,倒酒的侍卫一时马虎,错把醋壶当酒壶,给判官倒了满满一盅醋,任判官一喝,酸不可忍,怎么办?他知道军使李景治军极严,如讲出来,侍卫必有杀身之祸,于是咬紧牙关,一饮而尽,结果"吐血而归"。事情传出,"军中闻者皆感泣",无不赞扬任判官的厚道,他从此更加受到众人的拥戴。我们要搞好同志关系、上下级关系,提高职业道德水准,不妨也学学这个任判官。

为人要诚朴,就是要诚心诚意,朴实无华,以诚相待。"诚朴"还要求人有独立人格,得势时不要霸道、不要仗势欺人,失意时不要媚俗、不要趋炎附势。"诚"是个人和社会一切道德准则与行为规范的基础,如果个人与社会都不讲究"诚",那么任何道德准则与行为规范都会成为无源之水、无本之木,个人信誉乃至整个社会的基础就会动摇。

善待他人就是善待自己

【原文】物或损之而益，或益之而损。(《老子·第四十二章》)

【大意】事物有的减损了反倒增益，有的增益了反倒减损。

老子认为，善待人、肯为他人付出的人，不会因为付出而使自己受损，反而会使自己得到更多的回赠。

哈姆威是西班牙的一个制作糕点的小商贩，在狂热的移民潮中，他也怀着掘金的心态来到了美国。但美国并非他想象中的遍地是金，他的糕点在西班牙出售和在美国出售，根本没有多大的区别。

1904年夏天，哈姆威知道美国即将举行世界博览会，他把自己的糕点工具搬到了会展地点路易斯安那州。值得庆幸的是，他被政府允许在会场的外面出售他的薄饼。

他的薄饼生意实在糟糕，而和他相邻的一位卖冰激凌的商贩的生意却很好，一会儿就售出了许多冰激凌，很快就把带来的用来装冰激凌的小碟子用完了。心胸宽广的哈姆威见状，就把自己的薄饼卷成锥形，让他盛放冰激凌。卖冰激凌的商贩见这个方法可行，便要了哈姆威的薄饼，大量的锥形冰激凌便进入顾客们的手中。令哈姆威意料不到的是，这种锥形的冰激凌被顾客们看好，而且被评为世界博览会的真正明星。

从此，这种锥形冰激凌开始大行于市，逐渐演变成了现在的蛋卷冰激凌。它的发明被人们称为"神来之笔"。有人这样假设：如果当初两个经销商不靠在一起，更重要的是如果哈姆威不懂得善待他人，那么今天我们能不能吃上蛋卷冰激凌还很难说。

在生活中，我们常常听到有人说"你算老几""你说的话分文不值"

等这样的话。之所以人们要如此对待他人，伤害他人，是因为大部分人看到别人尤其是那些似乎无关轻重的"小人物"时，总是在想：他对我来说无所谓，他不能替我什么，因此他很不重要。俗话说，不走的路都要走三遍。也许那个人现在对你不重要，但也许某一天、某个特殊的时候就显得重要了。事实上，每个人，不管他的身份多么微不足道，他对你都很重要。道理很简单，就仅仅因为他是个人。所以，当你满足了他的愿望，使他意识到他对你很重要时，他就会更加卖力，对你会加倍地友好。

有位公共汽车司机，是个脾气异常暴躁的大老粗，曾经几百次地甩下再有两秒就可以赶上的乘客，所以，他在乘客中口碑极差。然而，他却对一位跟他无亲无故的乘客特别关照，不管多晚，这位司机一定会等他上车。

为什么呢？就因为这位乘客想办法使司机觉得自己很重要。那位乘客每天早上一上车都会跟司机打个招呼："早上好，先生。"有时他会坐在司机旁边，跟他说些无关痛痒却很中听的话语，例如：你开车的责任很重呢！你开车的技术很好！你每天都在拥挤不堪的马路上开车，真有耐心！真了不起！等等。于是，这位司机想成为一个重要人物的愿望得到了极大的满足，对那位说他好话的乘客自然就另眼看待了。

如果你能像那位乘客一样善待每个人，能够满足他们心里常被人看重的愿望，并且长期坚持下去的话，你就会在事业上取得成功。如果你是个销售商，顾客会向你买更多的东西；如果你是个老板，你的员工会更加努力地工作；如果你是个员工，老板也会更多地照顾你。

仔细分析一下我们身边的成功的人士，不难发现，那些真正的成功人士，尤其是取得了巨大成就的成功人士，都会善待跟他有关的每个人，而且每个人都很尊敬他看重他，因为他把那些人看得很高，满足了那些人的心理需求，而他也从他们那里获得更大的好处。

杨二车娜姆是一个来自泸沽湖畔的乡下女孩，她甜美的歌声响彻全世界，被世人喻为中国的"夜莺"。她事业的一帆风顺，源于她得到过一个神秘老人的资助。

娜姆初到美国留学时，生活拮据，她白天学习音乐和英语，晚上就在一个小餐厅里当服务生。那天，一个面容憔悴、神情凄苦的老人，为躲避外面的狂风走进餐厅。所有的人都漠视他，甚至有人因为他的寒酸要赶他出门。只有娜姆动了恻隐之心，她知道有很多美国老人晚年都很孤独凄苦，于是，她搬了一把软椅让老人休息，并自掏腰包为他要了饮料；为了让老人开心，还专门为他点唱了中国的民歌，并热情邀请他参加中国留学生的聚会。渐渐地，老人笑逐颜开了。

两个月后，这位老人交给娜姆一封信和一串钥匙，信里装着一张巨额支票，娜姆惊愕万分。信的内容如下：娜姆，我年轻的时候收养了三个越南孤儿，为此一直没有结婚。可当我含辛茹苦地教育他们长大成人自立后，他们却抛弃了我这个养父，我退休前在一家公司当工程师，有着丰厚的收入，但钱对我这个历尽沧桑、将要入土的老人毫无意义，我需要的是亲人的温暖和友谊。娜姆，只有你给过我这种金钱难买的情谊。现在，我已回到乡下落叶归根，我把这一生的积蓄和房子都留给你，用这些钱来实现你源于泸沽湖畔的音乐梦吧。从此，老人杳如黄鹤。

娜姆心潮澎湃，感慨万千，为了告慰老人，她用这笔钱做了一张风靡全球的中国民族音乐专辑，并开始致力于中外文化交流。

学会在举手投足之间撒下一颗颗关爱的种子，有一天，当它成长为参天大树并为你带来丰硕的果实时，定会让你惊喜不已。给予他人慈爱和真诚并不需要很多很昂贵的付出，有时甚至是极其简单的。

善待他人的反面就是淡漠他人，甚至是算计陷害他人，其结果往往是害人害己。

在一个茫茫沙漠的两边，有两个村庄。从一个村庄到另一个村庄，如果绕过沙漠走，至少需要马不停蹄地走上二十天；如果横穿沙漠，那么只需要三天就能抵达。但横穿沙漠实在太危险了，许多人试图横穿沙漠，结果无一生还。

有一年，一位智者经过这里，让村里人找来了几万株胡杨树苗，每半里一棵，从这个村庄一直栽到了沙漠那端的村庄。智者告诉大家说："如果这些胡杨有幸成活了，你们可以沿着胡杨树来来往往；如果没有成活，那么每个走路的人经过时，要将枯树苗拔一拔，插一插，以免被流沙给淹没或被风沙吹走。"

这些胡杨苗栽进沙漠后，很快就全部被烈日烤死了，成了路标。沿着"路标"，这条路大家平平安安地走了几十年。

村里来了一个旅人，他坚持要一个人到对面的村庄去办事。大家告诉他说："你经过沙漠之路的时候，遇到要倒的路标一定要向下再插深些；遇到要被淹没的树标，一定要将它向上拔一拔。"

旅人点头答应了，然后就带了一皮袋水和一些干粮上路了。他走啊走啊，走得两腿酸累，浑身乏力，一双草鞋很快就被磨穿了，但眼前依旧是茫茫黄沙。遇到一些就要被尘沙彻底淹没的路标，这个旅人想："反正我就走这一次，淹没就淹没吧。"他没有伸出手去将这些路标向上拔一拔。遇到一些被风暴卷得摇摇欲倒的路标，这个旅人也没有伸出手去将这些路标向下插一插。

但就在旅人走到沙漠深处时，平静的沙漠突然飞沙走石，有些路标被淹没在厚厚的流沙里，有些路标被风暴卷走了，没有了影踪。

这个旅人像没头的苍蝇似的东奔西走，却怎么也走不出这个大沙漠。在气息奄奄的那一刻，旅人十分懊悔：如果自己能按照大家吩咐的那样做，那么即便没有了进路，还可以拥有一条平平安安的退路啊！

是的，给别人留路，其实就是给自己留路。善待他人，关爱他人，实际上就是善待自己，关爱自己。

一个人的生命，有助于他人，才能充满了喜悦、快乐，才有价值和意义，才能称为成功，才能称为幸福。我们必要有所"给予"，才能有所取得，我们的生命才能生长。

有一次，一位哲学家问他的一些学生："人生在世，最需要的是什么？"答案有许多，但最后一个学生说："一颗爱心！"那位哲学家说："在爱心两字中，包括了别人所说的一切话。因为有爱心的人，对于自己则能自安自足，能去做一切与己适宜的事，对于他人，他则是一个良好的伴侣和可亲的朋友。"

尽管大量地给予他人以爱心、善意、扶助吧，那些东西，在我们本身是不会因"给予"而有所减少的。我们把爱心、善意、扶助给人愈多，那么我们所能收回的爱心、善意、扶助也愈多。我们不轻易给予他人以我们的爱心与扶助，因此，别人也"以我们之道，还治我们之身"，以致我们也不能轻易获得他人的爱心与扶助。

　　常常向别人说亲热的话，常常注意别人的好处，说别人的好话，能养成这种习惯是十分有益的。人类的短处，就在彼此误解、彼此指责、彼此猜忌，假使人类能够减少或克服这种误解、指责、猜忌，能彼此相亲相爱、同情、扶助，假使我们能改变态度，不要一意去指责他人的缺点，而多注意一些他们的好处，于己于人都有益处。因为由于我们的发现，他人也能自觉到他们的好处，因此得到肯定、鼓励与自尊，从而更加努力。假使人们彼此都有互爱的精神，世界一定会处处充满爱和阳光。

做人要有同情心

【原文】 朝甚除，田甚芜，仓甚虚；服文彩，带利剑，厌饮食，财货有余，是为盗夸。（《老子·第五十三章》）

【大意】 朝政极其腐败，农田极其荒芜，仓库十分空虚，有的人却还穿锦绣、佩利剑，享受精美的食物，搜刮盈余的财物，对百姓毫无同情怜悯之心，这种人就叫作强盗头子。

老子把不知同情百姓疾苦的人骂作强盗；孟子说："恻隐之心，仁之端也。"讲的是同情之心是仁的萌芽，是爱的开始。托尔斯泰说，要是他有两件外套而别人没有，他就会不安。他们都强调了同情心的重要。每个生活在世间的人，谁敢说自己一生都会顺利、不遇到一点困境。常言道：天有不测风云，人有旦夕祸福，不管是生活上还是事业上，每个人都可能遇到磕磕碰碰，遇到各种各样、大大小小的困难，需要得到帮助，也许身边人的一臂之力就可能使他渡过难关。小时候听大人训斥孩子："笑话人，不如人！"就是说对别人遇到的困难千万不能抱着旁观甚至幸灾乐祸的态度，如果你在别人遇到麻烦时抱着这种不友善的态度，将来你遇到的困难和不幸比他还要大。孟子还说："无恻隐之心，非人也！"讲一个人如果连同情心都没有，简直就不是人。

中华民族是一个善良宽容并富于同情心的民族，即便他们曾遭受身心的巨大痛苦和伤害，即便自己曾经承受很大的屈辱，但对于无辜、对于弱者却充满仁爱，用爱融化怨恨，用爱展示出伟大的人性和宽容。在第二次世界大战中，是中国人收留了数万名逃难的犹太人，在自己缺衣少食的情况下，给予他们帮助；那些在抗日战争中被日本人丢弃的遗孤，也正是遭受日寇杀戮、蹂躏，对侵略者有着血海深仇的中国百姓，用他们充满慈爱的心，节衣缩食地将这些日本遗孤抚养成人！这些展示出了中华民族无比宽大的胸襟。

有座城市的城乡结合部正在大搞建设，工地一角突然坍塌，脚手架、钢筋、水泥、红砖无情地倒向下面正在吃午饭的民工们，烟尘四起的工地顿时传来伤者痛苦的呻吟。

这一切都被路过的两辆旅游大客车上的人看在眼里。旅游车停在路口，从车里迅速下来20多名年过半百的老人，他们好像没听见领队"时间来不及了"的抱怨，马上开始有条不紊地抢救伤者。现场没有夸张的呼喊，没有感人的誓言，只有双手和默契的配合。没有工具就用手拨开废墟，没有纱布就用他们自己的换洗衬衣压住伤口。急救车赶来的时候，已经是60分钟以后的事情，在一个匆匆赶来的外科医生的眼里，这些老人至少保住了10个民工的生命。

记得前几年，广东一个餐馆的厨师在从蛇笼里捉蛇的时候，被一条毒蛇咬了，毒素蔓延得很快，生命危在旦夕，而当时医治这种蛇毒的特效药只有北京的某个大医院才有，但赶到当地机场却没有航班。在这紧要的关头，餐馆老板为了挽救厨师的生命，毫不犹豫地花十万元包了一架飞机，火速赶到北京。由于治疗及时，厨师终于得救了，这件事在当时被传为一段佳话。

同情心是人的美好品德之一，一个具有丰富同情心的人很容易得到别人的尊重。如果你的同事在工作中出现了失误，不论和你有没有关系，千万不要幸灾乐祸或冷眼旁观，你的冷漠会令他们寒心。如果对方是需要信心的人，那么就去帮助他总结教训多加劝慰；如果对方需要冷静，那么就递给他一杯水然后离开；如果他一个人支撑不住的时候，那么就挺起胸和他站在一起！当你犯了错误、失败的时候，也希望得到别人的帮助劝慰，而非冷嘲热讽甚至落井下石。将心比心，如果你能体谅同事的处境，并且在他们需要的时候伸出援助之手，你定会得到大家的信任和尊重。

学会宽容

【原文】 心善渊。(《老子·第八章》)

【大意】 心胸如水一样虚静深远。

老子认为，人应该宽容，让心胸如水一般虚静深远，包容一切，也能化解一切。

古希腊神话中有一位大英雄叫海格里斯。一天他走在坎坷不平的山路上，发现脚边有个袋子似的东西很碍脚，海格里斯踩了那东西一脚，谁知那东西不但没有被踩破，反而膨胀起来，加倍地扩大着。海格里斯恼羞成怒，操起一条碗口粗的木棒砸它，那东西竟然大到把路堵死了。

正在这时，山中走出一位圣人对海格里斯说："朋友，快别动它，忘了它，让它远去吧！它叫仇恨袋，你不犯它，它便小如当初，你侵犯它，它就会膨胀起来，挡住你的路，与你敌对到底！"

我们在茫茫人世间，难免与别人产生误会、摩擦。如果不注意，仇恨袋便会悄悄成长，最终会堵塞了通往成功之路。所以我们一定要记着在自己的口袋里装满宽容，那样我们就会少一分烦恼，多一分机遇。

学会宽容，对于化解矛盾、赢得友谊，保持家庭和睦、婚姻美满是至关重要的，同时，对你的工作也具有重要的推动作用。因此，宽容大度被认为是每个人必不可少的品质。

在公司，确实有一些人靠着出风头、溜须拍马，吸引了上司的注意力，但这时你也一定要宽以待人，因为任何一个公司真正需要的，就是像你这样的实干者。你拥有了知识以及解决问题的方法，而这些就是你的财富，它们会给你带来更多的机会，让你一步步攀上成功的顶峰。至于那些滥竽充数之徒，尽管一时春风得意，但总有一天会露出马脚。

如果我们能够从自己做起，宽容地看待别人，就一定会有许多意想不到的结果。当别人批评我们时，如果我们有一颗宽容的心，就能够心平气和地审视自己。于是我们就会发现，别人的批评可以让自己成长。这样，我们就会觉得世界依旧温情脉脉。

但如果我们以敌视的眼光看待别人，对周围的人戒备森严，心胸狭窄，处处提防，最终会因孤独而陷入忧郁和痛苦之中。这样，人与人之间就会因为一些无法释怀的龃龉而造成永远的伤害。

宽容待人，主动关心和帮助别人，这样的人一定会为人所喜欢，受人尊重；反过来，别人也乐意为他们提供机会和帮助，所以宽以待人的人更容易成功。

宽以待人，就是说做人要心胸宽广，忍耐性强，对别人宽厚、容忍。有位哲人曾说过："谁想在厄运时得到援助，就应该在平时宽以待人。"一个平时宽厚的人，顺利的时候可以与之共同奋斗，困难的时候人们也会去帮助他。

罗尔先生就因宽容之心，颇富戏剧性地改变了人生的困境。罗尔在维也纳从事律师工作，一直到第二次世界大战才到瑞典去。他身无分文，急需找到一份工作。他会好几种语言，所以想找个在进出口公司担任文书工作。但大多数公司都回信说因为战争的缘故，他们目前不需要这种服务，但他们会保留他的资料。其中有一个人却回信给罗尔说："你对我公司的想象完全是错误的，你实在很愚蠢。我一点都不需要文书，即使我真的需要，也不会雇用你，你连瑞典文字都写不好，你的信错误百出。"

罗尔收到这封信时，气得暴跳如雷。这个人居然敢说我不懂瑞典话！他自己呢？他的回信才是错误百出呢。于是，罗尔写了一封足够气死对方的信。可是他停下来想了一下，对自己说："等等，我怎么知道他不对呢？我学过瑞典语，但它并非我的母语。也许我犯了错，自己都不知道。真是这样的话，我应该再加强学习才能做好工作。这个人可能还帮了我一个忙，虽然他本意并非如此。他表达得虽然糟糕，但不能抵消我欠他的人情。我决定写一封信感谢他。"

罗尔把写好的信揉掉，另外写了一封："你不需要文书，还不厌其烦地回信给我，真是太好了。我对贵公司判断错误，实在很抱歉。我写那封信是因为我查询时，别人告诉我你是这一行的领袖。我不知道自己的信犯了文法上的错误，我很抱歉并觉得惭愧。我会进一步努力学好瑞典语，减少错误。我要谢谢你帮助我成长。"

　　几天后，罗尔又收到回信，对方请他去办公室见面。罗尔如约前往，并得到了一份工作。

　　要成就大事，要养成良好的品德，要有宽广的襟怀，宽容待人，对他人的一些非原则性的缺点和过失多一些宽容与忍让。宽容忍让不仅是爱心的体现，也是思想境界的升华。它可以使我们的心灵得到净化和升华，可以给我们带来巨大的人格力量，使我们获取友谊、赢得信任，推动我们的事业前进。

　　让我们牢记这句古语吧："用争夺的方法，我们永远得不到满足，但用宽容的方法，我们可能得到比我们期望的更多。"

报怨以德

【原文】 报怨以德。(《老子·第六十三章》)

【大意】 用恩德报答怨恨。

老子主张善待他人，即便是那些有意或无意伤害了我们的人，我们也应善待他，用恩德报答怨恨，化干戈为玉帛。

古人云："人之有德于我也，不可忘也；吾有德于人也，不可不忘也。"这句话的意思是：别人对我的帮助，千万不可忘了，反之，我对别人的帮助，应该乐于忘记。

佛法云：故见怨或亲，非理妄加害，思此乃缘生，受之甘如饴。

因此，当怨敌或亲友无理伤害我们的时候，我们应立即想到"这些伤害都是从因缘聚合而生的"，于是欣然去承受。

面对他人的伤害，如果以牙还牙、以怨报怨，问题会越来越严重。因为他人在进行伤害行为时，他的心为烦恼所制而无有自主，如果在此时遇到了对抗，定会如同火上浇油，嗔心会更炽盛。大家知道，"沙门四法"的原则是：骂不还口，打不还手，不以嗔怒对嗔怒，不以揭短对揭短。如果以怨报怨，就违背了必须遵循的行为准则，平时修持的功德，也就会在刹那之间毁坏殆尽。最终的结果，于人无益，于己有害，所以这种以怨报怨的行为，是万万不可采取的。

乐于忘记旧怨是一种心理平衡的一种方法。有一句名言："生气是用别人的过错来惩罚自己。"老是"念念不忘"别人的"坏处"，实际上最受其害的是自己，把自己搞得痛苦不堪，何必？这种人，轻则自我折磨，重则就可能导致疯狂的报复，最终害人害己。

乐于忘记旧怨是成大事者的一个特征，只有既往不咎，才可甩掉沉重的心理包袱而大踏步地前进。人要有点"不念旧恶"的精神，况且在同事之间，在许多情况下，人们误以为"恶"的，又未必就真的是什么"恶"。退一步说，即使是"恶"吧，对方心存歉疚，诚惶诚恐，你不念旧恶，以礼相待，说不定也能使对方改"恶"从善。

唐朝的李靖，曾任隋炀帝的郡丞，他最早发现李渊有图谋天下之意，曾亲自向隋炀帝检举揭发。李渊灭隋后要杀李靖，李渊之子李世民反对这种报复行为，再三强求保他一命。后来，李靖驰骋疆场，征战不疲，安邦定国，为唐朝立下赫赫战功。魏征曾鼓动太子建成杀掉李世民，李世民同样不计旧怨，量才重用，使魏征觉得"喜逢知己之主，竭其力用"，也为唐王朝立下了大功。宋代的王安石对苏东坡的态度，应当说，也是有那么一点"恶"行的。他当宰相那阵子竭力推行变法，因为苏东坡与他政见不同，便借故将苏东坡降职减薪，贬官到了黄州，搞得他好不凄惨。然而苏东坡胸怀大度，他根本不把这事放在心上，更不念旧恶。王安石从宰相位子跌下来后，苏东坡不断写信给隐居金陵的王安石，或共叙友情，互相勉励，或讨论学问，十分投机。

相传唐朝宰相陆贽，有职有权时，曾偏听偏信，认为太常博士李吉甫结伙营私，便把他贬到明州做长史。不久，陆贽遭罢相，被贬到明州附近的忠州当别驾。后任的宰相明知李、陆有点私怨，便玩弄权术，特意提拔李吉甫为忠州刺史，让他去当陆贽的顶头上司，意在借刀杀人。不想李吉甫不记旧怨，上任伊始，便与陆贽饮酒结欢，使那位宰相借刀杀人之阴谋成了泡影。对此，陆贽深受感动，便积极出点子，协助李吉甫把忠州治理得一天比一天好。李吉甫不图报复，宽待了别人，也帮助了自己。

将心比心，谁没有过错呢？当我们有对不起别人的地方时，是多么渴望得到对方的宽容和谅解啊！

印度现代民族解放的著名领袖、非暴力主义倡导者、圣雄甘地也是"以德报怨"的典范，他从小在家庭中接受了印度教的影响，并将"爱"的思想作为基础，作为处世的哲学，主张"逢恶报善，以德报怨"。1904年，甘地阅读了托尔斯泰的《天国就在你心里》和英国作家鲁斯金《等到这最后》之后，大彻大悟，认为人与人的关系均应以爱为宗旨，从此，直到去世他一直过着苦行僧式的生活,将自己的整个身心都投入到民族解放斗争中。当他为了让印度教徒和穆斯林停止冲突而不断用非暴力的绝食来感化他们时,一个印度教青年却企图刺杀他,当他幸免于难后,仍以德报怨,以仁爱的精神和宽容的胸怀,请前来的警察不要对这个青年施以暴刑,劝导他改恶从善。他死后人们给了他极大的赞誉,称他为印度的"国父",连担任过印度总督的英国将军蒙巴顿都称:"圣雄甘地的英名将如同释迦牟尼和耶稣那样千古永垂。"

一位名叫拉比的卖砖商人,由于另一位对手的竞争而陷入困难之中。对方在他的经销区域内定期造访建筑师与承包商,告诉他们:拉比的公司不可靠,他的砖块不好,生意也面临即将歇业的危险。拉比对别人解释说他并不认为对手会严重伤害到他的生意。但是这件麻烦事使他心中生出无名之火,真想"用一块砖来敲碎那人的脑袋作为发泄"。

一个星期天早晨,拉比去听牧师讲道,主题是要施恩给那些故意为难你的人。之后他把竞争者使他失去了一份25万的订单的事跟牧师说了。但是牧师却教他要以德报怨,化敌为友,还举了很多例子来证明他的理论。当天下午,拉比在安排下周日程表时,发现住在弗吉尼亚州的一位顾客,正因为盖一座办公大楼需要一批砖,所指定用砖的型号也不是他公司制造供应的,恰与竞争对手出售的产品很类似。他同时确定那位满嘴胡言的竞争者完全不知道有这笔生意机会。

这使拉比感到为难,是遵从牧师的忠告,告诉给对手这项生意的机会,还是按自己的意思去做,让对方永远也得不到这笔生意?那么到底该怎样呢?拉比的内心斗争了一段时间,牧师的忠告一直萦绕在他心田。最后,也许是因为很想证实牧师是错的,他拿起电话拨到竞争对手家里。

接电话的正是那个对手本人,当时他拿着电话,难堪得一句话也说不出来。拉比还是礼貌地直接告诉他有关弗吉尼亚州的那笔生意。结果,那个对手很是感激拉比。拉比说:"我得到了惊人的结果,他不但停止散布有关我的谣言,甚至还把他无法处理的一些生意转给我做。"拉比的心里也比以前感到好多了,他与对手之间的误解也获得了澄清。以德报怨,化敌为友。这就是迎战那些终日想要让你难堪的人所能采用的上上策。

谦逊是美德

【原文】 以其终不自为大，故能成其大。(《老子·第三十四章》)

【大意】 因为他始终不自以为伟大，所以能够成就他的伟大。

老子认为，真正伟大的人不自以为自己伟大，他是很谦逊的。谦逊是成功人士必备的品格，具有这种品格的人，在待人接物时能温和有礼、平易近人、尊重他人，善于倾听他人的意见和建议，能虚心求教，取长补短。对待自己有自知之明，在成绩面前不居功自傲；在缺点和错误面前不文过饰非，能主动采取措施进行改正。

谦逊永远是一个人建功立业的前提和基础。不论你从事何种职业，担任什么职务，只有谦逊，才能保持不断进取的精神，才能增长更多的知识和才干。因为谦逊的品格能够帮助你看到自己的差距。永不自满，不断前进可以使人能冷静地倾听他人的意见和批评，谨慎从事。否则，骄傲自大，满足现状，停步不前，主观武断，轻者使工作受到损失，重者会使事业半途而废。

具有谦逊品格的人不喜欢装模作样、摆架子、盛气凌人，能够虚心向群众学习，了解群众的情况。周恩来同志曾说："我们应该很好学习，努力改造，只有不断学习、改造，才会不断地前进。"他用一生为我们做出了"活到老，学到老"的光辉榜样。美国第三届总统托马斯·杰斐逊提出："每个人都是你的老师。"杰斐逊出身贵族，当时的贵族除了发号施令以外，很少与平民百姓交往。然而，杰斐逊没有秉承贵族阶层的恶习，他的朋友中许多都是普通的园丁、仆人、农民或者是贫穷的工人。他善于向各种人学习，有一次，他和法国伟人拉法叶特说："你必须像我一样到民众家去走一走，看一看他们的菜碗，尝一尝他们吃的面包，只要你这样做了的话，你就会了解到民众不满的原因，并会懂得正在酝酿的法国革命的意义了。"

谦逊的品格，还能使一个人面对成功、荣誉时不骄傲，把它视为一种激励自己继续前进的力量，而不会陷在荣誉和成功的喜悦中不能自拔，把荣誉当成包袱背起来，沾沾自喜于一时之功，不再进取。居里夫人以她谦逊的品格和卓越的成就获得了世人的称赞，她对荣誉的特殊见解，使很多喜欢居功自傲、浅尝辄止的人汗颜不已。也正因为她的高尚品格的影响，以后她的女儿和女婿也踏上了科学研究之路，并再次获得了诺贝尔奖，成为令人敬仰的两代人三次获诺贝尔奖的家庭。

为了取得杰出的成就，一定要把谦逊当作人生的第一美德来刻苦培养。

托尔斯泰也是以谦逊闻名的，他虽然很有名，又出身贵族，却喜欢和平民百姓在一起，与他们交朋友，从不摆大作家的架子。

一次，他在长途旅行时，路过一个小火车站。他想到车站上走走，便来到月台上。这时，一列客车正要开动，汽笛已经拉响了。托尔斯泰正在月台上慢慢走着，忽然，一位女士从列车车窗里冲他直喊："老头儿！老头儿！快替我到候车室把我的手提包取来，我忘记提过来了。"原来，这位女士见托尔斯泰衣着简朴，还沾了不少尘土，把他当作车站的搬运工了。

托尔斯泰赶忙跑进候车室拿来提包，递给了这位女士。

女士感激地说："谢谢啦！"随手递给托尔斯泰一枚硬币，"这是赏给你的。"

托尔斯泰接过硬币，瞧了瞧，装进了口袋。

正巧，这位女士身边有个旅客认出了这个风尘仆仆的"搬运工"就是托尔斯泰，就大声对女士叫道："太太，您知道您赏钱给谁了吗？他就是列夫·托尔斯泰呀！"

"啊！老天爷呀！"女士惊呼起来，"我这是在干什么事呀！"她对托尔斯泰急切地解释说："托尔斯泰先生！托尔斯泰先生！看在上帝面儿上，请别计较！请把硬币还给我吧，我怎么会给您小费，多不好意思！我这是干出什么事来啦。"

"太太，您干吗这么激动？"托尔斯泰平静地说，"您又没做什么坏事！这个硬币是我挣来的，得收下。"

然而有的人却往往自以为是，不具有谦逊的美德，结果往往是自己吃亏。

有一个自认为很博学的博士毕业后到一机关上班，成为那里学历最高的一个人。有一天他到单位后面的小池塘去钓鱼，正好有两位同事，也在钓鱼。"听说他俩也就是本科学历，有啥好聊的呢？"这么想着，他只是朝两人微微点了点头。不一会儿，两位放下钓竿，伸伸懒腰，蹭蹭蹭从水面上飞似的跑到对面上厕所去了。博士眼睛睁得都快掉下来了。"水不深？不会吧？这可是一个池塘啊！"不久二人上完厕所回来的时候，同样也是蹭蹭蹭地从水上飞回来了。过了一会，博士生也内急了。这个池塘两边有围墙，要到对面厕所得绕十分钟的路，而回单位上又太远，怎么办？博士生也不愿意去问那两位，憋了半天后，心想："我就不信这本科学历的人能过的水面，我博士生不能过！"只听"扑通"一声，博士生栽到了水里。两位赶紧将他拉了出来，问他为什么要下水，他反问道："为什么你们可以走过去呢？而我却掉水里了呢？"两位同事相视一笑，其中一位说："这池塘里有两排木桩子，由于这两天下雨涨水，桩子正好在水面下。我们都知道这木桩的位置，所以可以踩着桩子过去。你不了解情况，怎么也不问一声呢？"

任何人都不喜欢骄傲自大的人，这种人在与他人合作中也不会被大家认可。你可能会觉得自己在某个方面比其他人强，但你更应该将自己的注意力放在他人的强项上，只有这样，你才能看到自己的肤浅和无知。任何人，都可能是某个领域的行家里手，所以你必须保持谦逊，只有看到自己的短处，才会促使自己不断进步。

勇于承担责任

【原文】 受国不祥,是为天下王。(《老子·第七十八章》)

【大意】 能够承担国家发生祸难的责任,这才配做天下的君王。

老子认为,人应有勇于承担责任的魄力,这样的人才能有所作为。

在遇到困难的时候,一个主动承担责任的人会让大家十分尊敬,甚至局外人也会为对方这种正直和勇气而钦佩不已。也许逃避一次责任会让你窃喜,以为聪明本来就是属于你的而别人是傻瓜。可是,只有当发现此后责任再也不会在你面前出现的时候你才会明白,那些承担过责任的人有了更丰富的经验,有了更好的职务,甚至老板都和他称兄道弟,他们其实并不傻。一个人承担的责任越多越大,证明他的价值就越大。在公司里,只有勇于承担责任的员工才会得到老板的信任,才会得到重用。想证明自己最好的方式就是去承担责任。

一个人应该为自己所承担的责任感到骄傲,因为你已经向别人证明,你比别人更突出,你比他们更强。责任心是一个人一生能否有所成就的重要砝码。如果你能够完全负起责任,你就是可托大事的人;反之,如果你习惯于敷衍塞责,应付了事,你可能永远做不出成绩来。负责是一种正视自己的理性,也是敢于担当的勇气。

一家集团公司招收一名部门经理,经过一番紧张的笔试和面试后,最后留下的有3个人。面试地点在总经理办公室。总经理并没有问他们一些关于业务方面的问题,只是饶有兴趣的带领他们参观他的办公室。最后,总经理指着一只茶几上的花盆对他们说,这是他刚从一个拍卖会上买来的,花费了好几万元。就在这时,秘书走进来告诉总经理,说外面有点事情请他去一下。总经理笑着对三人说:"麻烦你们帮我把这张茶几挪到那边的角落里,我出去一下马上回来。"说完,就随着秘书走了出去。

既然总经理有吩咐,这也是表现自己一个很好机会,三人便连忙行动起来,茶几很沉,必须三人合力才能移得动。当三人把茶几小心翼翼地抬到总经理指定的位置放下时,意想不到的事却发生了:那个茶几不知怎么折了一只脚,茶几一倾斜,上面放着的花盆便滑落了下来,在地上裂成了几大块。

三人看着这突如其来的事情都惊呆了,他们不知道总经理回来后会如何看待他们的办事能力,而且这花瓶值好几万,弄坏了又在总经理面前如何交代?

就在他们目瞪口呆的时候,总经理回来了。看到发生的一切,总经理也显得非常愤怒,脸也气得有点扭曲,咆哮着对他们吼道:"你们知道你们干了什么事?这花盆你们赔得起吗?!"

第一个应聘者似乎不为总经理的强硬态度所压倒,直着嗓子说:"这又不关我们的事,况且我们又不是你们公司的员工,是你自己叫我们搬茶几的。"他用不屑一顾的眼神看着总经理,一副死猪不怕开水烫的样子。

第二个应聘者却讨好似地对总经理说:"我看这事应该找那茶几生产商去,生产出质量这么差的茶几,这花盆坏了应该叫他赔!"他也说得很是理直气壮,似乎肯定总经理会采纳他的意见的。

总经理把目光移到了第三个应聘者的身上。不过,第三个应聘者并没有立即为自己辩解,而是俯身捡带起那些碎了的瓷片,把它放在一旁后,然后对总经理说:"这的确是我们搬茶几时不小心弄坏的。如果我们移动茶几时小心一点,那花盆应该是没事的。"

还没等他把话说完,总经理的脸却由阴转晴,脸上露出一丝笑容,握住他的手说:"一个能为自己过失负责的人,肯定是一个有出息的人,我们公司欢迎你这样的员工。"

这时,另外两人才明白过来,这其实是总经理的一个责任测试,而在

这小小的测试面前,他们却都败下阵来。

由于我们能力的欠缺,生活和工作中不可避免会有一些失误。但产生失误并不可怕,关键是面对失误的态度。只有学会承担责任,才能得到他人的谅解和尊重,才能获得他人的信任和宽恕。因为懂得承担责任,比千万次竭尽所能推辞责任更具有震撼力,也只有这样的人,才是一个能成就大事业的人。

第四章　高人一筹的做事法则

万物都有其内在的规律可循，做事也是如此。为什么有的人功成名就，有的人却头破血流？这与做事功夫的高低有重要的关系。

不要非做第一不可

【原文】不敢为天下先。(《老子·第六十七章》)

【大意】不敢做天下第一。

"不敢为天下先"是老子的人生三宝之一。因为这句话,老子不知挨了多少骂。不敢为天下先,不是"得缩头时且缩头"的"乌龟哲学",更不是反对时代进步、故步自封的"奴隶主贵族的没落哲学",而是"大智若愚"的人生哲理。当代著名历史学家张岂之教授正确地解释了这句话,我觉得这才是正解:"不敢为天下先指不要事事认为我的看法比别人的看法要高明,不要认为一切我都看得很准。"

人人都有优点,有的时候你的优点比较突出,切不可因此就认为"我天下第一",甚至"处处天下第一",那就危险了。第一会做错事,第二要得罪人。

实际上,真的天下第一的人,往往会在自己最擅长的方面表现得谦虚。因为确信自己真的有实力,所以才不会为了别人的某一个看法某一句话而争得面红耳赤。相反,只有对自己缺乏信心的人,才会四处争强好胜,通过一点点"阿Q"式的胜利来维护自己脆弱的自尊。

处处与人争先,就要处处吃亏,向所有的人挑战,就会被所有的人反对。如果你喜欢踢足球,但球技欠佳,就老老实实多传两脚球,甘当配角,非要自己一个人猛带,大家也就不愿意和你一块踢了。有些学生家庭经济情况和别人有差距,就不要与人比吃穿住行用,把别人用来逛街的时间用来踏踏实实学习,把成绩搞好了,自然能赢得别人的尊重。从另一方面来讲,在某些方面有了过人之处,自然会受到众人的关注,但在这些关注的目光中，既有敬佩也有嫉妒，更多的则是疑惑。如果你表现出骄傲自大，自以为自己天下第一，看不起别人，就伤了别人的自尊，等于为各种谣言的传播提供机会；相反，如果你表现得谦虚谨慎，你的成就摆在那里，大家都看得见，不会因为你没有自我吹嘘就无人关注，将成就和谦虚的品德结合起来，将会让你产生巨大的魅力。不敢为天下先，学会尊重别人的长处，善于守拙，既不会影响你优势的发挥，还能赢得别人的尊重，何乐而不为？

况且现实生活中并非人人非得争个第一，位居第二的确也有好处。你也许觉得奇怪，不要我们去夺第一，这不是叫我们失去进取之心吗？在竞争如此激烈的现代社会，应该人人去争"第一"才是呀！不错！"第一"是很好，但问题是"第一"只有一个，而且争"第一"时还得看争的代价，争得不好，恐怕什么都保不住！

有一位工商界的老板，他从事电脑业。这位老板给自己的企业定位就另有一论——采取"第二战略"。因为他认为，当"第一"不容易，不论是产品的研究开发、行销，还是人员、设备等，都要比别人强，为了怕被别的公司赶超，又得不断地扩充、投资；换句话说，做了"第一"以后要花很多的内力来维持"第一"的地位。因为提到某一行业，人人都会拿"第一"去作对手，并拼命赶超。这样未免太辛苦了，而且一不小心，不但第一当不成，甚至连想当第二都不可能了。

这位老板的想法并不科学合理，并不是当第二或第三就轻轻松松了。最重要的是你应该有进取心，而非凡事不努力。这只是他个人的一种观念而已。但结合现实细想一下，我们不妨借鉴一下他的想法。

当"第一"者确实要费很多的力气来保住自己的地位！大至一个企业，小至一个人，都可能有这个问题。一个企业要想位居第一，其所冒的风险也应该是最大的。产品的研制开发、资金的投入、设备的引进、人员的录用、产品的销售与服务等，都比别人要多、要大、要好。好不容易争到了"第一"，又一下子成了众人的"眼中钉"，都想超过你，甚至弄垮你！

对于上班拿工资的人来讲也是如此，一位主管可以说是该部门的"第一"，为了保住这第一，他不但要好好带领手下，也要和自己的上司处好关系，以免位子不保；如果有功时，主管当然功劳第一，但有过时，主管当然也是首当其冲。如果是一位副主管恐怕就好一点，表面上看来他不如主管风光，但因为上有主管遮风避雨，可省下很多辛苦，减轻很多责任，所以很多人宁可当副手而不愿当"一把手"。

当然，我们这里绝非教你别当第一！如果你有当第一的本事，也有当第一的兴趣和机会，那么就去当吧！如果你自认能力有限，那么就算有机会，也不要去当第一，因为当得好则好，当不好一下子就变成了老三老四，这样不但对自己是个打击，而且在现实社会中更会招致这样的批评："某某人不行""某人下台了，听说很惨"……这些批评对你都是不利的。中国人一向扶旺不扶衰，当你从第一的位子上摔下来时，落井下石的有，打落水狗的也有，于是本来还可当第二的，却连当老三老四都有问题了。

因此，现实生活中并非人人非得争个第一，位居第二的确也有好处，例如：

（1）可以静观"第一"者如何构筑、巩固、维持其地位，他的成功与失败，都可作为你的经验和警戒。

（2）可趁此机会培养自己实力，以迎接当"第一"的机会。一旦你觉得自己具备了这方面的实力，就可以趁机攀升。

（3）由于你志不在"第一"，所以做事就不会过于急切，不会得失心太重，也不会勉强自己去做力所不及的事情，这样反而能保全自己，降低失败的几率。

因此，不管做什么，从第二、第三做起都没关系，并不一定非得想着去做第一！如能稳稳当当地做个第二，一旦主客观条件形成，自然也就成为第一了，这时候的第一，才是真正的第一！

不可锋芒太露

【原文】挫其锐,解其纷,和其光,同其尘。(《老子·第五十六章》)

【大意】挫掉其锋芒,消解其纷乱,调和其光辉,混同于尘垢。

据《史记》中记载,孔子曾经拜访过老子,向他请教礼。老子告诫孔子说:"一个聪明而富于洞察力的人身上经常隐藏着危险,那是因为他喜欢批评别人。雄辩而学识渊博的人也会遭遇相同的命运,那是因为他暴露了别人的缺点。因此,一个人还是节制为好,不可处处占上风,而应采取谨慎的态度。"

老子还告诫孔子说:"君子盛德,容貌若愚。"这里的盛德是指卓越的才能。整句话的意思是,那些才华横溢的人,外表上看上去与愚蠢笨拙的普通人毫无差别。此外,据《庄子》的记载,当杨子去请教老子时,老子也谆谆告诫他不要太盛气凌人,而是要谨言慎行。

老子还告诫世人:"不自见,故明;不自是,故彰;不自伐,故有功;不自矜,故长。"这句话的大意是,一个人不自我表现,反而显得与众不同;一个人不自以为是,会超出众人;一个人不自夸,会赢得成功;一个人不自负,会不断进步。相反,老子告诫世人:"自见者不明,自是者不彰,自伐者无功,自矜者不长。"唐代杜审言是杜甫的祖父,他为人恃才自傲。唐中宗时他做修文馆学士,曾对人说:"我的文章那么好,应该让屈原、宋玉来做我的衙役,我的字足以让王羲之向我跪拜。"杜审言有些太自不量力了,所以被后世的人们所嘲笑。这样骄傲自夸只能是显出了他的见识的短浅,并没有人认为他的才能真的有那么大。骄矜的结果只能是贻笑大方。

因此如果一个人锋芒毕露，一定会遭到别人的嫉恨和非议，甚至会引来杀身之祸。历史上和现实生活中的这种例子比比皆是。

战国末期的著名政治家李斯是秦王谋划国事的重臣，他建议对现存的其他六国进行各个击破的方针，深得秦王赞同。他分析了各国形势，认为韩国最弱，且为秦之近邻，应以此为突破口，"先取韩以恐他国"。秦王赞同李斯的主张，并让他具体谋划灭韩之策。

正当李斯踌躇满志的时候，半路却杀出个程咬金。

这个人就是韩非。韩非为韩国贵族，早年曾与李斯同就学于荀子。但两人选择的道路却截然不同：李斯择地而处；韩非却眷恋故国，情系家园，学成归国，渴望力挽狂澜，扶社稷于即倾，振兴韩国。韩非一向学习勤奋，研究法家之学深得要领，能吸取法家的法、术、势三派之长兼收并蓄，融为一体，取长而用。并以此理论为基础，制定了一系列法家政策，如加强君主集权，削弱私门势力，选拔"法术之士"，以法为教，厉行赏罚，奖励耕织等。他屡屡进谏韩王，但昏聩无能的韩王却根本听不进去，一心只在享乐上。

韩非平素不受韩王重用，当韩王得知秦国打算先亡韩的消息后，才想到韩非，于是急忙派他出使秦国，说服秦王，以图存韩。

韩非原为韩王的使者，但以后的情况发生了陡转急下的变化。公元前234年，韩非到了秦国，他看见秦国国富民安，一派万象更新、蒸蒸日上的景象，知道这是个英明国君治下的国度，在秦国英雄可以一展宏图，韩非不禁为之振奋。秦王读过韩非的《内储》《外储》《五蠹》等文章，很是敬重和爱惜韩非，于是就把他留在秦国，想日后重用他。

但一山难容二虎，李斯与韩非就此结下矛盾。韩非并非等闲之辈，一旦得到秦王重用，李斯地位则岌岌可危。韩非当年就学时，才学在李斯之上，因为口吃，不擅言辩，更促使他致力于著说撰文，日久则文笔日益锋利洗练，远非李斯可比。韩非曾解过《老子》，但老子的智慧他没真学到。韩非仗才自傲，不能审时度势臣服于李斯，这就使得李斯怕他受秦王重用夺走自己受宠的地位，也怕他破坏自己"先取韩以恐他国"的战略，于是下决心除掉韩非。

李斯为除掉韩非,以先伐赵而缓伐韩等为借口,在秦王面前诽谤韩非。日久秦王渐渐对韩非心生疑窦。李斯见火候已到,不失时机地谏秦王道:"韩非身系韩国公子,终究是心向韩国,必不肯为秦国效力,这是人之常情。日后若放他归国,定然贻害不浅;不如寻他个过错,依法诛杀了事。"秦王既已对韩非产生疑心,便同意了李斯不放虎归山之议,将韩非拘捕入狱。李斯怕秦王日后重新起用韩非,就急忙派人送毒药给韩非,催促他马上自杀。韩非一入狱,就多方设法上书秦王,申辩其冤情。但李斯对此早有所料,预先已将牢狱各关节都堵住,使韩非哭诉无门,只得被迫饮毒酒自杀。

除掉韩非,李斯一方面除掉了一个心腹大患,巩固了自己的地位,另一方面又得以借韩非智慧,为我所用,可谓一石二鸟。李斯在秦国位高权重,又深得秦王信赖。韩非不识时务,锋芒毕露,只知进,不知退,落得身死的结局。

做人应该有锐气,但锐气不代表锋芒。锐气可以展现自我的内心,但锋芒却给别人压力。想要在事业上一展才华,可以用一点"心机"巧妙展露,要记得时机没有成熟之前,千万别锋芒太露。

孔子说:"人不知而不愠,不亦君子乎!"可见人不知我,心里便会不高兴,这是人之常情。尤其是年轻人,总是希望在最短时期内使人家知道他是个不平凡的人。想让全世界都知道,当然不可能,使全国人都知道,还是不可能,使一个地方的人都知道,也不可能,那么至少要使一个团体的人都知道吧!要使人知道自己,当然先要引起大家的注意,要引起大家的注意,只有从言语行动方面着手,于是便容易露出锋芒。

锋芒是刺激大家的最有效方法,但若你细看看周围的同事,那些有经验的,他们却与你完全相反。他们都像老子说的那样"和光同尘",毫无棱角,言语如此,行动亦然,个个深藏不露,好像他们都是庸才,其实他们的才能远在你之上,好像个个都无大志,其实颇有雄才大略而愿久居人下者,但是他们却不肯在言语上,在行动上露锋芒,这是什么道理?

因为他们有所顾忌,一露锋芒,可能要得罪旁人,被得罪了的人便成为他的阻力,成为他的破坏者。四周都是阻力或破坏者,在这种情形下,自己的立足点都没有了,哪里还能实现扬名立身的目的?作为一个人,尤其是作为一个有才华的人要做到不露锋芒,既有效地保护自我,又能充分发挥自己的才华,不仅要战胜盲目骄傲自大的病态心理,凡事不要太张狂太咄咄逼人,更要养成让人的美德。所谓"花要半开,酒要半醉",凡是鲜花盛开娇艳的时候,也是衰败的开始。人生也是这样,当你志得意满时,且不可趾高气扬、目空一切、不可一世。所以,无论你有怎样出众的才智,但一定要谨记:不要把自己看得太了不起,不要把自己看得太重要,不要把自己看成是救国济民的圣人君子,还是收敛起你的锋芒,踏踏实实做事吧。

某先生在年轻时代以兼有三种特长而自负,笔头写得过人,舌头说得过人,拳头打得过人。在学校读书时,已是一员狠将,不怕同学,不怕师长,以为谁都比不上他。初入社会,还是这样的骄傲自负,结果得罪了许多人,不过他觉悟很快,一经好友提醒,便连忙负荆请罪,倒是消除了不少的嫌怨。但是积怨太多,终究还是遭受了挫折。俗语说久病成良医,他在受足了痛苦的教训后,才知道做人锋芒太露,就是自己为自己前途安排荆棘,自己把自己的成功路堵住。

当然也许有人会说,隐藏锋芒不是永远不会被人知道吗?其实只要一有表现本领的机会,你把握这个机会,做出过人的成绩来,大家自然就会知道。这种表现本领的机会不怕没有,只怕把握不牢,只怕做的成绩不能使人满意。你已有真实的本领,就要留意表现的机会,没有真实的本领,就要赶快预备,《易经》上说:"君子藏器于身,待时而动。"无器最难,有器不患无时。锋芒对于你,只有害处,不会有益处,额上生角,必触伤别人,你自己不把角磨平,可能会被别人用力折断,角一旦被折,其伤害之多,自不需言说。

莫与强者争锋

【原文】 揣而锐之，不可长保。(《老子·第九章》)

【大意】 锤锻得尖锐锋利，不能长久保全。

老子认为逞强的人没有好下场，主张"守弱"以全身。在强者面前示弱是寻求自我保全的大学问。但古今中外都有很多人不得此中精义，喜欢与强者争风，到头来只能是自讨苦吃。聪明是一笔财富，关键在于怎么使用。真正聪明的、有智慧的人会使用自己的聪明和智慧，他们深藏不露，不到火候时不会轻易使用，貌似平常，让他人不眼红。一味地耍小聪明，不管必要不必要，不管合适不合适，时时处处显露精明，不仅无益于成功，还往往招来祸根。

做事切忌只知伸，不知屈；只知进，不知退；只知耍小聪明，没有大智慧；只知自我显示，不知韬光养晦。西方有这样一种说法：法兰西人的聪明藏在内，西班牙人的聪明露于外。前者是真聪明，后者是假聪明。

唐顺宗在做太子时，好作壮语，慨然以天下为己任。在中国古代太子有能力，服人心，自然也是顺利当上皇帝的一个条件。但如果太子能胜过他的父皇，往往有逼父退位的嫌疑，所以常因遭到皇帝的猜忌而被废黜。聪明的太子往往不能过早表现出太强的才干，造成太响的名气。唐顺宗做太子时，曾对僚属说："我要竭尽全力，向父皇进言革除弊政的计划！"他的幕僚于是告诫他："作为太子，首先要尽孝道，多向陛下请安，问起居饮食冷暖之事，不宜多言国事，况且改革一事又属当前的敏感问题，如若过分热心，别人会以为你邀名邀利，收买人心。如果陛下因此而疑忌于你，你将何以自明？"太子听了猛然醒悟。唐德宗晚年荒淫而又专制，太子始终不声不响,直到自己登基,才开始进行唐后期著名的顺宗改革。而隋炀帝的太子杨暕就没那么好的涵养了,一次父子同猎,炀帝一无所获而太子满载而归,炀帝本来就感到太子对自己不够尊重,这一下被儿子比得抬不起头来,于是寻了个罪名把杨暕的太子名号给废了。

同为太子,顺宗明时度势终登皇帝之位,而杨暕却争强好胜,功高盖主,终被废黜,可见是否懂得"守弱",不与强者争锋事关一人的前途命运。

《三国演义》中有一段"曹操煮酒论英雄"的故事。当时刘备落难投靠曹操,住在许都,为防曹操谋害,就在后园种菜,亲自浇灌,以此迷惑曹操,放松对自己的警惕。一日,曹操约刘备入府饮酒,谈起谁为当世之英雄。刘备点遍袁术、袁绍、刘表、孙策、刘璋、张绣、张鲁、韩遂,均被曹操一一否认。曹操指出英雄的标准——"胸怀大志,腹有良谋,有包藏宇宙之机,吞吐天地之志。"刘备问"谁人当之?"曹操说,只有刘备与他才是。刘备本以韬晦之计栖身许都,被曹操点破是英雄后,竟吓得把匙箸也丢落在地下,恰好当时大雨将到,雷声大作。刘备从容俯拾匙箸,并说"一震之威,乃至于此"。巧妙地将自己的慌乱掩饰过去,从而也避免了一场劫难。刘备在煮酒论英雄的对答中是非常聪明的。

刘备藏而不露,人前不夸张、显炫、吹牛、自大、装聋作哑不把自己算进"英雄"之列,这办法是很让人放心的。他的种菜、他的历数英雄,在表面上收敛了自己的行为。他对老子的守弱哲学是心领神会的。

控制自己的情绪

【原文】 善战者,不怒。(《老子·第六十八章》)

【大意】 善于作战的人,能不被对方激怒。

中国哲学中,关于刚强与柔弱的辩证关系的讨论颇多。所谓以柔克刚,以弱胜强,实是深知事物转换之理的极高智慧。

老子曾说:"知其雄,守其雌,为天下溪。"意思是,知道什么是刚强,却安于柔弱的地位,如此,才能常立于不败之地。应该说,老子的这种哲学对中国人影响匪浅。

在中国人看来,忍让绝非怯懦,能忍人所不能忍,才是最刚强的。天下之人莫不争强,而纯刚纯强往往会招致损伤。

清人傅山说过:愤怒正到沸腾时,就很难克制住,除非"天下大勇者"便不能做到。如果你想发怒,你就应想想这种爆发会产生什么后果。既然发怒必定会损害身心健康和利益,那么你就应该约束自己、克服自己,不让自己轻易动怒。

汉初名臣张良外出求学时曾遇到一件事。一天,他走到下邳桥上遇到一个老人,穿着粗布衣服,在那里坐着,见张良过来,故意将鞋子掉到桥下,冲着张良说:"小子,下去给我把鞋捡上来!"张良听了一愣,本想发怒,因为看他是个老年人,就强忍着到桥下把鞋子捡了上来。老人说:"给我把鞋穿上。"张良想,既然已经捡了鞋,好事做到底吧,就跪下来给老人穿鞋。老人穿上后笑着离去了。一会儿又返回来,对张良说:"你这个小伙子可以教导。"于是约张良再见面。这个老人后来给张良传授了《太公兵法》,使张良最终成为一代良臣。

老人考察张良,就是看他有没有自我克制的修养,有了这种修养,"孺子可教也",今后才能担当大任。处理多种复杂的人际关系和艰巨的事情,更需要遇事冷静,不能意气用事。

唐代宰相娄师德的弟弟要去代州都督府上任,临行前,娄师德对弟弟说:"我没多少才能,现位居宰相,如今你又得州官,得的多了,会引起别人的嫉恨。该如何对待?"弟弟回答说:"今后如果有人往我脸上啐唾沫,我也不说什么,自己擦了就是。"娄师德说:"这正是我担心你的。那人啐你,是因为愤怒,你把它擦掉了,这就是抵挡那人怒气的发泄。唾沫不擦自己也会干的,倒不如笑而接受呢。"

娄师德兄弟的这番谈论,有开玩笑的成分,其中意思就是要退让,不要去和对方"针尖对麦芒"。不然,就会使矛盾尖锐化,带来更严重的后果。

林肯说得好:"与其为争路而让狗咬,不如给狗让路。即使将狗杀死,也不能治好伤口。"唐代僧人寒山曾写诗道:"有人来骂我,分明了了知(心里明明白白)。虽然不应对,却是得便宜。"这话很值得玩味。

美国石油大亨洛克菲勒有一次因牵连某案而上了法庭。对方的律师以粗暴的口气向他连连质问,想激怒他。但他很聪明,不会那么鲁莽。他态度平和,不动声色地答复律师的挑衅,结果律师反而被气得发狂,语无伦次。洛克菲勒则最终赢得了这场官司。

明人吕坤早在400多年前就说过:"忍、激二字是福祸关。"所谓忍是忍耐,指控制住自己的情绪,激是激动。能忍住就是福,忍不住就是祸,所以要认真把好这一关。

中国古代作战时,一方守城,一方攻城。守城的将护城河的吊桥高高吊起,紧闭城门,那攻城的便无可奈何。然后攻城的便在城下百般叫骂,非要惹得那守城的怒火中烧,杀出城来——攻城的就可以乘机获胜了。兵法上叫"激将法"。但如果守城的能克制忍耐,对方也就无计可施了。

日常生活中有人控制不住自己的情绪,结果造成了惨剧。在法国发生了这样一则故事:

马尔蒂是法国西南小城塔布的一名警察,这天晚上他身着便装来到市中心的一家烟草店门前,他准备到店里买包香烟。

当马尔蒂出来时,喝了不少酒的流浪汉缠着他要烟。马尔蒂不给,于是两人发生了口角。随着互相谩骂和嘲讽的升级,两人情绪逐渐激动。马尔蒂掏出了警官证和手铐,说"如果你不放老实点,我就给你一些颜色看。"流浪汉反唇相讥:"你这个混蛋警察,看你能把我怎么样?"在言语的刺激下,二人扭打成一团。旁边的人赶紧将两人分开,劝他们不要为一支香烟而发那么大火。

被劝开后的流浪汉骂骂咧咧地向附近一条小路走去,他边走边喊:"臭警察,有本事你来抓我呀!"失去理智、愤怒不已的马尔蒂拔出枪,冲过去,朝流浪汉连开四枪,流浪汉倒在了血泊中……

法庭以"故意杀人罪"对马尔蒂作出判决,他将服刑 30 年。一个人死了,一个人坐了牢,起因是一支香烟,罪魁是失控的激动情绪。

生活中我们常见到因未能克制自己,而引发争吵、骂吵、打架,甚至流血冲突的情况。有时仅仅是因为你踩了我的脚,或一句话说得不当。在地铁上争抢座位,在公交车上挨了一下挤,都可能成为引发一场口舌大战或拳脚演练的导火索。在社会治安案件中,相当多的案件都是由于当事人不能冷静地处理事情——许多本就是小事一桩——而发生的。

人皆有七情六欲,遇到外界的不良刺激时,难免情绪激动、发火、愤怒,这是人的一种本能自我保护的生理和心理反应。但这种激动的情绪不可放纵,因为它可能使我们丧失冷静和理智,使我们不计后果地行事。因此,我们在遇到事情时,一定要学会克制,而不要像炮捻子,一点就着。

忍耐功夫实在可贵

【原文】弱者道之用。(《老子·第四十章》)

【大意】保持柔弱的地位，是"道"的运用。

老子认为："弱者，道之用。"宇宙万物繁盛的反面——静、柔之处往往蕴藏着无穷的动力。事物总是向对立面转移的，阴极阳生，阳消阴长，物极必反。故解决问题的诀窍就在于从事物的反面或反方向入手。我们应学会"强大处下，柔弱处上"；要"知其雄，守其雌，为天下溪"，"知其荣，守其辱，为天下谷"，溪、谷为谦和柔弱之谓。

当你不愿让命运来主宰你的一切，但又没有扼住命运咽喉的本领时，切记应当学会忍耐。

中国的儒家和道家都强调忍耐的重要，只有忍到最后一刻才会发生意想不到的变化，才能有希望看到转机。或许你仍在向往一帆风顺，可是面对曲曲折折的人生，所谓的一帆风顺只能是心灵的一种慰藉而已，唯有奋斗不息才能够让你成为命运的主人。而在这一步步的努力中，你必须学会忍耐。

忍耐不是逆来顺受，屈服于命运之神的支配与调遣，让岁月的沧桑把自己的欲望一点点地消磨掉。许多人功亏一篑都是因为不懂得忍耐的真正含义，坚韧不拔地追求并排除万难有所超越才是忍耐的外延。

忍耐不是消极颓废，也不是悄然降下信念的帆；忍耐是考验意志、毅力，检验成功的一种方式。

实际上，忍耐是酝酿胜利的一种高超手段。虽然忍耐有可能错过一些小的机遇，但谨慎小心可以避免意外的发生。忍耐实质上是一种动态的平衡。忍耐能帮助我们透过烦冗迷惑，获取真谛。所以要学会忍耐，那么人生无论是在"上涨"还是"下跌"，低迷抑或是高涨，都将美丽如画。

人生有很多不如意、不痛快，这时，忍是非常重要的。很多时候因为小地方忍不住而害了大事，这就非常不值得了。

三国时的诸葛亮辅佐刘备，立志要收复中原，他经常兵出祁山，攻打司马懿。但是，司马懿总不肯出来和诸葛亮对打。诸葛亮用尽了一切手段，司马懿总是置之不理，不肯出来和诸葛亮打仗。每次都是等到诸葛亮的粮食吃完了，蜀军无耐只得退兵回蜀国，战争就结束了。诸葛亮六次兵出祁山，每次都是无功而返，后来连唐朝的大诗人杜甫也为他惋惜说："出师未捷身先死，长使英雄泪满襟。"司马懿能够忍，所以没有被一代儒将诸葛亮打败。

因此，当有事时，千万要稳健，不要逞一时之快而坏了大计。

人们常说，忍字头上一把刀。这把刀，让你痛，也会让你痛定思痛；这把刀，可以磨平你的锐气，但是也可以雕琢出你的勇气。小不忍则乱大谋，因为我们仍然身处世俗，有些纷扰就永远不会结束。

面对强大敌手的迫害，一个人只知道屈忍保全还不够，还要忍得像样子，忍得让对方感到高兴，才可能彻底逃脱难关。如果你做出了逆来顺受的样子，却又表现出另外的不在乎，就透出了对敌手的藐视，还可能招来危害！

西汉的杨恽，为人重仁义轻财物，为官廉洁奉法，大公无私。可是正当他官运亨通、春风得意之时，有人嫉妒他，在皇帝面前说他对皇帝陛下心怀不满，表现得那么廉正只是为了笼络人心，以便图谋不轨。

皇帝虽然不喜欢贪官，但更害怕有人和他唱对台戏，哪怕你才干再好，品德再好，如果敢对皇帝不满，便会招来灾祸。经人这么一告发，皇帝勃然大怒就把杨恽贬为平民。看来没有让他身首离异，就已经是大慈大悲了。

杨恽本来官瘾不大，又乐得清闲，虽丢了官却也并不感到十分难过。原先做官时添置家产多有不便，现在添置一些家当，与廉政并无瓜葛，谁也抓不到什么把柄。于是他以置办财产为乐，在每天忙忙碌碌的劳动中得到了许多平凡生活的乐趣。

他的一个好朋友,听说这件事后,预感到他这样下去可能会闹出大事来,就连忙给杨恽写了一封信说:"大臣被免掉了,应该关起门来表示心怀惶恐,装出可怜兮兮的样子,以免别人怀疑。你这样置办家产,搞公共关系,很容易引起人们的非议。让皇帝知道了,不会轻易放过你的。"

杨恽心里不以为然,回信给朋友说:"我认为自己确实有很大的过错,德行也有很大的污点,应该一辈子做农夫。农夫虽然没有什么快乐,但在过年过节杀牛宰羊,喝酒唱歌,来犒劳自己,总不会犯法吧!"

怪不得杨恽做不好官,他竟连"欲加之罪,何患无辞"的常识也不懂。把他视为眼中钉、肉中刺的人,又向皇帝诬告说,杨恽被免官后,不思悔改,生活腐化,而且最近出现的那次不吉利的日食,也是由他造成的。皇帝不问青红皂白命令迅速将杨恽缉拿归案,以大逆不道的罪名将他腰斩了,他的妻儿子女也被流放到酒泉。

不逞匹夫之勇

【原文】勇于敢则杀，勇于不敢则活。(《老子·第七十三章》)

【大意】勇气用于逞强争胜就会死，勇气不用于逞强争胜才会活得好。

老子反对逞强争胜，他说"强梁者不得其死""勇于敢则杀""坚强者死之徒"都是同一个意思，目的在于劝诫世人学一点"柔"道，不逞匹夫之勇，尤其是在事情明显对自己不利的情况下更应如此。武则天时的名臣狄仁杰，就是这样做的。

唐代武则天专权时，为了给自己当皇帝扫清道路，先后重用了来俊臣、周兴等一批酷吏。她以严刑峻法、奖励告密等手段，实行高压统治，对抱有反抗意图的李唐宗室、贵族和官僚进行严厉的镇压，先后杀害李唐宗室贵族数十人，接着又杀了大臣数十人；至于所杀的中下层官吏更多。武则天曾下令在都城洛阳四门设置"匦"（即意见箱）接受告密文书。对于告密者，任何官员都不得询问，告密核实后，对告密者封官赐禄；告密失实，并不反坐。这样一来，告密之风大兴，不幸被株连者上万，朝野上下，人人自危。

一次，酷吏来俊臣诬陷平章事、狄仁杰等人有谋反行为。来俊臣出其不意地先将狄仁杰逮捕入狱，然后上书武则天，建议武则天降旨诱供，说什么如果罪犯承认谋反，可以减刑免死。狄仁杰突然遭到监禁，既来不及与家里人通气，也没有机会面见武则天，说明事实，心中不由焦急万分。审讯的日子到了，来俊臣在大堂上读武后的诏书，就见狄仁杰已伏地告饶。他趴在地上一个劲地磕头，嘴里还不停地说："罪臣该死，罪臣该死！大周革命使得万象更新，我仍坚持做唐室的旧臣，理应受诛。"狄仁杰不打自招的这一手，反倒使来俊臣弄不懂他到底唱的是哪一出戏了。既然狄仁杰已经招供，来俊臣将计就计，判他个"谋反是实"，免去死罪，听候发落。

来俊臣退堂后，坐在一旁的判官王德寿悄悄地对狄仁杰说："你也要再告几个人，如把平章事、杨执柔等几个人牵扯进来，就可以减轻自己的罪行。"狄仁杰听后，感慨地说："皇天在上，后土在下，我既没有干这样的事，更与别人无关，怎能再加害他人？"说完一头向大堂中央的顶柱撞去，顿时血流满面。王德寿见状，吓得急忙上前将狄仁杰扶起，送到旁边的厢房里休息，又赶紧处理柱子上和地上的血渍。狄仁杰见王德寿出去了，急忙从袖中抽出手绢，蘸着身上的血，将自己的冤屈都写在上面，写好后，又将棉衣撕开，把血书藏了进去。一会儿，王德寿进来了，见狄仁杰一切正常，这才放下心来。

狄仁杰对王德寿说："天气这么热了，烦请您将我的这件棉衣带出去，交给我家里人，让他们将棉絮拆了洗洗，再给我送来。"王德寿答应了他的要求。狄仁杰的儿子接到棉衣，听到父亲要他将棉絮拆了，就想：这里面一定有文章。他送走王德寿后，急忙将棉衣拆开，看了血书，才知道父亲遭人诬陷。他几经周折，托人将血书递到武则天那里，武则天看后，弄不清到底是怎么回事，就派人把来俊臣叫来询问。来俊臣做贼心虚，一听说太后要召见他，知道事情不好，急忙找人伪造了一张狄仁杰的"谢死表"奏上，并编造了一大堆谎话，将武则天应付过去。

又过了一段时间，曾被来俊臣妄杀的平章事、乐思晦的儿子也出来替父申冤，并得到武则天的召见。他在回答武则天的询问时说："现在我父亲已死了，人死不能复生，但可惜的是太后的法律却被来俊臣等人给糟践了。如果太后不相信我说的话，可以吩咐一个忠厚清廉、你平时信赖的朝臣假造一篇某人谋反的状子，交给来俊臣处理，我敢担保，在他残酷的刑讯下，那人没有不承认的。"武则天听了这话，稍稍有些醒悟，不由想起狄仁杰一案，忙把狄仁杰召来，不解地问道："你既然有冤，为何又承认谋反呢？"狄仁杰回答说："我若不承认，可能早死于严刑酷法了。"武则天又问："那你为什么又写'谢死表'上奏呢？"狄仁杰断然否认说："根本没这事,请太后明察。"武则天拿出"谢死表"核对了狄仁杰的笔迹,发觉完全不同,才知道是来俊臣从中做了手脚,于是下令将狄仁杰释放。

狄仁杰的做法告诉我们,不逞匹夫之勇耐住性子与对手周旋,是斗争中的良策。相反,以硬碰硬,会让自己吃大亏,是不明智的。

我国历史上刘邦与项羽在称雄争霸、建立功业上,就表现出了不同的态度,最终也得到了不同的结果。苏东坡在评判楚汉之争时就说,项羽之所以会败,就因为他不能忍,不愿意吃亏,白白浪费自己百战百胜的勇猛;汉高祖刘邦之所以能胜就在于他能忍,懂得吃亏,养精蓄锐,等待时机,直攻项羽弊端,最后夺取胜利。

楚汉战争中,刘邦的实力远不如项羽,当项羽听说刘邦已先入关,怒火冲天,决心要将刘邦消灭。当时项羽40万兵马驻扎在鸿门,刘邦10万兵马驻扎在灞上,双方只隔40里,兵力悬殊,刘邦危在旦夕。在这种情况下,刘邦先是请张良陪同去见项羽的叔叔项伯,再三表白自己没有反对项羽的意思,并与之结成儿女亲家,请项伯在项羽面前说句好话。然后,第二天一清早,又带着随从,拿着礼物到鸿门去拜见项羽,低声下气地赔礼道歉,化解了项羽的怨气,缓和了他们之间的关系。表面上看,刘邦忍气吞声,项羽挣足了面子,实际上刘邦以小忍换来自己和军队的安全,赢得了发展和壮大力量的时间。刘邦不像项羽一样逞匹夫之勇,甘忍一时屈辱,反映了他对敌斗争的谋略,也体现了他巨大的心理承受能力。

以柔克刚

【原文】天下之至柔,驰骋天下之至坚。(《老子·第四十三章》)

【大意】天下最柔弱的东西,能在天下极坚硬的东西里穿行无阻。

老子说:"天下莫柔弱于水,而攻坚强者莫之能胜,以其无以易之。"水的智慧是一种很高超的智慧。水没有一定的形态,但善于变化,最后能取得胜利。柔可以胜刚,弱可以胜强。这个道理用《老子》第四十三章"天下之至柔,驰骋天下之至坚"和第七十八章"天下莫柔弱于水,而功坚强者莫之能胜"来解释最清楚不过了。水是世界最柔弱的东西,却能够摧毁世界上最坚强的东西。你看,洪水泛滥时,什么东西能够抵挡住它呢?你看,屋檐下的点滴雨水,日复一日,就能把一块坚石滴穿。这不就是柔弱的作用吗?在柔弱与刚强的对立中,修道之人宁愿居于柔弱的一端,正是因为"看来'柔弱'的东西,由于它的含藏内敛,往往较富韧性;看来'刚强'的东西,由于它的彰显外溢,往往暴露而不能持久"。所以,人应该追求的是内在的坚韧,而不是表面的刚强。

有一个人,面对两个持刀歹徒,依然无所畏惧,拼命去夺被歹徒抢过去的包,他越是拼命去夺,歹徒越是以为包里有巨额钱财,所以他才会如此舍命不舍财,于是歹徒更加疯狂了,不停地挥刀朝他砍去,最后他身中二十多刀,倒在了血泊中。可是等歹徒打开包一看,里面只有不到20元钱,就连作恶多端的歹徒也愣住了。

无疑,这个人是个勇士,为了反抗邪恶,即使粉身碎骨也在所不惜,但只一味勇猛,而不讲策略,是不值得提倡的。生命是无价的,明知反抗是拿鸡蛋去碰石头,就应换一种方式处理或留下生命去创造更多的财富,这才是一种智慧的选择！有时候，不是所有的勇猛都值得推崇，只有勇猛中加进了智慧，才是值得学习的。

一个女孩听见有人敲门，一开门时，发现一个持刀男子凶狠地站在门前。不好，遇到劫匪了！这一念头骤然跃入女孩的脑海，但她迅速地镇静下来。她微笑着说："朋友，你真会开玩笑。你是来推销菜刀的吧？我喜欢，我要一把。"

接着便让男子进屋，还热情地对男子说："你很像我以前一个热心的邻居，你喝饮料，还是茶？"

原来满脸凶气的男子竟有些拘谨起来，忙结巴着说："谢谢，谢谢。"于是女孩买下了那把菜刀，男子拿了钱迟疑了一下便走了。在转身离去的一刹那，男子对女孩说："你将改变我的一生……"女孩的这种勇敢才是一种智勇双全的全新意义上的勇敢。

有些自作聪明者，往往盲目自信，以为自己的刚，无往而不胜。可是一块巨石如果落在坚实的地面上会四分五裂，可落在一堆棉花上，则会被棉花轻松地包在里面。以刚克刚，则两败俱伤，以柔克刚，则马到成功。

有个俗语叫"四两拨千斤"，讲的正是以柔克刚的道理。俗话说："百人百心，百人百性。"有的人性格内向，有的人性格外向，有的人性格柔和，有的人则性格刚烈，各有特点，又各有利弊。然而纵观历史，我们不难发现，往往刚烈之人容易被柔和之人征服利用。

大凡刚烈之人，其情绪颇好激动，情绪激动则很容易使人缺乏理智，仅凭一股冲动去做或不做某些事情，这便是刚烈人的特点。

对待刚烈之人，如果以硬碰硬，势必会使双方共同失去理智，头脑发热，不计后果，最终各有损伤，事情也必然闹砸。

倘若以柔和之姿去面对刚烈火爆之人，则会是另一番局面，恰似细雨之于烈火，烈火熊熊，细雨蒙蒙，虽说不能当即将火扑灭，却有效地控制住了火势，并一点点地将火灭去。但若暴雨一阵，火灭去，又添洪水泛滥之灾，一浪刚平又起一浪，得不偿失。

春秋末期，郑国宰相子产在治理国家方面采用的就是以柔克刚的方法。

子产为政刚柔并济，以柔为上，柔以制刚。郑国是一个小国，国力甚弱，要想在大国林立倾扎中求得生存，增强国家的实力刻不容缓。子产提倡振兴农业，兴修农事，同时征收新税，以确保有足够的军费供应和给养。

新税征收伊始，民众怨声四起，沸沸扬扬，甚至有人扬言要杀死子产，朝中也有不少大臣站出来表示反对。子产毫不理会，也不作过多的解释，而是耐心等待事态的发展。只说："国家利益为重，必要时自然要牺牲个人利益，服从国家利益。我听说做事应当有始有终，不能虎头蛇尾。有善始而无善终，那样必然一事无成，所以，我必须将这件事做完。"

新税照常征收。由于他采取了振兴农业的办法，农业很快发展，民众由怨到赞，众人宾服。

子产在各地遍设乡校，因乡校言论自由，有些对政治不满的人往往把乡校作为论坛进行政治活动。有人担心长期下去会影响统治，建议取缔。子产却说："这是没有必要的，百姓劳累一天，到乡校中发发牢骚，评谈政治，实乃正常。我们可以作为参照，择善而从，鉴证得失。若强行压制，岂不如以土塞水，暂时或许会堵住水流，但必将招来更猛的洪水激流，冲决堤坝，那时，恐怕就无力回天了。若慢慢疏导，引水入渠，分流而治，岂不更好？"

唐代段秀实也懂得以柔克刚的做事之道。公元764年，唐朝刚刚平定安史之乱，仆固怀恩却在北方纠众反叛，屡屡攻城夺野。唐代宗只得令声望卓著的郭子仪为副元帅，率军平叛。郭子仪令其儿子郭晞以检校尚书的身份兼行营节度使，屯兵在邠州（今陕西彬县，又作豳州）。邠州地方的一些不法青年，纷纷在郭晞的名下挂名，然后以军人的名义大白天就在集市上横行不法，要是有人不满足其要求，即遭毒打，甚至致其死亡。邠宁节度使白孝德因惧怕郭子仪的威名，对此提都不敢提一下。白孝德的下属泾州刺史段秀实则感到事关唐朝安危和郭子仪的名节，毛遂自荐请求处理此事。白孝德立即下文，令他代理军队中的执示官都虞侯。

段秀实到任不久，郭晞军队中有17名士兵到集市上抢酒，刺杀了酿酒的工人，打坏了酒场许多酿酒器皿。段秀实布置士卒把他们统统抓来，砍下他们的脑袋挂在长矛上，立于集市不众。

郭晞军营所有军人为之骚动，全部披上了盔甲。段秀实却解下了身上的佩刀，选了一个年老且行动不便的人给他牵着马，径直来到郭晞军营门口。披甲带盔的人都出来了。段秀实笑着一边走一边说："杀一个老兵，何必还要披甲带武装，如临大敌？我顶着头颅前来，要亲自由郭尚书来取！"披甲士兵见一老一文一匹瘦马，惊愕不已。本以为要进行一场硬拼。眼见得如此文弱的对手，反而纷纷让路了。

段秀实见到了郭晞，对他说："郭子仪副元帅的功劳充盈于天地之间，您作为他的儿子却放纵士兵大肆暴逆。如果因此而使唐朝边境发生动乱，这要归罪于谁呢？动乱的罪过无疑要牵连到郭副元帅。而今邠州的不法青年纷纷在你的军队中挂了名，借机胡作非为，残杀无辜。别人都说您郭尚书凭着副元帅的势力不管束自己的士兵，长此以往，那么郭家的功名还能保存多久呢？"

郭晞本来对段秀实自作主张捕杀他的士兵心存不快，对于士兵的激愤情绪听之任之，倒要看看段秀实有多大能耐。现在见段秀实完全不作防备地闯进军营，听段秀实一说，觉得段秀实完全是为维护郭家功名才这样做的，一改原来的强硬态度，反而觉得对弱小的段秀实必须加以保护，以免被手下人因愤而杀，赶紧对段秀实拜了又拜，说："多亏您的教导。"喝令手下人解除武装，不许伤害段秀实。

段秀实为让郭晞下定决心管束军队，干脆一"软"到底，说："我还没有吃晚饭，肚子饿了，请为我备饭吧。"吃完饭后又说："我的旧病发作了，需要在您这里住一宿。"这样，段秀实竟在只有一老头守护的情况下，睡在充满敌意的军营之中。

郭晞答应了段秀实的要求，但又怕愤怒的军人杀了这个不作抵抗且又有恩于己的朝廷命官，心里十分紧张。于是一面申明严格军纪，一面告诉巡逻值夜的士卒严加防范，借打更之便切实保卫段秀实的安全。

第二天，郭晞还同段秀实一起到白孝德处谢罪，邠州大军由此整治一新。

"天下之至柔，驰骋天下之至刚。"段秀实在捕杀17名违法士兵之后，用温和得体的言行，驾驭了刚烈愤怒的郭晞及其手下军士，成功地达到了"以柔克刚"的目的。

商业活动中，常有意想不到的事发生。由于商业活动带有很强的人情色彩，如果处理不好的话，不仅会伤及对方的自尊，严重的甚至会直接影响到商业的声誉和成败。运用以柔克刚的策略就可以避免这个问题。

一天下午，一位外国人突然气势汹汹地闯进日本某饭店的经理室："你就是经理吗？方才我在大门口滑倒摔伤了腰。地板这么滑，连个防滑措施都没有，太危险了，马上领我到医务室去。"

见此情景，经理很客气地说："这实在抱歉得很，腰部不要紧吧？马上就领您到医务室，请您稍坐一下。"

外国人坐在椅子上，继续抱怨不停。饭店经理见对方已经镇定下来，便温和地说："请您换上这双鞋，我已和医务室联系好了，现在我就领您去。"

早在外国人闯进来时，经理已经看清他的腰部没有多大问题。所以当外国人离开经理室里，就把换下的鞋悄悄交给秘书说："这双鞋后跟已经磨薄了，在我们从医务室回来以前把它送到楼下修鞋处换上橡胶后跟。"检查结果，果如所料，未发现任何异常，他本人也完全冷静下来，随后一同回到经理室。经理说：

"没有什么异常，比什么都好，这就放心了。请喝杯咖啡吧！"

外国人也感到自己方才太冒失了："地板太滑，太危险，我只是想让你们注意一下，别无他意。"

经理说："很冒昧，我们擅自修理了您的鞋，据鞋匠说，是后跟磨薄以致打滑。"

外国人接过刚刚修好的鞋，看到正合适的橡胶鞋跟时，对鞋匠高超的技巧大为惊讶，便高兴地说道："经理，实在谢谢您的厚意，对您给予的关怀照顾我是不会忘记的。"于是，愉快地握手后，外国人再次向经理道谢。经理送他出门时说："请您将这个滑倒的事忘掉吧，欢迎您再来。"从此，只要这个外国人到日本，必定住进这个饭店并到经理室致意。

鲍尔温交通公司总裁福克兰，在年轻的时候因巧妙地用"以柔克刚"

的计策处理了一项公司的业务而青云直上。他当时是一个机车工厂的普通职员，由于他的建议，公司买下了一块地皮，准备建造一座办公大楼。在这块土地上的100户居民，都得因此而迁移到其他地方。

但是居民中有一位爱尔兰的老妇人，却首先跳出来与机车工厂作对。在她的带领下，许多人都拒绝搬走，而且这些人抱成一团，决心与机车工厂一拼到底。

福克兰对工厂领导说："如果我们建议通过法律途径来解决问题，既费时又费钱。我们更不能采用其他强硬的办法，以硬对硬，驱逐他们，这样我们将会增加许多仇人，即使建成大楼，我们也不得安宁。这件事还是交给我来处理吧！"

这一天，他来到了老妇人家门前，看见她坐在石阶上。他便故意在老妇人面前走来走去，心里好像盘算着什么。他自然引起了她的注意。良久，她开口发问："年轻人，有什么烦恼吗？说出来，我一定能帮助你。"

福克兰趁机走上前去，他没有直接回答她的问题，却说："您在这儿时无事可做，真是天大的浪费呀！我知道您有很强的领导能力，实在是应该抓紧时间干一番大事业的。听说这里要建造新大楼，您是不是准备发挥你的超人才能，做一件连法官、总统都难以做成的事：劝您的邻居们，让他们找一个快乐的地方永久居住下去。这样，大家一定会记得您的好处的呀！"

从第二天开始，这个强硬顽固的爱尔兰老妇人便成了全城最忙碌的妇人了。她到处寻觅房屋，指挥她的邻人搬走，并把一切办得稳稳妥妥。

办公大楼很快便开始破土动工了。而工厂在住房搬迁过程中，不仅速度大大加快，而且所付的代价竟只有预算的一半。

这么多翔实的例证足以说明，老子的以柔克刚之道在现实生活中大有用武之地！

抑制浮躁情绪

【原文】企者不立，跨者不行。(《老子·第二十四章》)

【大意】踮起脚尖不能站稳，两步并作一步不能行走。

老子认为，做事要踏踏实实，一步一个脚印，这样才能有所成就。因此他反对浮躁，认为浮躁之人难以成事。

对于成功抱有急切的心情，会导致浮躁，这样反而会阻碍成功，因为无论任何事的完成都需要一个过程。

尽管眼下大学生就业形势并不让人乐观，但还是有不少将要跨出校门的和刚跨出校门的大学毕业生对此缺乏应有的心理准备，有的大学生甚至认为月工资低于3000元的工作不值得去做。但令人忧虑的是，虽然这些学生对待遇的要求很高，可是实际工作能力却并不出色，有的大学生在实习期间业绩平庸，有的根本就拿不出手。

有位大学教授深有感触地说："现在不少大学生已很难平静地听完老师和家长的话，难以坚持看完一本名著或欣赏完一首名曲；他们坚持不了听完最后一堂课，他们对基础理论课的学习不感兴趣。"这些学生忘记了从量变到质变的道理，他们希望立竿见影，他们甚至渴望科学家们能发明"知识注射液"，在数秒内使自己成为天才……这一切都源于浮躁的驱动，源于年轻人急于求成、渴望结果的超常迫切心态。长此以往，很容易形成一种病态的人格。

你也许会看到，有人即使很有耐心地努力了一辈子也没有成功。不过，有一点倒是可以百分之百确定：如果没有耐心不努力，你绝对不会有收获。任何事情都有其规律，人生宏大的目标应当以累积诸多小目标为基础。成功不是一天造成的,一切都要下功夫才行,当获得一些小成功时,大成功也就在门外了。

凡是成大事者,都力戒"浮躁"两字,希望通过自己踏踏实实的行动换来成功的人生。任何一位试图成大事的人都要消除浮躁,专心做事,才能实现自己的目标。

事情往往就是这样,你越着急,就越不会成功。因为着急会使你失去清醒的头脑,结果在奋斗过程中,浮躁占据着思维,使你不能正确地制定方针、策略,以稳步前进。

当目标确定,你就不能性急,而要一步一个脚印地来做,即所谓"性急吃不得热粥"。当你控制了浮躁,才会吃得起成功路上的苦;才会有耐心与毅力一步一个脚印地向前迈进;才不会因为各种各样的诱惑而迷失方向;才会制定一个接一个的小目标,然后一个接一个地达到它,最后走向大目标。

人人皆知的李嘉诚就是稳健、不浮躁的典范。

李嘉诚在父亲去世后便辍学打工。他先是想到银行寻找机会,因为他觉得银行是同钱打交道,一定有钱,它也不可能倒闭。但是进银行的梦想没有成功,他当了一名茶馆里的堂倌。在当堂倌的时候,他自觉养成察言观色、见机行事的习惯。他给自己安排课程,这些课程包括:时时处处揣测茶客的籍贯、年龄、职业、财富、性格,然后找机会验证;揣摩顾客的消费心理,既真诚待人又投其所好。

后来他进了舅父的钟表公司当学徒,很快学到了钟表的装配及修理的有关技术。他17岁辞别舅父,开始自己的创业道路。结果他屡遭失败,几次陷入困境。但这个时候,他仍然不浮躁,而是踏踏实实地一步一步往前走。

1950年夏天,22岁的李嘉诚创立了长江塑料厂。由于他一贯稳健的工作作风,一条辉煌的道路,由此展开。

正当李嘉诚全力拓展欧美市场的时候,一个重大的机会出现了。一位欧洲的大批发商在看到了李嘉诚公司的产品样品后,前去与李嘉诚联系。这位批发商是因为李嘉诚公司的产品价格低于欧洲产品的价格而来找他的。但他通过一些渠道得知长江公司是资金私有制。为保险起见，大批发商表示愿意同李嘉诚合作，但条件是他必须有实力雄厚的公司或个人进行担保。李嘉诚知道这位批发商的销售网遍及欧洲，而要占领主要的市场——西欧和北欧，如果能与他合作，是十分有利的。可惜，他竭尽全力都没有找到担保人。但他还是与设计师一道连夜赶出9款样品，虽然批发商只准备订一种。第二天他准时来到批发商的面前，批发商望着他因通宵未眠而红的眼睛，欣赏地笑了，答应洽谈生意，在李嘉诚没有担保的情况下，签了第一份购销合同。按协议，批发商提前交付货款，从而解决了长江公司扩大再生产的资金不足问题。长江公司很快占领了庞大的欧美市场。仅1958年一年，长江公司的营业额就达1000多万港元，纯利100多万港元。塑料花使长江实业迅速崛起，李嘉诚也成为世界"塑料花大王"。

对于渴望成功的人，应该记住：你着急可以，切不可以浮躁。成功之路，艰辛漫长而又曲折，只有稳步前进才能坚持到终点，赢得成功；如果一开始就浮躁，那么，你很快就会累倒在地。

那么怎样克服浮躁情绪呢？我们可以从以下三个方面入手：

1. 不好高骛远

好高骛远，指那种不切实际地追求过高或过远目标的心态。好高骛远者往往总盯着很多很远的目标，大事做不来，小事又不做，最终空怀奇想，落空而归。一个人能力有大小，要根据能力大小去做事，去确定目标，去确立志向。如果客观条件上不允许，那么，自己就该实事求是，确定出适合自己发展的目标。一味追求高远，不考虑可行性，就永远也不可能成功。

古代有个叫养由基的人精于射箭，且有百步穿杨的本领。有一个人羡慕养由基的箭术，决心要拜养由基为师，经几次三番的请求，养由基终于同意了。收他为徒后，养由基交给他一根很细的针，让他把针放在离眼睛几尺远的地方，整天盯着看。看了两三天，这个学生有点不耐烦了，问老师说："我是来学射箭的，老师为什么要我干这莫名其妙的事，什么时候教我学箭术呀？"养由基说："这就是在学箭术，你继续看吧。"养由基又教他练臂力的办法，让他一天到晚伸直手臂，在掌上平端一个石头。这样做很苦，那个徒弟又想不通了，他想，我只学他的箭术，他让我端这石头做什么？养由基看他太浮躁，成不了大事，就由他去了。这个人最终没有学到箭术。

秦牧在《画蛋·练功》一文中写道："必须打好基础，才能建造房子，这道理很浅显。但好高骛远、贪抄捷径的心理，却常常妨碍人们去认识这最普通的道理。"俗话说"一招超群，吃遍天下；艺多不精，乞丐终生"。好高骛远者并非定是庸才，他们中有许多人自身有着不错的条件，若能结合自己的实际，制订切实可行的行为方针，是会有光明的前途的。如果一味追求过高过远的目标，丧失了眼前可以成功的机会，就会成为高远目标的牺牲品。许多年轻人不满意现实的工作，羡慕那些大款或高级白领人员，不安心本职工作，总是想跳槽。我们还是多向成功之人学习，脚踏实地，做好基础工作，一步一个脚印地走上成功之途吧。

2. 拒绝诱惑

日常生活中会有种种的诱惑。你会发现有一些人并不好好地工作，他们把大多数时间花费在怎样讨好上司，怎样拉关系、走后门上。你会发现有的人用特殊的手段谋得一个职位或者迅速致富。你会发现有的人使一个企业破产，而自己却成了有钱有势的人。你会看到有些人根本不把我们所珍重的价值观放在眼里，而他们居然很得势。

在任何时代里，总会有一些人虽破坏规则却能暂时得势，请你不要羡慕他们。因为规则的失去总是暂时的，规则总是要回到人群之中的。那些我们世代相传的价值观念，诸如勤奋、诚实、敬业、靠本事吃饭等，是我们永远的立身法则。

我们相信更多的成功者是靠本事吃饭的人！

3. 消除贪欲

欲望与人生息息相关。欲望对人生的影响有正负两面。这正负两面就决定了人生命运的不同走向。

恰当的积极向上的欲望可以催人奋进，一步步走向更大的成功，而通过非法的、不正当的手段所实现的享乐的欲望，则推动人生走向堕落、邪恶，甚至成为罪犯，丧失生命。

纵观那些曾经成功而后又堕落犯罪的人生历程可以看出，正是奋斗过程中欲望的质变使他们走向了人生的绝路。就大多数人而言，他们最初的欲望都是正当的、积极向上的，正是这种欲望促使他们一步步走向成功。然而，当他们功成名就之后，由于自身条件、环境的变化，他们就要享尽人间富贵，满足自己对物欲的最大需求。

比如说贪欲。每个人都想得到私利，而且是越多越好；看到别人赚钱，自己也想发财，这也是正常现象。但是君子爱财，取之有道，通过勤劳所得，通过智慧所得，这是正常欲望的发展。但是，怕就怕在这种欲望的无厌无足。人一旦有了贪婪的欲望，就要不择手段的攫取。这种贪欲支配下的结果必然是身败名裂，为欲所毁。

杨宁原来是国航的一名员工，他靠着勤劳肯干一步一步爬上了国航财务处成本二科副科长的职位，这可以说是一个事业的成功。但是，杨宁并没有珍惜这得来不易的地位，开始为金钱所迷惑。任职期间，他前后共贪污2500多万元，最终在欲海中越滑越深，走向自我毁灭之路。

贪欲，就像伊甸园里魔鬼撒旦所幻化的毒蛇，引诱人去偷吃上帝的禁果。贪欲是万恶之源，其他的一些罪过欲望都是贪欲派生出来的蛆虫。贪欲的终极目的是肆意享乐，而最终结果是跌入罪恶的深渊。

人的欲望一半是天使，一半是魔鬼，天使与魔鬼背对背，一转身就可能是截然不同的两种结局。欲望变化多端，令人难以自持，所以我们说，即使是正当的欲望，有时候也要加以节制，否则，犹如烧饭的火，过旺了就会将饭烧糊的。

4. 不心烦意乱

"烦"，本不是什么新的情绪。不开心时的烦恼，不舒心时的烦闷，对每个人而言，早已是司空见惯的事。人们"烦着"的时候是找知心朋友诉诉苦、解解闷，今天"烦人"们不仅仅"烦"，而且"不耐烦"。在不开心、不舒服的同时，他们不安心、不静心；他们不只是烦恼、烦闷，而且烦躁。对他们而言，与其说"烦"是一种有待完全摆脱的消极情绪，不如说"烦"是一种有几分无奈也有几分得意的生存状态和生活方式。过去的人，有烦恼时会从前台退到后台，躲得远远的，不想让人看见；如今的

"烦人"们却穿着自己的文化衫、唱着自己的流行曲，招摇过市，要让人们躲得远远的。"别理我"一语，只不过是掩耳盗铃般的一个舞台道具。

"新烦"的最大特点在于其躁动不安。这是一种心比天高的追求、跃跃欲试的冲动的欲望、得不到满足的苦闷交织在一起，从而导致的亢奋、紧张、急躁的焦虑。

现实生活中充满了各种机会，个人发展有了相当的自由，这一切刺激起人们的成就欲望和积极性，很多人都希望自己有一番大的作为。但是，机会与自由并不意味着成功，每一个机会，事实上都是一种挑战。同时，选择一种机会必须以放弃另外一些机会为代价。虽然社会为了个体发展提供了多种多样的可能性，但具体到每个人的身上，其发展的可能性是很有限的，这就需要我们正确的理解、选择和把握机会。但是，不少人并不理解机会的全部含义，他们什么都想要，却对什么都不做踏实的准备，表现出强烈的投机心理。

可惜的是，一些投机者在受挫之后，并不吸取教训，不反省自己的失误，不去弥补自己见识、能力和毅力上之不足或者心烦意乱，继续在精彩与无奈的循环中挣扎；或者愤愤不平，责怪社会的不公平与命运的不济；有些人甚至以一种"输红了眼"的面目出现，破罐破摔。

当然，当代的"烦人"并不都是投机者。一些人的"烦"是一种现代文明病，是抒情的思想、浪漫的梦幻和温和的心境被无情的、变化的现实打碎之后，而产生的一种愤世嫉俗、走投无路的情绪状态。这种人无法控制自我，心绪不宁，难以成事。

无论做什么事，心烦意乱之下是难有作为的。为了不烦，我们还得"耐烦"一些，静下心来，正确地认识自己，冷静地把握机会，以长远的眼光选择适合自己的目标和道路。只有如此，我们才能踏踏实实地做好每件事，成就自己的事业。

从细微之处做起

【原文】天下大事，必作于细。(《老子·第六十三章》)

【大意】天下的大事必然从细微处做起。

老子认为，做事情不能仰头向天，而应脚踏实地。他说的"天下大事，必作于细""合抱之木，生于毫末"都讲的是这个道理。

那些真正伟大的人物从来都不蔑视日常生活中的各种小事情，即使常人认为很卑贱的事情，他们也都满腔热情地去干。

只要能一心一意地做事，世间就没有做不好的事。这里所讲的事，有大事，也有小事，所谓大事小事，只是相对而言。很多时候，小事不一定就真的小，大事不一定就真的大，关键在做事者的认知能力。那些一心想做大事的人，常常对小事嗤之以鼻，不屑一顾。其实连小事都做不好的人，大事是很难成功的。

有位智者曾说过这样一段话，他说："不会做小事的人，很难相信他会做成什么大事。做大事的成就感和自信心是由小事的成就感积累起来的。可惜的是，我们平时往往忽视了它，让那些小事擦肩而过。"有做小事的精神，就能产生做大事的气魄。不要小看做小事，不要讨厌做小事。只要有益于事业，都要努力做好，用小事堆砌起来的事业大厦才是坚固的，用小事堆砌起来的工作长城才是牢靠的。

有位女大学生，毕业后到一家公司上班，只被安排做一些非常琐碎而单调的工作，比如早上打扫卫生，中午预订盒饭。一段时间后，女大学生便辞职不干了。她认为，她不应该蜷缩在"厨房"里，而应该上得"厅堂"。可是小事不愿做，领导怎么还会委以重任呢？

曾有一位人事部经理感叹道："每次招聘员工，总会碰到这样的情形：大学生与大专生、中专生相比，我们也认为大学生的素质一般比后者高。可是，有的大学生自诩为天之骄子，到了公司就想唱主角，强调待遇。别说挑大梁，真正找件具体工作让他独立完成，却拖泥带水，漏洞百出。本事不大，心却不小，还瞧不起别人。大事做不来，安排他做小事，他又觉得委屈，埋怨你埋没了他这个人才，不肯放下架子干。我们招人来是工作、做事的，不成事，光要那大学生的牌子干吗？所以有时候，大学生、大专生、中专生相比之下，大专生、中专生反而更实际，更有用。"

东汉时期，有一个叫陈蕃的人，年轻时独居一室，日夜攻读，打算干一番惊天动地的大事。一日，他父亲的朋友薛勤来访，见庭院荒芜，杂草丛生，纸屑满地。便问他："孺子何不洒扫以待宾客？"他答道："大丈夫处事，当扫除天下，安事一屋乎？"薛勤说："一屋不扫，何以扫天下？"我们身边是不是也有陈蕃那样的人呢？他们总以为大丈夫处事当不拘小节，志在扫除天下，殊不知，大事皆由小事而成，小事不愿做、不屑做、拒绝做，成大事就只能是空想。

要志存高远，又要脚踏实地，从点滴小事做起。如果没有宏图大志，没有高远的目标，只是天天忙碌于琐事，那样的人生就会碌碌无为，久而久之就会成为一个庸人；如果只有远大的志向，而不愿意做艰苦的工作，那就会志大才疏，空泛而不切实际。荀子有一段话与老子上面所说的意思相同，而且同样精彩：

积土成为万仞高山，风雨就从山里兴起；积水成为千浔深渊，蛟龙就会在这儿生长；积累平凡的好事就成为道德，精神因而得到升华，智慧因而得到发展，圣人的思想境界就逐渐具备了。所以，不从一步一步开始，千里万里的路程就走不到；不积细小的水流，浩瀚的江海就形不成。骏马一跃不能跳十步，驽马拉着车走上十天，所跑的路程也非常可观，它成功的秘诀就在于一步一步地走下去。搞雕刻的情况也是一样，如果刻几下就扔开，连朽木也雕不成，如果勤勤恳恳地刻下去，金石也会刻成漂亮的图案。

小事，一般人都不愿意做。但成功者与碌碌无为者最大的区别，就是他愿意做别人不愿意做的事情。一般人都不愿意付出这样的努力，可是成功者愿意，因此他获得了成功。

别人不愿意端茶倒水，你更要端出水平；别人不愿意洗涮马桶，你更要涮得洁净；别人不愿意操练，你更要加强自我操练；别人不愿意做准备，你更要多做准备；别人不愿意付出，你更要多付出。每一件别人不愿意做的小事，你都愿意多做一点，你的成功率一定会不断提高。同事不愿做的事情，你愿意去做；别人不想做的事，你愿意去做。只要你能做别人不愿意做的事情，只要你能做别人不想做的事情，你就一定比别人更成功。

坚持能让你取得成功

【原文】 强行者有志。(《老子·第三十三章》)

【大意】 坚持努力的才是有志。

老子认为，人需要坚持精神，坚持精神是一种即使面临失败、挫折仍然继续努力的能力，也是一种挑战自己的精神。我们常常能够观察到，正确对待逆境的人能从失败中恢复并继续坚持前进，而当遇到逆境时不能正确对待的人则常常会轻易放弃。

德国天文学家开普勒，是位瘦弱的早产儿。他一降生，就连遭不幸：天花使他成了麻子，猩红热又弄坏了他的眼睛。父母对这个多灾多难的小生命，没有爱和温暖，不愿负责任。陪伴着他度过一生的，除了宇宙和星辰，剩下的就是贫困和疾病。

早在孩提时代，开普勒的求知欲和上进心就极为旺盛，他的学习成绩一直在同学们中遥遥领先。正当瘦弱多病的开普勒尽情地遨游在知识海洋的时候，不幸的事情又降临到他的头上：父亲因为负债，不能继续供他读书。失学之后，他只得到自家经营的小客栈里提酒桶、打杂。但是，他始终没有放弃学习。

成家之后，开普勒更加发奋地从事他在天文学方面的研究。他把自己写的书寄给远在布拉格的天文学家第谷·布拉赫。布拉赫对他很重视，回信表示欢迎他去布拉格。

去布拉格的路程很遥远，妻子担心开普勒的身体受不了，劝他放弃此行，他坚毅果断地说："无论怎样我们一定要去！"

途中，开普勒病倒了。在一家乡村小客栈里，他们住了几个星期。

带的一点点路费早就花完了,病人要买药,妻儿要吃饭,而周围又没有一个亲人,他感到了彻底的绝望。绝望中,开普勒只好向第谷·布拉赫求救。多亏这位同行慷慨相助,雪中送炭,这才使他一家活着熬到了布拉格。

在布拉格,开普勒竭力研究火星,想得到它的秘密。这个时期,是他一生中最快乐的日子。可惜好景不长,他的良师益友布拉赫溘然长逝。这不仅在事业上使开普勒受到严重影响,而且他一家的生活也因此又重新陷入困境。

有人说:"开普勒的一生,大半是孤独地奋斗……布拉赫的后面有国王,伽利略的后面有公爵,牛顿的后面有政府,但是开普勒的后面只有疾病和贫困。"

然而,没有任何困难能阻碍开普勒。他倒了,又站起来。他失败了,失败了,失败了,但是他把这些失败收拾起来,建成一个高塔,终于抓着了天体运动的三大定律。

生活中有许多人做事最初都能保持旺盛的斗志,在这个阶段普通人与杰出的人是没有多少差别的。

然而往往到最后那一刻,顽强者与懈怠者便各自显示出来了,前者咬牙坚持到胜利,后者则丧失信心放弃了努力,于是便得到了不同的结局。

要说成功有什么秘诀的话,那就是坚持,坚持,再坚持!

有一位推销员,为一家公司推销日常用品。一天,他走进一家小商店里,看到店主正忙着扫地,他便热情地伸出手,向店主介绍和展示公司的产品,但是对方却毫无反应,很冷漠地对着他。这位推销员一点也不气馁,他又主动打开所有的样本向店主推销。他认为,凭自己的努力和推销技巧一定会说服店主购买他的产品。但是,出乎意料的是,那个店主却暴跳如雷,用扫帚把他赶出店门,并扬言: "如果再见你来,就打断你的腿。"

面对这种情形,推销员并没有愤怒和感情用事,他决心查出这个人如此恨他的原因。于是,他多方打听才明白了事情的真相。原来,他以前请了位推销员,但是产品仍卖不出去,造成大量积压,占用了许多资金。店主正发愁如何处置的呢。

了解了这些情况后,这个推销员就打通了各种渠道,重新做了安排,使一位大客户以成本价格买下店主的存货。不用说,他受到了店主的热烈欢迎。

这个推销员面对被扫地出门的处境,依然充分发挥自己的坚持精神,同时不断寻找突破逆境的途径,这是非常可贵的。

爱哈德曾经是一家广告公司的职员,他刚到报社当广告业务员时,对自己充满了信心。他甚至向经理提出不要薪水,只按广告费抽取佣金。经理答应了他的请求。

开始工作后,他列出一份名单,准备去拜访一些特别而重要的客户,公司其他业务员都认为想要争取这些客户简直是天方夜谭。在拜访这些客户前,爱哈德把自己关在屋里,站在镜子前,把名单上的客户念了10遍,然后对自己说:"在本月之前,你们将向我购买广告版面。"

之后,他怀着坚定的信心去拜访客户。第一天,他以自己的努力和智慧与20个"不可能的"客户中的3个谈成了交易;在第一个月的其余几天,他又成交了两笔交易;到第一个月的月底,20个客户只有一个还不买他的广告。

尽管取得了令人意想不到的成绩,但爱哈德依然锲而不舍,坚持要把最后一个客户也争取过来。第二个月,爱哈德没有去发掘新客户,每天早晨,那个拒绝买他广告的客户的商店一开门,他就进去劝说这个商人做广告。而每天早晨,这位商人都回答说:"不!"每次爱哈德都假装没听到,然后继续前去拜访。到那个月的最后一天,对爱哈德已经连着说了30天"不"的商人口气缓和了些:"你已经浪费了一个月的时间来请求我买你的广告了,我现在想知道的是,你为何要坚持这样做。"

爱哈德说:"我并没浪费时间,我在上学,而你就是我的老师,我一直在训练自己在逆境中的坚持精神。"那位商人点点头,接着爱哈德的话说:"我也要向你承认,我也等于在上学,而你就是我的老师。你已经教会了我坚持到底这一课,对我来说,这比金钱更有价值,为了向你表示我的感激,我要买你的一个广告版面,当作我付给你的学费。"

爱哈德完全凭着自己的坚持精神达到了目标。在生活和事业中，我们往往因为缺少这种精神而和成功失之交臂。

将成功者和失败者进行比较，他们的年龄、能力、社会背景、国籍等种种方面都很可能相同，但是有一个例外，那就是对遭遇挫折的反应不同。有的人跌倒时，往往无法爬起来，他们甚至会跪在地上，以免再次遭受打击；而有的人反应则完全不同，他们会立即反弹起来，并充分吸取失败的经验，继续往前冲刺。

伟大的发明家托马斯·爱迪生，对于人生中的挫折抱着罕见的不放弃精神，使他创造了非凡的成就。在电灯发明的过程中，其他人因为失败而感到心灰意冷时，他却将每次失败视为又一个不可行方法的减少，而确信自己向成功又迈进一步。

生命里程中永远存在着障碍，不会因为你的忽视而消失，当你因为某件事而受到挫折时，不妨想想爱迪生在给整个世界带来光明前，那一万次的失败。爱迪生的坚韧不拔在于他知道有价值的事物是不会轻易取得的，如果真的那么简单，那么人人皆可做到。正是因为他能坚持到一般人认为早该放弃的时候，才会发明出许多当时的科学家想都不敢想的东西。

英国首相丘吉尔不仅是一位杰出的政治家，而且是一位著名的演讲家，他十分推崇面对逆境坚持不懈的精神。他生命中的最后一次演讲是在一所大学的结业典礼上，演讲的全过程大概持续了20分钟，但是在那20分钟内，他只讲了两句话，而且都是相同的：坚持到底，永不放弃！坚持到底，永不放弃！

这场演讲是成功学演讲史上的经典之作。丘吉尔用他一生的成功经验告诉人们：成功根本没有什么秘诀可言，如果真有的话，就是两个：第一个就是坚持到底，永不放弃；第二个就是当你想放弃的时候，回过头来看看第一个秘诀：坚持到底，永不放弃。

敏锐的观察力、果断的行动和坚持的毅力是成功的必备要素。你可能有敏锐的目光去发现了机遇，同时也能用果断的行动去抓住机遇，但是最后还要需要用你坚持的毅力才能把机遇变成真正的成功。

缺乏恒心是大多数人最后失败的根源，一切领域中的重大成就无不与坚韧的品质有关。成功更多依赖的是一个人在逆境中的恒心与忍耐力，而不是天赋与才华。

只要大家保持坚定的信念，顽强拼搏，而不用在乎世俗的观点和嘲笑，有信心和毅力，就没有战胜不了的困难。当你回过头来再看走过的路时，你会惊异自己的敢作敢为为自己带来了多么大的成就。正如泰戈尔所讲："顺境也好，逆境也好，人生就是一场面对种种困难无尽无休的斗争，一场我寡敌多的战斗。只有笑到最后的，才是真正的胜利者。"

把困境转化为顺境

【原文】祸兮,福之所倚。(《老子·第五十八章》)

【大意】灾祸中潜存着幸福。

老子认为事物都是向它的对立面转化的,所以他说"祸兮,福之所倚",意思是灾祸中有幸运,困境中孕育着顺境。我们所要做的就是通过自己的智慧和努力把困境转化为顺境。

现在大学生就业中普遍存在着一种倾向:认为只有在大城市里找到工作,人生才会一帆风顺。如果回到偏僻的乡村小镇,就认为被命运抛弃,人生就陷入了难以摆脱的困境。其实命运不会抛弃任何人,而是人们在抛弃命运;困境不会限制人,而是人们自限于困境;时运不会拘束人,而是人们自拘于时运。有优越条件可利用的人,无须去操劳就能得到一个好的待遇,一般说来,这样的人有个安乐窝,不愿冒险求发展,因而也不会有大的成就。只有那些先天条件差、不服气的人,上进心强,奋斗不已,发展很快。敢于进取的人,不受环境地域的限制,不管到什么地方,都能为自己定下位置,立定坐标,天天发奋向上,年年不断迁升,稳扎稳打,一步一个台阶,困境实际上就变为顺境。

客观地讲,从事业发展的角度来看,不发达的地域反而给人的机会多些。这些地区的经济及各项事业有待起飞,急需人才,所以那些有志气、有专长、能吃苦的人,如果下决心到这样艰苦的地区开拓事业,定能够大有作为。

有一位法律学校的毕业生,家在一个小县城里。毕业时,很多同学千方百计想留到大城市里,他没有在大城市找到工作只好回到当地县城。开始时他很沮丧,后来才意识到,回到偏僻地方也许是一次难得的机遇。因为当一个好律师,必须有很多实践机会。他发现整个县城没有一个正式律师,他是唯一一个受过正规教育的人,成了宝贝,领导十分器重他,把很多案子交给他来办。由于他潜心学习,肯动脑子,办了好多大案子、棘手案子,很快崭露头角,成了顶梁柱。后来,有一个考取正式律师的名额,自然非他莫属,他刚22岁就成了一名正式律师,并当上了律师事务所所长。而与他同期毕业留在大城市的同学,由于那里人才济济,实习的机会少,几年之后有的还没有单独办过案子,还是见习律师,有的还在当文书,做助手。彼此见面的时候,同学们反而用羡慕的目光看他,说他是幸运、机遇好。其实,应该说这是落后艰苦地区给了他磨炼提高的好机会,使他很快成才。

对青年人来说,择业时想到大机关工作,以为条件好,有发展前途,这是可以理解的。但是,从长远看,那些有真才实学的人恰恰需要到基层、到艰苦的地方去,在那里可以得到很多在大城市难以得到的锻炼机会。有一位医学院毕业生,在他人拼命往大医院挤的时候,他却把目光投向小医院。他到小医院后,很快表现出自己的才华,成了主力。在那里积累了丰富的临床经验,在领导支持下他做了不少有价值的试验,写出了很有见解的论文,在全国学术刊物上发表。很快他就成了很有造诣的名医,在评定高级职称时,被破格晋升,成为最年轻的高职人员。他的出色表现引起上级单位重视,不久他被调到了省城大医院工作,一到单位就担任科主任职务。而他的同学大都还是中职,工作平平,只能给他打下手。

他们的经历从一个侧面说明,在青年时代还是多选择一些有实践机会的艰苦地区去发展,条件差、生活艰苦,好像陷入了人生困境,但是有大量的机会存在,同时年轻人也经历了锻炼,对现实社会生活有了正确认识,也就容易成熟,自然也就会在事业上做出相应的成绩。

人在一生中难免陷入困境,而在遭受某些挫折打击的时候,是会格外消沉的。在那一段时间里,你会觉得自己像个拳击失败的选手,被命运重重的一拳打倒在地上,头晕眼花,觉得自己实在没有力气爬起来了。

但是,只要心中还有希望,还有生活的勇气,还有梦想,我们就会爬起来，走出困境。

困境使我们长知识，考验了我们的意志，增加了我们的胆量。我们会淡忘别人的嘲笑，忘掉那失败的耻辱，会为自己找一条合适的路。

困境并不可怕，可怕的是丧失了锐意进取、执着向前的动力。失败尚且能够转化为成功，困境为什么不能转化为顺境？在陷入困境时，我们可能会放弃努力，不再坚持尝试，而且我们不再努力的理由通常是不充足的。比如说："这是不可能的。"或者说："我无法改变自己。"其实，我们是能够改变的。

只要能够发现机遇，抓住机遇，我们就会走出困境。纵观古今中外，凡是成大事者之所以能够获得命运的青睐，是因为他们能牢牢抓住机遇。

"机遇只偏爱有准备的头脑"这是一句早为人们耳熟能详的名言，其中所包含着的朴素真理曾被无数人无数次证实。

我们发现成大事的人之所以能够获得命运的青睐，能在机遇来临之时牢牢地抓住机遇，就是因为他们较之常人为此进行了更为漫长和充分的准备。他们就像一颗颗种子，在黑暗的泥土中蓄积营养和能量，一旦听到春风的呼唤，就会破土而出，长成挺拔俊秀的栋梁之材。

这就很好地解释了这样一些问题，即：为什么有的人总能得到比别人更多的机遇？为什么面对同样的机遇有人成功了有人却失败了？为什么有些资质原本不好的人却能得到命运的垂青，而某些天资甚佳者却最终庸碌无为？为什么成功者总显得比别人幸运？等等。

这些问题的回答可归结为一句话，那就是：机遇只偏爱那些为了事业的成功做了最充分准备的人。换句话说，只有在"万事兼备"的情况下，东风才显得珍贵和富有价值。

从某种意义上讲，机遇是被人创造出来的，是人的主观能动性和外界环境变化的客观必然性的结合。主观方面条件的增强会影响到客观环境的变化，使机遇更容易产生。同样，当一定的客观机遇已经出现后，那些不断在提高自身素质方面进行努力的人则要较之常人更容易接近和抓住它。

许多成大事者就是创造机遇的高手，他们总是在努力，总是在奋斗，开始时他们是在找寻机遇，一旦当他们自身的实力积累到一定的程度时，机遇便会自动登门拜访。而且，随着他们自身才能的不断提高，知名度的不断增加，其所面临的发展机遇也会有相应的质和量的提高。可以说，没有主观努力，就不会有这么多的良好机遇。从这个角度上说，机遇是那些有准备的人创造出来的，是对努力的一种肯定和回报。

如果机遇可被每个人轻而易举地得到，那么机遇便显得没有多少价值了。事实上，机遇往往是一种稀缺的、条件苛刻的社会资源，要得到它，必须付出相当大的代价和成本，必须具备相应的足以胜任的资格，而这一切都离不开长期艰苦的准备。这就是机遇为什么更偏爱有准备的人的原因。

但有时命运是常爱捉弄人的，由于客观原因的限制，并不是每个人都能从事自己心爱的职业。当面临这种情况时，有人将之视为不幸，而有人却将之视为机遇，他们能重新调整自己的人生目标，不怨天尤人，也不消沉沮丧，而是以"既来之，则安之"的心态，干一行，爱一行，把精力投入到所从事的新领域，从而开创出一番崭新的事业。我们发现，"把不幸也当作是一种机遇"这种积极的人生态度是成功者的一大秘诀。

一帆风顺固然值得羡慕，但天赐的幸运可遇不可求。唯一稳当可靠的是自己的智慧和奋斗。无论你走了多少弯路，陷入怎样艰难的困境，可只要不忘记自己的方向，你就有实现自己目标的那一天。

善始善终方成事

【原文】民之从事,常于几成而败之。慎终如始,则无败事。(《老子·第六十四章》)

【大意】人们做事情,总是在快要成功时失败,所以当事情快要完成的时候,也要像开始时那样慎重,就没有不成功的。

老子依据他对人生的体验,指出许多人做事不能持之以恒,总是在快要成功的时候失败了。老子认为出现这种情况的主要原因在于将成之时,人们不够谨慎,开始懈怠,没有保持事情初始时的热情,缺乏韧性。要是能够做到在最后关头像开始的时候那样谨慎小心,就不会失败了。

现代成功学研究证实了老子这一名言。世界上多数成功者,其智力与我们并没有多大区别,他们成功的秘诀就是具有超越凡人的非智力因素:强烈的事业心,吃苦耐劳的干劲,尤其是持之以恒的毅力和善始善终的精神。

追求的目标越远大,所要付出的劳动就越多,所要花费的时间也越长,而且,有些工作越到后来难度越大。开始完成的多是些外围或简单的工作,到接近尾声时剩下的都是些硬骨头,这时就更需要耐力和毅力。

善始善终是成功者的必备素质,它可以让人以极大的耐心去处理平常的各种事情;以坚定的决心去对待挡在自己面前的困难,以坚定的信心去迎接外界的挑战,攀登人生一个又一个的高峰。许多目标明确、善始善终的人,绝大多数都是取得卓越成就的人。

工作中能够时刻做到善始善终,避免有始无终绝非易事。当做一件事开始觉得进展顺利时,就会给人一种轻松的感觉,心中就会下意识地认为事情很容易就完成，这往往会促使你转手处理其他事情，还会庆幸自己办事效率很高。但是，当一段时间过后，回头一看，就会发现问题根本没有解决，还摆在那里，甚至会有各种新旧的问题交替，使问题更加复杂，解决起来更加棘手。这样"始"和"终"隐蔽起来，分不清彼此你我，而这种情况的发生，当事人常常是当局者迷，这也正是一个很不容易让人克服的问题。如果一个人的工作长期处于有始无终的状态当中，那他一开始的积极进取的心态一定会受到破坏，自我价值也不会得到实现，当然也就更不会成功了。更重要的是，如果让其一味"蔓延"，会让许多事情进展缓慢，影响人生长远目标的实现。

为了做到善始善终，避免有始无终的破坏性影响，就需要人常常跳到局外，做自己的旁观者，需要随时警醒，切实从自身工作状况出发，潜心投入。而浅尝辄止，停留在表面，便永远尝不到成功的甘甜。从做事开始，再从做事结束，时刻反省自我，牢牢锁定目标，就可以做到善始善终。工作是如此，其他方面也是这样。

许多起初可以两肋插刀的朋友，最后却反目成仇；许多起初爱得死去活来的情人，最后却形同陌路；有的人年轻时是时代弄潮儿，到老来却成了历史的绊脚石……诸如此类善始不能善终之事举不胜举。看来，好的开头容易，好的结局却难，所以英国人说："谁笑到最后谁笑得最好。"

中国从古至今没有笑到最后的名人很多，现代文学史上的周作人，他是"五四"时期的风云人物，是中国新文学在理论和创作上的开路先锋之一。早年与兄长鲁迅一起，讨伐独裁，向往民主，中年以后却锐气消沉，最后由颓废走向堕落——在抗日战争中当了汉奸。大节一亏，前功尽弃，人既已被社会所不齿，文自然也不会被人珍视。周作人可谓是学贯中西，渊博儒雅，最后的结局叫人痛心。

"开元之治"的盛唐气象是在唐玄宗在位初期出现的。他在位的前二十年，励精图治，政治清明，国力强盛，经济繁荣，文化发达，中国最伟大的诗人李白、杜甫都是他那个时代的人。可悲的是到了晚年，他骄奢淫逸，贬斥了张九龄等忠直之臣，纵容李林甫、杨国忠这样平庸恶毒的小人在朝中飞扬跋扈，最终酿成了安史之乱，他自己失掉了"贵妃"，唐王朝也从此一蹶不振。

　　唐代立国之初，一代名臣魏征就告诫唐太宗说："古今的君主，开始做得好的倒是很多，能始终如一的人数不出几个。"唐太宗也许算得上始终如一的皇帝，早年十分节俭，晚年也不敢奢侈；前期能虚心纳下，后期仍不刚愎自用。可惜，中国古代像唐太宗这样的皇帝太少了。

　　就常情而言，青年时属于创业阶段，一般人都能谨慎谦虚，进入老年以后有的理想变成了现实，就容易毫无顾忌地放纵自己；即使那些壮志成空的失败者也觉得再用不着谨慎了，破罐子破摔。常言说"老丑，老丑"，老了不仅皮肤上出现了条条皱纹，在精神上也容易露出种种丑态。我们应始终如一，像鲁迅先生一样，老时也不断地清洗身上的暮气，不断地解剖自己，他的晚年恰如衡山的夕阳，红霞满天，光彩耀目。

学会选择，懂得放弃

【原文】 为者败之，执者失之。(《老子·第六十四章》)

【大意】 凭主观意愿办事必定会失败，要把事物据为己有必定会失去。

老子认为，对有些事执着是没有必要的，必须学会选择，懂得放弃。

一位登山队员，一次他有幸参加了攀登珠穆朗玛峰的活动，到了7800米的高度，由于体力支持不住，他停了下来。当他讲起这段经历时，人们很替他惋惜：为什么不再坚持一下呢？为什么不再咬紧一下牙关，爬到顶峰呢？

"不，我最清楚，7800米的海拔是我登山生涯的最高点，我一点也不为此感到遗憾。"他说。

他是明智的，充分了解自己的能力，没有勉强自己，保存了体力，没有受伤而能够平安归来。这是生活中一种美好的境界。

其实，生活并不需要这么些无谓的执着，没有什么真的不能割舍，学会放弃，生活会更容易。

成功者的秘诀是随时检视自己的选择是否有偏差，合理地调整目标，放弃无谓的固执，轻松地走向成功。他们知道什么应该坚持，什么可以放弃或必须放弃。坚持是一种良好的品性，但在有些事上，过度的坚持，会导致更大的损失。在人生的每个关键时刻，审慎地运用智慧，做最正确的判断，选择正确方向，同时别忘了及时检视选择的角度，适时调整，放掉无谓的固执。

人是有思想感情的，有欲望的，总是向往着完美的境界。然而，缺憾也是不可避免的，就像月亮不可能夜夜圆满，花朵不可能四季香艳。

人生的苦乐有多种，失去了自以为宝贵的，对每个人来说，难免是痛苦的，但一个人如能坦然面对失去的，并能主动放弃那些可有可无、并不触及生活要义的东西，那他的一生必将赢得更多的轻松和愉快。

　　要想有永远的掌声，就得放弃眼前的虚荣。放弃，并不意味着失去，因为只有放弃才会有另一种获得。

　　选择放弃，不是萎靡退缩，消极避让，不是扔掉一切，得过且过，而是善于审时度势，从自己的实际出发进行明智的选择。而人生的有些部分，对我们来说是万万不能放弃的，像热爱生活，珍惜时光，保持乐观向上的心情，追求身心健康等，则是永远也不能放弃的。

　　与其苦苦地追求那遥不可及的梦想，倒不如学会放弃。坚持的精神固然可嘉，放弃那些注定不属于自己的东西，放弃那份带来痛苦的执着，放弃那段伤害自己伤害他人的爱情……你会有个新的开始，去寻找更美好、更适合自己的目标，去寻找能更快达到成功彼岸的航线。

　　人的一生，总是怀着无边的欲望，企图更多地占有，并将这种占有美化，寻找出种种借口，比如有追求，上进心强等。我们以为自己拥有的越多，就会离幸福越近。许多人不管自己的驾驭能力有多大，得陇望蜀，这山望着那山高。即使占有的东西原本没什么大用，也不愿舍弃；即使心灵已经很累，也不怕再增加沉重的负担。我们全部的错误，在于愚蠢的坚持。

　　从出生到长大，我们耳边总是塞满别人的嘱托和规劝：刻苦学习，力求上进，为拥有令人羡慕的事业而奋斗，为拥有幸福美满的人生而拼搏。上学要上清华、北大，出国要读哈佛或麻省理工学院；从商则要做不了比尔·盖茨，也要做李嘉诚。不管这些目标是否切合实际，是否能够企及，几乎所有的人总是在谆谆告诫我们，拥有知识，拥有财富，拥有权势，拥有……问题是，这些要求往往让我们无所适从。究竟哪些蛋糕更适合我们的胃口，哪些美丽的花朵更适合我们去欣赏或采摘，没有人告诉我们正确的道路，更没有人能替我们做出决定。什么选择是正确的、切实可行的，只会指手画脚的人们，不了解你以及你的处境，因而他们谁也给不了你正确的建议。所以，我们仅仅学会拥有是不够的，也是不现实的，还必须学会放弃。只有学会放弃，才可能更好地拥有。

放弃其实就是一种选择。走在人生的十字路口，你必须学会放弃不适合自己的道路；面对失败，你必须学会放弃懦弱；面对成功，你必须学会放弃骄傲；面对弱者，你必须学会放弃冷漠……我们只有在困境中放弃沉重的负担，才会拥有必胜的信念。放弃我们必须放弃的、应该放弃的，我们才可能更多地拥有。因为只有虚怀若谷，才可能吞云吐雾；只有浩瀚如海，才可能不择江河。在这个意义上说，学会放弃，甚至比一味追求拥有更重要。

放弃绝不能成为我们困境中选择逃避的借口，绝不能成为事业上免除责任的托词。在放弃中，我们依然要将风雨担在肩头，不让正义从身边溜走。放弃心中的块垒，绝不是放弃我们争胜的气魄；放弃身上的冗物，绝不是放弃我们战斗的利刃。

记得有一位大学教授曾向圣地亚神父问道，神父先是以礼相待，却不说道。神父将茶水注入这位客人的茶杯，水溢了，神父还在不断地注入。直到这位教授忍不住提醒时，神父才停住。神父说：你不先把自己的杯子倒空，让我如何对你说道。大学教授恍然大悟。圣地亚神父不正是在告诉我们，学会放弃才可能重新拥有吗？事业中是这样，生活中也是这样。有时候，放弃不仅仅需要勇气，更需要一种智慧。时代不同了，放弃的方法，放弃的内容不尽相同。面对新的实际，需要我们在事业和生活中好好学习，好好把握。放弃绝不是一种简单的减法，放弃甚至就不曾是减法。放弃自己旧的思维模式，就可能赢得新的胜利，创造新的历史。

一辆汽车，所能承载的重量也是有限的。一点也不放弃的结果，只能是被不堪承受之重压垮，不但什么都没得到，还连累自身。放弃那些力所不及的不切实际的幻想，放弃盲目扩张的欲望，放弃那些我们不想拥有的和那些对自己毫无意义的、甚至有害的东西，放弃一切该放弃的东西，瞄准自己的大目标，全力以赴，努力拼搏，才会成就一番大事业。

富贵不骄，功成身退

【原文】富贵而骄，自遗其咎。功遂身退，天之道也。(《老子·第九章》)

【大意】富贵之人如果骄横，那是自己留下了祸根。一件事情做得圆满了就要含藏收敛，这是符合自然规律的。

做事要留有余地，不要把事情做得太过，不要被胜利冲昏头脑。老子认为，不论做什么事都不可过度，而应该适可即止。锋芒毕露、富贵而骄、居功贪位，都是过度的表现，难免招致灾祸。一般人遇到名利当头的时候，没有不心醉神往的，没有不趋之若鹜的。老子在这里说出了知进而不知退、善争而不善让的祸害，希望人们把握好度，适可而止。

老子说："持而盈之，不如其已。""盈"即是满溢、过度的意思。这句话可从两个层次来理解：第一，人若真能对天道自然的法则有所认识，能够将生命原有的真实性善加利用，就能优游余裕而知足常乐了。如果忘记了原有生命的美善，反而利用原有生命的充裕，扩展欲望，希求永无止境的满足，那么，必定会招来无限的痛苦。还不如寡欲、知足，就此安于现实。第二，告诫在现实人生中的人们，若能保持已有的成就，便是最大的幸福。如果有非分的欲望和希求，不安于现实，要在原已持有的成就上，还要追求进一步的盈裕，最后终归得不偿失。总之，这种观念的重点，在于一个"持"字的诀窍。能不能持盈而保泰，那就要看当事人的智慧了。自满自骄都是"盈"的表现。持"盈"的结果，将不免于倾覆的祸患。老子谆谆告诫人们不可"盈"，一个人在成就了功名之后，就应当身退不盈，才是长保之道；所以必须适可而止，功成则身退，才是明智之举。因为贪慕权位利禄的人，往往是恃才傲物的人，总是锋芒毕露，耀人眼目，这些是应该引以为戒的。否则富贵而骄，便会招来祸患。

就普通人而言，建立功名是相当困难的，但功成名就之后正确去对待它，那就更不容易了。老子劝人功成而不居功，急流勇退，可以保全自己。然而有些人则贪心不足，居功自傲，忘乎所以，结果身败名裂。

比如秦国丞相李斯即是如此。李斯在秦国为官，已经做到丞相之位，可谓富贵集于一身，曾经叱咤风云，不可一世，然而最终却做了阶下囚。临刑时，他对儿子说："吾欲与若复牵黄犬，出上蔡东门，逐狡兔，岂可得乎？"不仅丞相做不成了，连做一个布衣百姓与儿子外出狩猎的机会也没有了，这是多么典型的一个事例！可惜李斯在没有身败名裂之时，没有领会老子"功成身退"的真谛。

作为普通人要做到淡泊名利与地位，才有可能"功成身退"。事物的发展本来就是向着自己的反面转化的，否泰相参、祸福相依，古今中外的历史上长盛不衰能有几人？"功成名就"固然是好事，但其中却也隐藏着祸事。

老子已经悟出辩证法的道理，正确指出了进退、荣辱、正反等互相转化的关系。因而他奉劝人们趁早罢手，见好即收。人做任何事情都要有个度，所谓"官大担险，树大招风""否极泰来""物极必反"，都说明了这个道理。一个人到了一定的爵禄官位就应该急流勇退，否则会给自己带来灾祸。

禹作敏作为当年中国第一村大邱庄的村长，通过艰辛的奋斗，使大邱庄从最贫穷的村变成了拥有4个集团公司、几十亿资产的富裕村，禹作敏作为村支部书记、创业的带头人，享受一定的待遇兼任相应的职务是理所当然的。但他太不知收敛了，常常专在他人面前炫耀，甚至外国的访问团到庄外都要改换大邱庄的车队进庄。

作为农民出身的禹作敏本来不习惯系皮带，但他为了在社会上显示自己的身份，系的是真鳄鱼皮带，吸香烟时要由服务员点燃，送到他的嘴里。

禹作敏为了显示其社会地位，前庭摆着豪华宴席不吃，而自己躲在后庭吃大葱蘸酱，不是他舍不得，是他吃不惯那些山珍海味。不但在生活上他显示张扬，在外也与人叫劲，最后大邱庄内出了命案，禹作敏终于落得个被判处 20 年有期徒刑的下场，从不可一世的显赫位置上一下子跌了下来。

做任何事情都不能做得太绝，否则会使自己走向衰落；言语行为不可以论调太高，否则会受人中伤而毁坏名誉。这些道理很多人也都明白，但真正能做到的人却不多，官做大了虽然有危险，可还想做下去，钱赚多了有麻烦，可还想赚更多；声誉已经够高了，可还想赢得更大的荣誉。对于这些人来说，一定要常常提醒自己：多做善事，少谋私利。宋代著名文学家欧阳修有这样的词："定册功成身退勇，辞荣宠，归来白首笙歌拥。"这正体现了"功成身退"的精神。

真正知道急流勇退保安生的要数范蠡了。范蠡在助越王勾践灭吴之后，认为"大名之下，难以久居，且勾践为人可与同患，难与处安"，就放弃了上将军的大名和"分国而有之"的大利，隐退于齐，改名换姓，耕于海畔，父子共力，后居然"致产数十万"，受齐人之尊，拜为卿相。后以为"久受尊名，不祥"，就呈缴相印，尽散其财，在陶地隐居，从事耕畜，经营商贸，又积资数万，安享天年。另一个共扶勾践成就帝业的文种因为贪恋富贵功名而不听范蠡的劝告，结果死在勾践的手里。

一个人如果已经把握有锋锐的利器，但却仍然不满于现状，反要在锋刃上更加一重锐利，俗谚所谓"矢上加尖"，那么原有的锋刃就很难保了。这是形容一个人对聪明、权势、财富等，都要知时知量，自保自持。如果已有聪慧而不知谦虚涵容，已有权势而不知隐遁退让就会招来祸患。其实富贵容易骄横，得意容易忘形，这是人类的通病。

路易十六在凡尔赛宫的宫廷生活，耗费国家金钱之多，令人叹为观止。每当有外国君主或重臣来访，路易十六都一定要在凡尔赛宫开设盛宴，一次宴会下来，动辄就是上千万法郎，笙歌达旦，作长夜之欢，戏子、歌女、舞伎，日夜不停地出入宫门。凡尔赛宫一年所喝的葡萄酒，就值 70 万法郎之多。至于王宫中所用的宫人，那更是多到令人难以置信。国王的秘书官将近千人之多，王后的侍女也有五百人之多，总计凡尔赛宫的宫女和侍臣是 16 000 人，这里面还不包括一般贵族与朝臣。皇宫里的御用马匹有8 900匹，御用车辆几百辆，所以每当路易十六出外巡幸，其行列之壮大有如祭典，无数车马排成一条长蛇阵，大臣们佩紫带黄，宫女们美服艳装，那种穷奢极欲的威风气派，真是有如天人一般。每年王室所花用的金钱竟相当国库总收入的五分之一。除此之外，还有将近一万的禁卫军，每年也要花费三百万法郎以上。王后更是豪阔无度，她光是各种手镯，就能值到七八百万法郎，其他的首饰那就更不用说了。可惜路易十六不能"持盈保泰"，反而促成大革命的提早来临，徒使自己与王后都上了断头台。

宋朝名将狄青任枢密使的时候，自恃有功，十分骄横傲慢，得罪了一些人。当时文彦博执掌国事，建议皇上调狄青出京做两镇节度使，狄青不服，向皇上陈述自己的想法说："我没功，怎么能接受节度使的任命？我没有犯罪，为什么要把我调离京城呢？"皇上宋仁宗觉得他说得有些道理，还称赞狄青是个忠臣。文彦博对仁宗说："太祖不也是周世宗的忠臣吗？太祖得了军心，就有了陈桥兵变。"仁宗听了这番话，嘴上什么也没说，但同意了文彦博的意见。狄青对此毫无所知，就又到中书省去为自己辩解，仗着自己的军功还是不想去当节度使。文彦博则对他说："让你出去当节度使没别的原因，是朝廷怀疑你了。"狄青一听此话后退数步，惊恐不安，只好出京。朝廷每月两次派使者去慰问他，只要一听说朝廷派人来了，狄青就恐惧不已，不到半年，就发病身亡了。

狄青自恃有功，于是骄傲起来，不懂得功成身退的道理，结果是自损其身。人要忍骄，不自以为是，要克骄防矜，谦恭待人，才能获得他人的支持和拥护。

而现今社会，富贵而骄横者却大有人在，理应以此为戒。老子说，"贵以贱为本，高以下为基"。富贵者应该认识到"贱""下"是自己的根基。有道的人无须光华如玉，还是质朴更好一些。做事不可太过，要留有余地，给别人留余地，就是给自己留退路。不给别人机会，等于自绝前途。

第五章　动静由心的人际交往

人是社会中的人，社会性是人的根本性质之一，所以谁都离不开人际交往。在人际交往中把握分寸，能进能退，能动能静，这才是智者所为。

不要自我封闭,敞开心扉应对一切

【原文】天网恢恢,疏而不失。(《老子·第七十三章》)

【大意】道仿佛广大无边的罗网,网眼虽然稀疏却不会漏失任何东西。

人活在世上不是生活在一个人的世界里,人与人要交际,这就有了人际交往、人际关系。人一生要和多少人发生关系,有家庭的人际关系,有亲戚邻里的人际关系,有师生关系、同学关系,工作后又有单位里的人际关系,还有其他社会上的各种人际关系等。每个人一生下来就形成一张人际交往之网,而且随着人的成长不断地在编织这张网,所以每个人都处在一张巨大的人际关系网上。

这真用得着老子的名言:"天网恢恢,疏而不失。"今天的人听到这句话,先想到的可能是"法网恢恢,疏而不漏"。其实"法网恢恢,疏而不漏"不过是老子这句话的演绎,法网是天网中的一部分,老子本来说的"天网"是指一个无边无垠无所不包的"道"之网,就是"道"的纲纪。人际交往之"道"当然也是"天道"的一个组成部分,因此说人际关系的"天网恢恢,疏而不失"同样是生动的智慧演绎。人际关系这张"天网"同样是无穷的玄妙。它够广大够宽阔的了,它无处不在,无远不及,好像网眼很稀疏,但任何人不会逃脱这个网,不会漏出这个网。

不过,你要处理好这张关系网还真不容易,有的人不会处理人际交往,搞得一团糟,那就苦不堪言。比如在家里夫妻不合、婆媳不合、父母与子女关系不和,与邻里关系也很僵。上班和领导关系紧张,与同事关系也紧张;下了班想和朋友聊聊,朋友关系又紧绷绷的。那么你能怪谁啊!当然除了自身的一方,还有交往的另一方也可以琢磨琢磨,不过细细地想来可能主要的还是自己一方的问题。

因为每个人都是生活在群体之中的，这就要求你必须懂得与他人沟通交流，否则就很可能让你的人际关系越来越僵硬、越来越糟糕。人长久地处在一种恶劣的人际关系中，很容易产生心理疾病，自我封闭，甚至发疯发狂。

要拥有良好的人际关系，关键是不自我封闭。自我封闭是一种常见的、消极的心理，表现为不愿与人交流，不敢踏入新的交际圈子，长期积累下去到一定程度，还会发展成为一种严重的心理疾病。之所以会形成自我封闭，原因大体上有以下几个方面。

1. 过分自尊

世界著名心理学家马斯洛的自我实现心理学提出了人的自尊需要，马斯洛认为每个人都希望自己得到公众的尊重和喜欢，但是这种自尊的需要仅仅是自己本人的一种希冀，能否在事实上得到，则取决于公众对自己言语、举止、行动的评价和肯定。如果说将自尊的需要作为一种行动去指导自己的行为，这本没有理论上的错误。问题是这种自尊心理不能过分。一个人在人际交往中过分自尊心理占据指导和支配地位，就会担心自己的行为是否不当，怕人们会怎么看待自己，甚至有时会因为过分自尊心理之故，而不愿与比自己强的人交往，担心相比之下，会相形见绌。如此就会把自己封闭起来，不愿与外界往来，成为孤家寡人，慢慢地就难以适应现代社会了。

2. 自卑情绪

自卑是人们对自己虚设的一种自我否定，也就是说"自己瞧不起自己"，缺乏自信。这种心理一般表现为害怕失败，或者说不能正确对待失败。日本有学者研究认为，有自卑感的人，一般属于下列几种类型之一，或是合乎其中两种以上：

（1）为了追求超过限度的愿望而心焦气躁；

（2）企盼做出超出能力的事，由于成功无望，因而经常消极地嘲笑自己；

（3）曾经在竞争上输给别人，失败的痛苦一直难以忘怀；

（4）被别人的成功所压倒，叹息"鸿运"没有降临到自己头上；

（5）没有测量自己的尺度，总是以别人的尺度测量自己；

（6）不敢面对缺乏能力的自己，逢人便说："我的工作条件不好怎能成功？"借此逃避自己的责任；

（7）经常担心被别人看穿了自己的烦恼，因此与人接触总是戒意在先。

3. 愚昧无知所致

一位西方心理学家指出："缺乏知识是产生惧怕的源泉，知识是医治惧怕的良药。"例如他人正在热火朝天地谈论一个话题，一个根本不知晓此类问题的人在这种社交场合下，他若是不介入谈论，别人就不知道他对这个话题一无所知；若是介入谈论，便会由于无知而"出丑"，所以这种情况下，他便会封闭自我，不参与社交，孤立于一隅。

4. 冷漠无情

一个人对别人，对社会付出的爱心和关心越少，他离这个时代就越远，离他的朋友就越远。他会渐渐觉得社会和自己有很大差距，朋友和自己关系也非常疏远。于是他只能封闭自己，就像僵尸裹上绷带，守财奴葛朗台没有一个真正的朋友不是恰巧证明了这一点吗？我们每个人都有被别人尊重和关心的需要，这是我们心理的最基本需求之一。无论你取得什么样的成功，或大或小，如果没有人来与你分享，对你关心，那你所取得的成绩毫无意义，终将郁郁而终。跟随冷漠而来的，必将是内心深处的孤寂、凄凉和空虚。很多冷漠的人，最后选择了自我摧残和自我埋葬。

股票大王巴菲特就曾经是个冷漠至极的人，他对金钱过于追求，是个对金钱和经济比较敏感的人，后来取得了巨大的商业成功，可是到头来他感到寂寞和空虚，因为他之前对社会和朋友、家人缺少关爱，以至于没有几个人愿意关心他的成就，别人只是关心与他之间的赤裸裸的商业利益。他感到孤寂，他感到无聊，他的头发都掉光了，全身浮肿！巴菲特在晚年终于意识到自己的冷漠带给自己无尽的痛苦，最终他决定把99%的财产奉献给社会，来弥补他冷漠的过去。果然，他如愿以偿了，他变得容光焕发，每天享受人与人之间互相关爱的乐趣。

所以我们一定要能克服这种自我封闭的消极心态，勇敢地走入社会，与他人进行交流。克服自我封闭的方法有以下几点：

要有社交成功的愿望。只要你想进入大家的圈子，想成为人际交往中的一员，想受到大家的欢迎，想有许多朋友，你就会努力去学习人际交往，你就会调动一切智慧去掌握人际交往的技能，最终学会人际交往。

要敢于表现自己的长处。每个人都有自己的长处，只要你相信自己有能力去和别人交往，你就会发展并不断地显示自己的长处，你就会吸引别人的注意，还会找到志同道合者。不要怕自己不行，要相信自己会比别人做得更好，只要有自信，你就会使自己的长处得到充分的发挥。

在别人面前承认自己的缺陷与不足，不但不会丢脸，反而会使你赢得别人的尊敬。每个人都有自己的短处，敢于承认自己短处的人是勇敢的人。很多人不敢在别人面前承认自己的缺陷和不足，就害怕别人看不起他，其实"头上的烂疮疤盖是盖不住的"，只有承认它的存在，才有改正的可能。另外，每个人都有不足，你承认自己不足也没有什么可丢人的。相反，你承认自己不足大家会认为你是个诚实的人，值得信赖，反而愿意和你成为朋友。

多与别人交谈，敞开心扉，能容他人，他人也就能容你。话语是打开心灵的钥匙，多与人交谈就会渐渐地敢于说出自己的心里话，就会与人坦诚相待，就会容许别人发表自己的见解，就会达成一致，就会建立友谊，你也就学会了交际。

其实，只要你能够坦诚地对待别人，不掩藏、不惧怕、不羞怯，那么，你就会发现外面的世界很精彩，大部分人都是很容易接触的，这样你就能轻而易举地解开人际交往中的困惑，建立起和谐的人际关系。

保持人际和谐

【原文】 万物负阴而抱阳,冲气以为和。(《老子·第四十二章》)

【大意】 万物都包含着阴阳,阴阳二气互相交冲就生成新的和气。

老子认为,万物都是和谐的,和谐是美好的、积极的,人际关系也要保持和谐。

为什么要和谐?这可以从天文、物理、医学等各个方面来考虑。在自然界里,周而复始不停运转的日月星辰都是球形的,从耗能的角度来看,圆形运动最节约。而人在和谐的情况下耗能最少。如果耗能多,生命就凋亡得快。人随时都在消耗能量,耗能少的人寿命就长,耗能多的人寿命会短。实际上,这是自然界的一个共同规律。现在不和谐的事儿还真是不少:身心不和谐造成的疾病多了,发病率高了,疾病低龄化了,同样的病,过去六七十岁才会得,现在二三十岁就得了;家庭呢,打架的多了,离婚的多了,刑事案件多了,经济纠纷多了。如果总是处在这种不和谐的状态下,从社会角度来讲,运行成本就高,社会为了维护稳定就要消耗很高的成本,经济上会有很多不必要的损耗。

人际关系不和谐的一个很重要的原因,就是互不信任,失去了信心,失去了信仰,于是人际关系就会变得相当的恶劣。还不仅仅是人际关系淡薄了,是失去了起码的诚信,这样就难得和谐。从我们自身来说保持人际和谐要注意几点:

1. 多与别人交往

我们的身边有许多人,总是将自己置身于孤独的境地,他们不愿意与他人交往,不愿意参加一些特别的聚会,他们害怕出席各种各样的庆祝会议，他们只愿意把自己封闭在属于他们自己的小天地里。对于他人的邀请，他们总是以各种各样的理由加以拒绝，他们甚至有意回避与他人相处。

如果你是这样的人，那么我要提醒你，这是一个非常不好的习惯，是一个将自己置身于让他人厌弃的地步的习惯。你要知道，你的不愿意与他人交往，不愿意去凑他人布置的热闹，这于你来说只不过是失去一次与他人同乐的机会，可是对于他人来说，他们会因为你的回避或拒绝而感到无趣，在他们的眼里，你是一个扫兴的人。一个扫兴的人，是不可能为人们所重视的，因而你会逐渐失去在人们心目中应有的位置。大家会渐渐地把你遗忘，会渐渐地把你从他们的印象圈中剔除，让你成为一个真正的孤家寡人，你只能在自己的孤独中承受寂寞。

那么，你为什么不能把自己的心胸放开一点呢？你要知道在许多时候，你是必须与他人交往的，如果你不愿意，那么对你的工作和生活都有害无益。如果你还没有认识到这一点，那么我提议你从现在开始，尝试着接近他人，尽可能地参与到他人的热闹之中去，尽可能地接受所有对你的邀请，尽可能地为自己制造与他人交往的机会，这样，你会发现与同事们交往原来是件多么快活的事情。你还会发现，在你与他人的交往中，不仅会使你自己变得开朗快活，同时你也会获得更多的知识，你肯定会为以往自己的孤立而感到惭愧。那么没关系，继续下去，直到与别人打成一片，让你成为他们中的一员。

2. 不要轻易张扬个性

年轻人可能都认为个性很重要，他们最喜欢谈的就是张扬个性。我们的种种媒体，包括图书、杂志、电视等也都在宣扬个性的重要性。

我们可以看到许多名人都有非常突出的个性，不管他是一个科学家，还是一个艺术家或者军事家。爱因斯坦在日常生活中非常不拘小节，巴顿将军性情极其粗犷，画家凡·高是一个缺少理性、充满了艺术妄想的人。

名人因为有突出的成就，所以他们许多怪异的行为往往被社会广为宣传，有些人甚至产生这样的错觉：怪异的行为正是名人和天才人物的标志，是其成功的秘诀。我们只要分析一下，就会发现这种想法是十分荒谬的。名人确实有突出的个性,但他们的这种个性往往表现在创造性的才华和能力之中。正是他们的成就和才华,他们的特殊个性才得到了社会的肯定。如果是一般的人,一个没有多少本领的人,他们的那些特殊的行为可能只会得到别人的嘲笑和不理解,因为他们的个性没有才华做后盾。

年轻人为什么那么喜欢谈个性,那么喜欢张扬个性呢?我们先探讨一下年轻人所张扬的个性的具体内容是什么。

我们觉得他们张扬的个性相当一部分是一种习气,是一种希望自己能任性而为所欲为的愿望。年轻人有许多情绪,他们希望畅快地发泄自己的情绪。他们不希望把自己的行为束缚在复杂的条条框框中,所以年轻人喜欢张扬个性。

张扬个性肯定要比压抑个性舒服。但是,如果张扬个性仅仅是一种任性,仅仅是一种意气用事,甚至是对自己的缺陷和陋习的一种放纵的话,那么这样的张扬个性对你的前途肯定是没有好处的。

年轻人非常喜欢引用但丁的一句名言:"走自己的路,让别人去说吧!"但作为一个社会中的人,我们真的能那么"洒脱"吗?比如你走在公路上,如果仅仅走自己的路而不注意交通规则的话,警察就会来干涉你,会罚款。如果你走路不注意安全,横冲直撞的话,还有可能出车祸。所以,"走自己的路,让别人去说吧!"这种态度在现实生活中是不大行得通的。

社会是一个由无数个体组成的群体,我们每个人的生存空间并不很大。所以,当你想伸展四肢舒服一下的时候,必须注意不要碰到别人;当我们张扬个性的时候,必须考虑到我们张扬的是什么,必须注意到别人的接受程度。如果你的这种个性是一种非常明显的缺点,你最好的选择还是把它改掉,而不是去张扬它。

我们必须注意:不要使张扬个性成为我们纵容自己缺点的一种漂亮的借口。社会需要我们创造价值。社会首先关注的不是我们具有什么样的个性,而是我们具有什么样的工作品质。如果我们的工作品质是有利于创造价值的,我们就会受到社会的欢迎;否则,我们就会受到社会的冷遇。个性也不例外,只有当你的个性有利于创造价值,是一种生产型的个性,你的个性才能被社会接受。

巴顿将军的性格粗暴，他之所以能被周围的人接受，原因是他是一个优秀的将军，他能打仗，否则他也会因为性格的粗暴而遭到社会的排斥，因为社会需要的是他的军事才能而非他的粗暴。所以我们应该明白：社会需要的是生产型的个性，只有你的个性能融合到创造性的才华和能力之中，你的个性才能够被社会接受，如果你的个性没有表现为一种才能，仅仅表现为一种脾气，它往往只能给你带来不好的结果。

你要想成就一番事业，应该把个性表现在创造的才能中，尽可能与周围的人协调一些，这是一种成熟、明智的选择。

3．心态要好

一切工作的核心应该是和谐，而不是斗争，也不是攀比、嫉妒、竞争、仇恨。别人可能会嫉妒你，不要去理会他，你还是要保持和谐的心态。有人给你穿小鞋或者说你坏话，你可以装作不知道，一笑置之。长此以往，那个嫉妒你、说你坏话的人也会改变的。

不怕人不知

【原文】 知我者希，则我者贵。是以圣人被褐而怀玉。(《老子·第七十章》)

【大意】 理解我的人少，效法我的人更难能可贵。所以圣人都是外面穿着粗麻衣衫而怀内却揣着宝玉。

许多杰出人物都遭遇过不被人理解，甚至被人误解的命运。

贝多芬学拉小提琴时，技术并不高明，他宁可拉他自己作的曲子，也不肯做技巧上的改善，他的老师说他绝不是个当作曲家的料。

歌剧演员卡罗素美妙的歌声享誉全球。但当初他的父母希望他能当工程师，而他的老师则说他那副嗓子是不能唱歌的。发表《进化论》的达尔文当年决定放弃行医时，遭到父亲的斥责："你放着正经事不干，整天只管打猎。"另外，达尔文在自传上透露："小时候，所有的老师和长辈都认为我资质平庸，我与聪明是沾不上边的。"沃特·迪斯尼当年被报社主编以缺乏创意的理由开除，建立迪斯尼乐园前也曾破产好几次。爱因斯坦4岁才会说话，7岁才会认字。老师给他的评语是："反应迟钝，不合群，满脑袋不切实际的幻想。"他曾遭到被迫退学的命运。法国化学家巴斯德在读大学时表现并不突出，他的化学成绩在22人中排第15名。牛顿在小学的成绩一团糟，曾被老师和同学称为"呆子"。罗丹的父亲曾怨叹自己有个白痴儿子，在众人眼中，他曾是个前途无"亮"的学生，艺术学院考了三次还考不进去。他的叔叔曾绝望地说："这个孩子没救了。"《战争与和平》的作者、文坛泰斗托尔斯泰读大学时因成绩太差而被劝退学，老师认为："他既没读书的头脑，又缺乏学习的兴趣。"

一代艺术家凡·高，生前常常是在饥贫交困和不被理解中度过，可却从不怨天尤人。从凡·高那许多的关于贫穷矿工的素描和普通人物的绘画，我们看到一种对苦难的关注。他自愿到比利时南部贫穷矿区当牧师期间对矿工的护爱，对老妓女西恩的热情，都可以看到这种人性里博爱的慈悲。这是源自生命本身的爱，我们从他的画《打开的圣经、蜡烛和小说》可以看到神性。米勒的祖母告诫米勒的话："记住，弗朗索瓦，你首先是个基督徒，然后才是艺术家。"同样也完美地体现在凡·高的人生里。

上帝永远是让天才受苦难的，这已经成为一种象征。身前不被世界理解与原谅、靠弟弟救济过日子的凡·高生命是灰色的，我们从他许多暗色调的作品里可以读到这种悲哀。可就是在这跌宕的人生里，绘画的主线却一直贯穿着。

孔子说："人不知而不愠，不亦君子乎。"

人，要努力去了解别人，尽量让别人了解，实在不被理解，那就顺其自然吧。正所谓清者自清，浊者自浊，身正不怕影子歪！

老子以自身的经历劝慰我们：只要心中有爱，只要个人有才，不要害怕不被人理解。腹有诗书气自华，饱学的儒者，自然是温文儒雅，"山不言自高，水不言自深"。还担心别人不理解、不知道吗？

不要轻许诺言

【原文】夫轻诺必寡信。(《老子·第六十三章》)

【大意】轻易许诺的人必定信用不足。

老子的大智大慧，对于人性有深刻的洞察，所以他一针见血地指出，轻易许诺的人必定信用不足。老子说这话的目的一方面是告诫我们不要上花言巧语的骗子的当，更重要的是让我们守信用，重诺言，不做言而无信的轻诺之徒。

守信是中华民族的优秀文化传统之一，自古以来，中国人都十分注重讲信用，守信义。诺言能否兑现往往是检验一个人是否守信的重要依据。清代顾炎武曾赋诗言志："生来一诺比黄金，哪肯风尘负此心。"表达了自己坚守诺言的处世态度和内在品格。可以说，中国人历来把守信作为为人处世、齐家治国的基本品质，主张言必行，行必果。

东汉时，汝南郡的张劭和山阳郡的范式同在京城洛阳读书，交情很深，学业结束他们分别的时候，张劭站在路口，望着天空的大雁说："今日一别，不知何年才能见面……"说着，流下泪来。范式拉着张劭的手，劝解道："兄弟，不要伤悲。两年后的秋天，我一定去你家拜望老人，同你聚会。"

落叶萧萧，篱菊怒放，转眼就到了两年后的秋天。张劭突然听见天空一声雁叫，牵动了情思，不由自言自语地说："他快来了。"说完赶紧回到屋里，对母亲说："妈妈，刚才我听见天空雁叫，范式快来了，我们准备准备吧！"他妈妈不相信，摇头叹息："傻孩子，山阳郡离这里千余里路，范式怎会来呢？"张劭说："范式为人正直、诚恳、极守信用，不会不来。"

老妈妈只好说:"好好,他会来,我去备点酒。"其实,老人并不相信,只是怕儿子伤心,宽慰宽慰儿子而已。

约定的日期到了,范式果然风尘仆仆地赶来了。旧友重逢,亲热异常。老妈妈激动地站在一旁直抹眼泪,感叹地说:"天下真有这么讲信用的朋友!"范式重信守诺的故事一直为后人传为佳话。

在现实生活中讲信用,守诺言,是立身处世之道,是一种高尚的品质和情操,它既体现了对人的尊敬,也表现了对已的尊重。因此我们反对那种"言过其实"的许诺,也反对使人容易"寡信"的"轻诺";我们更反对"言而无信"的丑行!

在人际交往中,如果真能主动帮助别人办点事,这种精神当然是可贵的。但是,办事要量力而行,说话要注意掌握分寸。因为诺言的能否兑现不仅有自己努力程度的问题,还有客观条件的因素。有些在正常情况下是可以办到的事,后来由于客观条件起了变化,一时办不到,这种情况是有的,这就要求我们在别人面前,不要轻率地许诺。有的事,明知办不到,就应向别人说清楚,要相信别人是通情达理的,是会原谅的,千万不要打肿脸充胖子,在别人面前逞能,轻率许诺。这样不但得不到友谊和信任,反而会失去朋友。所以我们千万不能轻许诺言,等到事情有了十足的把握再说也不迟。

下面看看一位"觉悟者"的自白吧,或许能对你有所启发。

"我是一个喜欢许诺的人,因为在许诺的时候我可以感觉到自己的刚毅、粗犷,尤其是许诺时的那种英雄气概,令我自己都震撼不已。记得刚毕业的时候,自理能力很差,衣服不经常洗,但是放置讲究,在柜子中分脏区和净区,每次的规律都是净区渐消而脏区渐长,最后是无区可分的乱糟糟的一大堆。不过这时还不是洗衣服的时候,还要从这堆中挑选比较干净的衣服来应急,直至精挑细选、再无遗漏,确认将它们的实际价值挖掘到最大,这才开始动手。同事称我为四季洗衣者,指的是一年四季,每季洗一次。因此同事们偶尔就和我展开唇枪舌剑,奚落一番,幸亏我谈吐不俗,才逃过难关。可是心里暗暗许诺:以后绝对脱一件洗一件!起初,确实依诺言而行,可是到如今,诺言早已如轻烟消于浩瀚之空。"

后来他又向妻子承诺戒烟:"我在妻子的面前狠狠地将烟屁摔在地上,然后又狠狠地用脚撵着,豪情冲天地说:'哼!这是我今生今世所抽的最后一根烟!我保证,以后绝不再吸一口烟!'"当时真有天下事都不过尔尔之气势。妻子很高兴,微笑着向我竖起了大拇指。她相信我,因为我从来没有骗过她,更重要的是我从来也没有向她承诺过什么,那也是我第一次在别人面前许诺。镀金的谎言也骗不过时间的法官,我的诺言无异于谎言。许诺时是那么的轻易,那么的豪放,可是随着时间的推移,那诺言就会像久不换水的鱼缸中的金鱼一样,起初是那么生机勃勃摇头晃脑的,而后窒息到死亡,最后变得腐臭。我复吸了,而且变本加厉。妻子用嘲讽的口吻说了一大堆话,似乎将世上所有的贬义词都加在我身上,也不能形容我丑陋之万一。当时我的心里真的很难受,可是能说什么?能解释什么?风平浪静后也就罢了,可是我没有想到的是妻子与我的几位同事,也是我的好友在笑谈中提及此事。他们的嘴都很厉害,即使你只有一点点小之又小的瑕疵,他们也会逐渐让它变成一个大洞,在他们面前永远无法弥补的大洞。其后,再次许下戒烟的诺言,要证实我诺言的分量,不过数次都以失败而告终,伤痛也积蓄在心里。

"诺言具有浮华的外表,可是里面是沉甸甸的东西,我只取了外表,那无异于买椟还珠。于是心中又暗暗许诺:以后绝对不轻易许诺。这个诺言我一直遵守着,默默履行着……诺言的价值绝不在于那句出自口中瞬间便消失在空气中的话,而是体现在真正履行的过程当中,它的神圣也在这样的过程中得以体现、升华。小小的承诺似乎就要付出极大的代价……只有能够驾驭诺言,才有资格许诺。"

能履行自己诺言的人会受到敬重,轻易许诺又不能履行就会受到别人的鄙薄,给自己增加了许多精神负担,何苦呢?

创造互利人生

【原文】以其无私故能成其私。(《老子·第七章》)

【大意】因为他无私，所以能成就他的自身。

老子认为，一个人无私地帮助他人，自己也会获得好处。辅佐周朝建立起不朽功业的姜太公对周文王说："天下不是一个人的天下，而是天下人的天下。同享天下利益的人会得天下，独占天下利益的人则会失去天下。"把他人的忧虑当作自己忧虑的人，人们也忧虑他的忧虑；把他人的快乐当作自己快乐的人，人们也快乐他的快乐；以利帮助人们的人，人们也以利帮助他；以道德对待人的人，人们也以道德回报他。这就是人之常情。

古代哲人说："喜爱人们的人，人们也常常喜爱他。恭敬人们的人，人们也始终恭敬他。"所以说爱人也就是爱己，利人就是利己，助人就是助己，成就他人就是成就自己。反过来，刻薄他人就是刻薄自己，毁谤他人就是毁谤自己，损害他人就是损害自己。这是千古不变的规律。

古代做大事成大功的人，因为他们能成大德，得万民。能得到大众的相助，就能得到天助。所以说："帮助他人就是帮助自己，周济他人就是周济自己。"又说："辅佐帮助人的人，天赐福给助福于他人的人。"这就是想成就天下的大功的人，所以要先求得帮助于人的道理。

得到大众帮助的人成功就大，得到少数人帮助的人成功就小，得不到人们帮助的人，没有不失败而能侥幸成功的。得到家乡帮助的人，可以取得乡地；得到人民帮助的人，可以取得国家；得到天下帮助的人，可以取得天下。要想得到别人的帮助，就必须先帮助别人，吃亏在前享福在后。

所以牺牲自己以服务于家庭，服务于朋友，服务于社会，服务于民族、国家，服务于全天下的人生观养成了，就必然使自己的思想意识表现在行动上，并使这个行动在日常生活中成为习惯、准则，便会出于自然、发于至诚，就像有天赋的本能行为一样。

我为人人，人人才能为我。自己不帮助别人，还想别人都帮助我，这无异于等着天上往下掉馅饼。

宋太祖赵匡胤原是周世宗的大将。有一次，赵匡胤想喝酒，就让掌管茶酒的官员曹彬给自己弄一些。曹彬说："很抱歉，我掌管的是官酒，不能相赠。"曹彬没有答应他的要求，但自己买酒给他喝。后来赵匡胤当上了皇帝，一次对群臣说："周世宗的亲信不欺瞒主子的，只曹彬一人而已。"从此把他当作心腹，委以重任。

曹彬此举，从交际的角度讲，是一种既重视原则又重视灵活性的做法，从与人相处的角度讲，是一种既考虑到自己又考虑到他人的互利做法。

1. 只有自我的人，连当自我的资格都没有

从严格意义上来说，单独的"我"是不存在的，真正的"我"是一个共存体，"我"就是自己和别人。由于人的根本性质之一就是社会性，一个人的成功与幸福无法离开社会，而且个人的人生价值也只有从社会中才能体现出来。如果一个人认为自己是独立于他人和高于一切人的，其思想和行为都围绕自己的利益展开。其结果，只能是证实了一个朴素的道理：只有自我的人，连当自我的权利都没有！正如心理学家艾德勒说："不关心别人的人，遇到的人生困境最严重，伤害别人也最深。人类的一切失败都根源于这类人物。"

2. 利人先学会自利

中国儒家文化的教育观提倡"内圣外王之道"，总想把人培养为"圣贤"。宋代理学家朱熹甚至主张"存天理，灭人欲"。种种过激的言辞和行为不仅造成对正常合理人性的压抑，而且还导致了不少人间的悲剧。

由于每个人都需要索取一定的社会资源才能维持生存和发展，所以从这个意义上说，只有爱自己才能更好地去爱别人，爱自己也是一种基本的

社会责任。

乐于助人、乐于奉献，是一种崇高的情感。但毋庸置疑的是，利人也得有利人的本钱。假如没有这份本钱，就会出现所谓"本想渡众人，反被众生渡"的悲剧。媒体已经多次报道一些心理咨询专家最后自己却自杀的事。

从自私走出的第一步，是从学会自利与利人开始。"自利"并不等同于"自私"。自利是谋求自己的利益，而自私，则是只谋求个人的利益。犹太先哲希勒尔说："如果我们不为自己努力，我们靠谁？如果我们只为自己努力，我们成了什么？"

3. 从"自我突破"到"突破自我"

自我中心的人，只对自身表现单向度重视，这就是"我执"。但生活往往给人一个教训：唯有重视他人的利益，才能得到自己的利益。为了得到自我，必须超越自我。否则生命就不可能丰盈，心灵便不可能广大，人类就会作茧自缚。

4. 学会敬重

实现互利最基本的一点，就是学会敬重他人。"敬重本是智慧的开端。"你可以和你看不起的人交朋友，但却很少能够和看不起你的人交朋友。这样设身处地一想，你就知道一个很质朴的道理：假如失去了对别人的敬重，同时你就失去了朋友。

5. 懂得感恩，懂得回报

不管你取得了多大的成就，都应该培养自己的感恩之心，回报之心。自己所获得的一切、所享受到一切，不是平白无故的，而是许多其他人所创造、所奉献的。他们或直接或间接，构成了今日我的成就，我们多付出一份感谢，就会多得到一份温暖。

6. 学会宽容

宽广的胸怀是做大事业的基础。所谓"宰相肚里能撑船"，就是说做大事业的人，一定得有容人之量。有宽广的胸怀，能够容忍别人使你难受的方面，办起事来，往往就更容易达到目标。汉文化对"容"十分重视。还有一个词"有容乃大"，讲的是有可"容"器量就会大；而"有容乃易"，则是更进一步从达到目标的角度来阐述宽容的意义。

一个人犯错误，往往因为只从自己一个角度思考问题。学会换位思考，即转换到原来对方的位置思考，理解人、宽容人。

7. 掌握分寸

人性不仅复杂，而且辩证。如对他人应该关心，但过分的关心，很可能变为一种压制；对他人应该爱，但过分的爱却很可能让人窒息；能干的自我形象和帮助他人的举动，能征服他人，但是假如过于突出自己，则反倒使人反感，不如弱化自己的形象。

另外，为人服务时，要维护自己的利益与尊严。

维护尊严时，请务必先尊重自己，因为自重者人重之。这种自重，除了在你心中存在之外，还得从外在体现出来。你自己的外在形象常表现得过于"自轻自贱"，就很容易招来别人对你的轻视和侮辱。这点十分重要，但经常被人忽略。我们不妨学习下面这位黑人上校的做法：

第一次世界大战期间，一位美国黑人少校在检阅一队白人士兵时，其中一个白人士兵出于对黑人的蔑视，没有按军规向他敬礼。少校本来走过去了，这时又转过身来，把军帽取下。对士兵说："士兵，你拒绝向我敬礼，我并不介意。但是，这顶帽徽代表着美国的光荣与伟大。你可以看低我，但必须尊敬它。现在，请你向它敬礼！"士兵一听，脸一红，立即向他敬了一个十分庄严的军礼！

8. 学会双赢

在人际关系中，很容易遇到两难的问题。既要满足自己的要求，又要满足别人的要求。这时候，就得有建设性的思维，学会双赢。建设性思维的特点，就是在遇到难题的时候，一方面要时时强调"最大效益"原则，另一方面也要注意策略。

交友须谨慎，多交必滥

【原文】不可得而亲，不可得而疏；不可得而利，不可得而害。(《老子·第五十六章》)

【大意】百姓，不能对他亲近，不能对他疏远，不能给他利益，不能使他受害。

老子认为，交友应谨慎，避免结交乌七八糟的人，把自己折腾得苦不堪言。老子认为真正的朋友，相互尊重，却不相互吹捧；往来不多，也心心相印。也就是说，交友应注重真挚的感情，注重心灵的默契和呼应，志同道合，而不注重表面上的亲近、热闹。俗话说"君子之交淡如水"，说的也是这个意思。

朋友是人生的一部分，也是生活的中心之一。如何交友，如何选择朋友是一件非常谨慎的事。朋友以诚相待，但交友也要讲究，也要谨慎选择。交朋友要有一定的策略，主要注意以下几点：

1. 多交必滥

朋友不在多，而在于质量，多交必滥，这是在中国古代人对交朋友的经验总结。人们常说："朋友遍天下，知心有几人。"的确，知音难觅呀。况且，一个人的精力是有限的，如果不加选择，一味地以多结交朋友为荣，则会整日忙于应酬，把大部分精力都放在与朋友的周旋上，必然影响自己的正常工作、学习和生活。再者，结交的人多了，也必然影响到对朋友的观察和鉴别，如果所结交的人中有品行不端或用心不良者，也很可能给你带来危害。在社会上，确实有这么一种人，以广泛结交朋友为荣，可以说三教九流，无所不交。严格地说，这不是在交朋友，只不过是不负责任的一般交际行为。真正的朋友不在于相互利用，而在于共同的志向和思想，在于互相帮助，使生活增加乐趣，让友谊为生活增加光彩。

2. 不可轻率

我们应把结交朋友看作一项十分严肃的事情。当你在结交朋友时，一定要认真对待，绝对不可轻率。在与对方交往的过程中，要注意观察其思想、兴趣、爱好和品行，掂量一下是否值得结交。当然，这里并不强求朋友是各方面都比自己强的人。因为朋友之间本是互有短长的，在这方面你有优点，在其他方面他有特长，朋友相处，长短互补，这也是交朋友的益处之一。还要注意，看朋友是否值得结交并不是不允许朋友有缺点。人无完人，朋友也是如此。只要你所结交的朋友品行端正，能够真心待人，就可以了。

3. 谨慎择友

我们在择友时，首先一定要明确自己的标准，且结交品行端正、心地善良、乐于助人、勤奋上进的人。这样的朋友就是益友，一生中都会对你有很大帮助。有的人以兴趣相投作为唯一标准，而不论对方的思想品行，只讲朋友义气，只要你对我好，我也对你同样好。你敬我一尺，我敬你一丈。你肯为我赴汤蹈火，我也会为你两肋插刀。至于是否有利于自己，有利于他人和社会，则根本不考虑了。如果朋友中，有讲吃讲喝者，甚至还有为非作歹、流氓地痞之类的人，"近朱者赤，近墨者黑"，最终难免影响到自己。因此，我们一定要慎重选择朋友，切不可滥交，一定要避免和那些道德品行不端的人结交，免得沾染恶习。

一些人因交友不慎走上违法犯罪的道路，从而使自己的前程、事业全部化为乌有。某法制报以《一个企业家的毁灭》为题刊载了这样一个故事：某建筑安装工程有限责任公司经理赵某，在业务往来中结交了许多朋友。一天，一个朋友和他一起吃喝玩乐后把他带到宾馆的一间豪华房间，神秘地递给他一支香烟。赵某毫不介意地抽了起来，不一会儿，赵某感到异样，这时，朋友告诉他，香烟中放了毒品。赵某当时十分气愤，转身就离去，但初次吸毒的体验却使赵某产生了这样的想法：再吸一次。于是，他再次找到那位朋友，又要了一些毒品。从此，赵某一发而不可收，一个月过后，他已经成了一个十足的瘾君子。公司业务没心思过问，妻子也不去关心，他只是不断地动用自己的积蓄，花费巨资用来购买毒品，而向他提供毒品的，正是勾引他第一次吸毒的那位"朋友"。短短两年时间，赵某就花掉了几十万元的积蓄，妻子多次规劝，赵某自己也曾多次痛下决心戒毒，两次进戒毒所，但都无济于事，妻子失望之余弃他而去，赵某悔恨不已。在月末的一天，赵某登到公司正在承建的一座十二层楼房的楼顶，跳了下去，结束了自己的生命。一个颇有前途的企业领导人，因为交友不慎，被骗吸毒，最后竟丧失了自己的生命。

那些没有真感情、不讲道义的假朋友，表面上亲亲热热，勾肩搭背，相互吹捧，夸海口时胸脯拍得震山响，一旦事情有变，或相互之间有了利害冲突，就翻脸不认人，甚至在朋友有难时不仅不帮忙，反而落井下石，将其置之死地。

近代知名学者王国维博闻强记，学识过人，在甲骨文研究上卓有成绩，得到了罗振玉的赏识，结为朋友，后来又成了儿女亲家。王国维家中贫寒，罗振玉经常在经济上接济王国维，但目的却是把王国维当作赚钱和博得声名的机器。罗振玉因有钱，于是大量收进甲骨，由王国维来考释，发表文章的署名都是用罗振玉的名字。最后，由于罗振玉经济上的勒逼，王国维这样不可多得的大师在壮年便投湖自尽。

而同一时期的另一著名人物鲁迅由于交友的审慎，结果却不一样。鲁迅早年师从于资产阶级革命家、著名学者章太炎，后来与教育学家蔡元培结下了深厚的友谊。学者、作家如许寿堂等都是鲁迅事业上互相切磋的好友。此外，鲁迅以师长、也以朋友身份结交了许多左联革命青年，他们对鲁迅的影响也很大。特别是鲁迅结交的共产党人朋友如瞿秋白、冯雪峰等，对鲁迅成长为共产主义战士起了不可忽视的作用。

鲁迅和瞿秋白，他们在文化战线上经常合作，翻译介绍马列主义理论和苏联文学作品。瞿秋白编了《鲁迅杂感选集》，在序言中给鲁迅以很高的评价。在最危险的关头，鲁迅让瞿秋白避难在自己家中。瞿秋白牺牲后，鲁迅怀着悲痛的心情，在病中把朋友的遗文编成《海上述林》出版。鲁迅在前言引用的对联中所说的"知己"，即指包括瞿秋白在内的共产党人，他以有这样的"知己"为人生最大的满足。

鲁迅的一生，在他身边，既有严谨的学者，也有资产阶级革命家；既有文学青年，也有无产阶级的先锋战士。鲁迅的成长，除了主观上的原因，也得益于这些良师益友。郭沫若先生曾指出："王国维之所以戛然止步，甚至遭到牺牲，主要的也就是朋友害了他。而鲁迅之所以始终前进，一直在时代的前头，却是得到了朋友的帮助。"

建立在志同道合基础上的友谊是万古长青的，它能经得起任何考验。与品质高洁的人交朋友，结下的真挚友谊能推动双方事业的前进。交朋友还是有大学问的，尤其是走向社会以后，各种不同的人聚在一起，没有想象得那样单纯。所以一定要"冷眼旁观"，确定人品后方可深交。

第六章　微妙的语言艺术

语言是人的思想的外化。美好的语言使人获得声名,聪明的语言助人事成,糟糕的语言让人遭殃,而无声的语言——沉默,它的力量深不可测。

滴水不漏的说话技巧

【原文】善言,无瑕谪。(《老子·第二十七章》)

【大意】善于说话的,没有差错让人指谪。

老子认为,会说话的人可以把话说得滴水不漏,可见他对语言艺术的肯定。

"你会说话吗?"这样问你,你一定觉得可笑,只要是正常人,说话谁不会?实际上,问题并没有那么简单。谁都会说话,但有许多人不懂得说话技巧,漏洞百出。

我们还是先看几个笑话:一剃头师傅家被盗劫。第二天,剃头师傅到主顾家剃头,愁容满面。主顾问他为何发愁,师傅答道:"昨夜被强盗将我一年积蓄劫去,仔细想来,只当替强盗剃了一年的头。"主人怒而逐之,另换一剃头师傅。这师傅问:"先前有一师傅服侍您,为何另换小人?"主人就把前面发生的事细说了一遍。这师傅听了,点头道:"像这样不会说话的剃头人,真是砸自己的饭碗。"

在寿宴上,客人同说"寿"字酒令。一人说"寿高彭祖",一人说"寿比南山",一人说"受福如受罪"。众客道:"这话不但不吉利,且'受'字也不是'寿'字,该罚酒三杯,另说好的。"这人喝了酒,又说道:"寿夭莫非命。"众人生气地说:"生日寿宴,岂可说此不吉利话。"这人自悔道:"该死了,该死了。"

有一人请客,四位客人有三位先到。这人等得焦急,自言自语道:"咳,该来的还没来。"一客人听了,心中不快道:"这么说,我就是不该来的来了?"告辞走了。主人着急,说:"不该走的又走了。"另一客人也不高兴了:"难道我就是那该走又赖着不走的?"一生气,站起身也走了。主人苦笑着对剩下的一位客人说:"他们误会了,其实我不是说他们……"最后一位客人想:"不说他们就是我了。"主人的话未完,最后一位客人也走了。

由此看来,如果我们说话时不注意,就可能伤人败兴,引起误解,惹怨招尤。我们要注意说话的场合、对象、气氛,不要口不择言,想说就说。像有些人去菜市场,问卖肉的:"师傅,你的肉多少钱一斤?"或饭馆服务员上一盘肥肠,说:"先生,这是你的肠子。"这类生活中的笑话,我们要注意避免。

说话是人生第一难事。像上面所说的情况,还不是太难的。只要注意语言修养,慢慢就会改善我们说话的纰漏和不足之处。

春秋时期的优孟就是一个很会说话的人。话说"春秋五霸"之一的楚庄王在争得中原霸主地位后,逐渐自大起来,而且开始沉溺于声色犬马之中,没有当年争夺霸权时那种锐意进取的精神了。一次,楚庄王得到一匹身躯高大、色泽美丽的骏马,心里高兴得不得了,从此便一心扑在这匹马身上,不仅每日抚弄几次,而且还给它"衣以文绣,庇以华屋,席以露床,啖以枣脯"。不想此马没有福分消受,不久,便得了肥胖症病死了。庄王为之沮丧不已,好像死了贵妃似的。最后,庄王为了表达他对爱马的真情,决定为马发丧,以棺椁埋之,以大夫礼葬之。庄王的决定一发布,立即遭到众臣的反对,许多忠直之士以死相谏,但庄王主意已定,谁也无奈他何。正当群臣摇头叹息之际,突然从殿门外传来号啕大哭之声,庄王惊问是谁,左右告之是侍臣优孟。于是,庄王立即传令优孟进见,并问道:

"爱卿,何故大哭?"

优孟一边擦眼泪,一边如泣如诉地说道:"堂堂一个楚邦大国,有什么事情办不到,有什么东西得不到?大王将自己所爱之马以大夫之礼下葬,不但不过分,而且规格还嫌低了。我请大王应该将爱马以国君之礼葬之,赐以玉雕棺材,上好木料作的棺椁,而且要全国老幼负土掩埋,通知邻国来唁悼。这样让诸侯们也好知道大王你看重马而轻于人,这不是很明智的举动吗?!"

优孟的话音刚落，群臣一片喧哗，以为优孟之说，十分荒唐。庄王一听，却沉默不语，他细细品味优孟话中的真意，寻思良久，终于低着头慢慢地说："我说以大夫之礼葬之，确实太过分，但话已传出，于之奈何？"

优孟一听，马上接口道："我请大王将死马交给厨师，用大鼎烹饪，放上姜枣、椒兰等佐料，马肉让群臣饱餐一顿，马骨头以六畜之常礼下葬。这样，天下人以及后世就不会笑话你了。"

于是，庄王按优孟的主意办理，群臣与优孟一道，吃到了庄王爱马之肉，抹抹嘴巴，扬长而去。

君主有失，为臣讽刺劝止，这是古之常理。

优孟因侍从庄王多年，熟知庄王的性情，知道此时的庄王，忠言直谏、强行硬谏都是行不通的。因此，他在获悉群臣劝谏失败之后，采取一种"正话反说"的策略，先顺着庄王之意说下去，自然地在无不赞同的言辞中露出揶揄讽刺之意。优孟先指出楚国是个实力雄厚的了不起的国度，什么事情都可以办得到，如此强国，大王以大夫礼葬爱马有什么过分？甚至应该以国君之礼葬之。这些话在庄王听来自然适意，甚至感谢优孟对自己爱马心情的深刻理解。但是，后来优孟把自己的论调自然地推向极端，或者说是水落石出，大王以国君之礼厚葬爱马，这着实是"贵马"之举，但在它的反面却是"贱人"。优孟正是运用"正话反说"的方法，从称赞、礼颂楚庄王"贵马"精神的后面烘托出另一相反的又正是劝谏的真意——讽刺楚庄"贱人"的昏庸举动，从而把楚王逼入死胡同，让他不得不回头，改变自己的决定。人们不得不佩服优孟"正话反说"的机智。

日常生活中经常需要提忠告和进行劝慰，这两种情况下如果缺乏语言技巧很容易伤人伤己。下面分别阐述各自需要注意的问题。

良药苦口利于病，忠言逆耳利于行。忠告的话听起来一般都让人难以接受，甚至会引起他人反感或抵抗。商朝末年，纣王昏庸无道，丞相比干多次进谏，纣王非但不听，还下令将比干剖心处死。对领导提出忠告很有可能招致他的怨恨，结果自己被炒，走人了事；对于下属的忠告也往往引起他们的不满。那么，有没有办法能让忠言不逆耳呢？

1. 忠告要体现出"忠"

忠告首先应该是对对方诚心诚意的关怀。当你对某人提出批评时，如果对方发现你并不是为了关心他才批评他，而是出于你个人的某种意图，他马上会站到与你敌对的立场上。

对人提出忠告的时候，应该抱着体谅的心情。他诚然在某些方面做得不对，但是他可能有难言的苦衷。所以在提出忠告的时候，还要体谅他人的难处，不要一味地强求或大加责难。必要的时候要深入他的内心，帮助他彻底地解决"心病"。

2. 从实际出发

忠告要想获得成功，必须了解真实情况，不要捕风捉影。只有了解了事实，你才能清楚地判断是否有必要提出忠告，提出忠告的角度怎么选择，忠告以后会有怎样的效果。如果你是公司的一名职员，对公司的计划背景缺乏了解时就对其提出自己的看法，是不可能获得领导的信赖的。相反，他会认为你思考问题不够周到。不了解朋友的意图，就对他的行为妄加非议，他会认为你对他没有尽一个朋友的责任。

凭借听到的信息忠告别人，容易引起误解。这时补救的办法是与他沟通，听听他怎么说，等了解清楚事实之后再想办法消除误解。

3. 选择措辞

掌握了事实真相和对方的心理，就该拿出勇气来忠告，指出他应该改善的错处。当然要注意你的措辞，否则就容易得罪人。

"你的想法完全错了"，"你就是笨"，"这样太可笑了……"诸如此类的措辞永远都是失败的，很可能伤害对方。以恳切的忠告作为帮助对方进步的手段，能够很快地获得愉快的人际关系。

4. 注意场合

要注意，提出忠告切忌在大庭广众之下。因为提出忠告的时候必然涉及他人的短处，触动他人的伤疤，而每个人都有自尊心，被当众揭短时，很容易下不了台，从而很容易产生抵触情绪。在这种情况下，即使你是善意的，他也会认为你是在故意让他当众出洋相。

5. 把握时机

在当事人感情冲动的时候不适合提出忠告。因为在他冲动的时候，理智起不到半点作用，他也判断不清你的用意。这时提出忠告，不仅不能解决问题，反而火上浇油。

6. 简洁而突出重点

提出忠告的时候，要注意简洁中肯，按照"一时一事"的原则。若是再加上对方过去的缺失，予以责备，当然会引起对方的反感，不理睬你的好心了。所以要掌握重点，不要随便提及其他的事情是很重要的方法。

7. 留有余地

在提出忠告的时候要给对方留有余地，不要把他指责得一无是处，否则很容易引起他的逆反心理，生发出"既然我已经这样了，那就干脆一错到底"，这样反而不如不提忠告。必要的时候可以多列举对方的一些优点，比如，你可以这样说："你平时工作努力，表现积极，唯一的缺点就是想问题的时候稍微草率了一点，如果你思考问题再慎重些，就很有前途了。"用这种口气跟他说话，他会备受鼓舞，很容易地接受你的忠告。

在日常生活中，我们常常得到别人的安慰，反过来，我们也要懂得怎样去安慰他人。要有安慰他人是自己应尽的义务之心。

安慰他人首先要有真切的同情心，因为同情是安慰他人的基础。所谓"同情"，就是要有共同的感情。所以，如果你要安慰别人，就先要了解他的整个思想、心理过程及具体困难，然后再做耐心、细致的思想工作，并适当地提出一些解决困难的具体办法。其次，安慰的目的是为了启发他人自我解脱，所以安慰时应紧紧围绕这个中心，来启发对方"想开一点"。人在遭受打击时，往往会有一种孤独、苦闷、消沉的感觉，想问题也容易钻"牛角尖"，片面地扩大其消极方面，难以体会到事物的积极意义。这时，迫切需要安慰和启发，使其从苦闷中解脱出来，看到积极方面。

说"忠言"要讲技巧，安慰他人，也要讲究艺术、讲究技巧，以免给他人造成不必要的伤害。

1. 选取恰当的时机

安慰人是要讲究一定的时机的，时机恰当，才能收到预期的效果。比如对丧亲者的安慰，就是当你一听到消息，就应该立刻出现在丧亲者的面前。你及时出现在他的面前，就表明了你对他的关心和思念。而这种关心和思念，正好填补了他心灵上的空缺，安抚了他感情上的伤痕。

再如，当得知你的朋友失恋的消息时，你也应该立即赶到朋友面前。见面后，不要马上问他（她）是怎么回事，而是要任凭他（她）宣泄自己的感情。一个人在内心痛苦时，总愿意在亲友面前宣泄自己的情绪，或借酒浇愁，或痛哭流涕，或喃喃自语。待他（她）宣泄完，内心稍平静后，你安慰的话才能发生作用。

2. 从侧面去宽慰别人

安慰的话有时要委婉含蓄，尤其面对丧亲者，最好的方法是不要提及死者，以免又撩起对方的伤痛。从侧面去宽慰别人，有时会达到更好的效果。比如你去安慰一个病人，就不要直接问病人关于他详细的病状和调治的方法，这些他也许多次对人讲过了，如果你还唠叨个不停，就等于骚扰病人了。给他讲点有趣的新闻和他所关注的事情，效果会更好。

3. 在安慰中给予鼓励

有位文科大学生毕业后自己去闯荡，但一年多时间过去了，工作仍无着落，于是整天在家唉声叹气。面对沮丧的儿子，父亲语重心长地安慰他说：

"对你现在的心情，我们做父母的是非常理解的，我们也为你的前途担忧，但我们更相信你的能力。社会是个大课堂，尽管你一进入这个社会就碰了壁，但你并不是个失败者。你从这个大课堂里学到了学校学不到的东西——毅力的培养。我们相信你不会被眼前的困难所吓倒，你一定能找到自己称心如意的工作的。"一席话鼓舞了儿子的斗志，他最终找到了满意的工作。

美言可以获得尊重

【原文】美言可以市尊，美行可以加人。(《老子·第六十二章》)

【大意】美好的言语可取得别人尊重，美好的行为可以被人看重。

我们从人际交往来看，美好的言语，确实可以让人敬重。有的人因为品德高尚而被人看重，所以他说出来的"美言""嘉言"也使人喜爱，也受人敬重。

唐代名臣魏徵是一个敢于向唐太宗李世民进谏的人，他的"美言"不仅博得了当时人的尊重，而且也博得了一代代后人的敬重。

他写了一篇《谏太宗十思疏》向唐太宗李世民提出思知足、思知止、思谦冲等"十思"的建议；还向唐太宗进谏过一篇美文，叫《十渐不克终疏》。贞观十三年，魏徵看到唐太宗奢侈放纵，恐怕他不能坚持清廉到底，就上了奏章。他向唐太宗指出有十个方面"渐不克终"，渐就是渐渐，克就是能够，意思是原来做得不错的，现在时间一长，渐渐不能坚持到底了，所以要提醒一下了。

据说唐太宗看过以后感叹说："人臣事主，顺旨甚易，忤情尤难，公作朕耳目股肱，常论思献纳。朕今闻过能改，庶几克终善事。若违此言，更何颜与公相见，复欲何方以理天下？自得公疏，反复研寻，深觉词强理直，遂列为屏障，朝夕瞻仰。又录付史司，冀千载之下，识君臣之义。乃赐征黄金十斤，厩马二匹。"(《贞观政要》)唐太宗不仅感动了，赏赐了，而且写在屏障上，朝夕可以看到，提醒自己，又录下来存档，成为历史文献，教育后代。确实，"十渐不克终"和"十思"是吻合的，这两者虽然是针对唐太宗来说的，但是细细想来，一直到现在还是有阅读的价值，对于每个人来说，不就是这样吗？

魏徵的"美言"，当时就感动过好多人，得到好多人的尊敬。比如，唐朝的长乐公主将要下嫁，唐太宗特别喜欢这个女儿，因为她是皇后亲生的，于是就下令给有关官吏，她的嫁妆要隆重，是永嘉公主的一倍（永嘉公主是长乐公主的姑姑）。

　　魏徵觉得这种做法不妥当，直言进谏。他用东汉明帝刘庄以光武帝刘秀封赏自己儿子的事来作比较，来封赏自己的儿子。魏徵说："当年汉明帝要封赏自己的皇子，说'我的皇子岂能同先帝的皇子相提并论！'敕令封给自己皇子的封地是先帝光武帝的皇子楚王刘英、淮阳王刘延的一半。如今您给公主的陪嫁，是给她姑姑陪嫁的一倍，恐怕和汉明帝的英明做法不一样吧！"唐太宗将这件事告诉了皇后，皇后忍不住赞叹地说："臣妾多次见陛下称赞、看重魏徵，不知是什么缘故。现在看他援引礼义来抑制皇上的私情，才知道他真是社稷之臣啊！臣妾与陛下结为夫妇，多承陛下的恩礼，但每次提什么建议，还都要察看一下陛下的脸色，不敢轻易冒犯陛下的威严，何况他是处在人臣的疏远的地位，却能如此直言诤谏，陛下不能不听从。"皇后将自己和魏徵进行比较，认识到魏徵美言之所以美，一是说话有道理，二是敢于冒犯皇帝的威严，三是没有私心，全为了社稷之大业。

　　再说唐太宗能有这样的气度，真是很不容易了，不过有时候魏徵当面强谏，弄得唐太宗下不了台，唐太宗也很受不了。有一次唐太宗退朝回宫，生气地说："总有一天我要杀了这个乡下人。"长孙皇后很少见到他发这么大的脾气，问要杀了谁。唐太宗说："还不就是那个魏徵，总是在朝堂上当众羞辱我，叫我实在忍受不了！"皇后听了，也不表态，马上退回内室，穿戴好一套朝见的礼服站在庭堂上，唐太宗吃惊地问："这是干什么？"皇后说："臣妾听说，如果君主贤明，那么臣下就正直。如今魏徵很正直，正是因为陛下贤明的缘故，臣妾怎能不庆贺呢！"长孙皇后的一番美言，把唐太宗的满腔怒火浇灭了，转而高兴起来了。

　　后来魏徵死了，唐太宗很伤心，亲自为他写了墓碑的碑文，还说了一番美言，流传于世："用铜做镜子，可以整理衣帽；用历史做镜子，可以知道兴亡的道理；用人做镜子，可以知道自己的过失。我经常用这三面镜子来检查自己的得失。如今魏徵去世了，我就少了一面镜子啊！"

直不行就绕个弯

【原文】曲则全,枉则直。(《老子·第二十二章》)

【大意】弯曲才能保全,委曲才能伸直。

老子认为,只有拐个弯才能达到目的,并且达到得更快更好。说话艺术也是如此,直着不行不妨就绕个弯,要知"宁向直中取,不向曲中求"可是一个天大的错误。

历史上皇帝的乳母经常出毛病,问题大得很。因为皇帝是她的干儿子,这乳母的无形权势,当然很高,因此"尝于外犯事"。汉武帝有个乳母,在外面做些犯法的事情;汉武帝也知道了,准备把她依法严办。皇帝真发脾气了,就是乳母也无可奈何,于是只好求救于东方朔,让东方朔去说情。

汉武帝至少有两个人他很喜欢,一个是东方朔,经常与他说笑话,把他弄得啼笑皆非。但是汉武帝很喜欢他,是因为他说的做的都很有道理。另一个是汲黯,他人品道德好,经常在汉武帝面前顶撞他,敢于讲直话。

东方朔听了乳母的话后,说道:"乳母,注意啊!这件事情,只凭嘴巴来讲,是没有用的。"因此,他教导乳母说:"你要我真救你,又有希望帮得上忙的话,等皇帝下命令要捉拿你的时候,叫人把你拉下去你被牵走的时候,什么都不要说,皇帝要你滚只好滚了,但你走两步,便回头看看皇帝,走两步,又回头看看皇帝,千万不可求情,否则,你的头将会落地。你什么都不要讲,或者还有万分之一的希望,可以保全你。"

东方朔对乳母这样吩咐好了,不久汉武帝叫来乳母质问:"你在外面做了这许多坏事,太可恶了!"于是叫左右拉下去法办。乳母就照着东方朔的吩咐，走一两步，就回头看看皇帝，鼻涕眼泪直流。东方朔站在旁边说："你这个老太婆神经嘛！皇帝已经长大了，还要靠你喂奶吃吗？你就快滚吧！"东方朔这么一讲，汉武帝听了很难过，心想自己自小在她的手中长大，现在要把她绑去砍头，或者坐牢，心里也着实难过，又听到东方朔这样一骂，便想算了，免了你这一次的罪吧！以后可不能再犯错了。

东方朔运用了"曲则全"的说话艺术，救了汉武帝的乳母，也免了汉武帝后来的内疚心理。

假如东方朔跑去跟汉武帝说："皇帝！她好或不好，总是你的乳母，免了她的罪吧！"那皇帝就更会火大了。也许说：乳母又怎么样，乳母就有三个头吗？而且关你什么事，你为什么替她说情？可能她的犯罪，都是你的坏主意吧！绕个弯就不一样了，这样一来，一方面替皇帝发了脾气，你老太婆神经病，如此一骂，皇帝难过了，也不需要再替她求情，皇帝自己后悔了，东方朔并没有请皇帝放她，是皇帝自己放了她，恩惠还是出在皇帝身上。

三国时代，刘备在四川当皇帝，碰上天旱——夏天长久不下雨，为了求雨，乃下令不准私人家里酿酒。因为酿酒也会浪费米粮和水。命令下达，执行命令的官吏，在执法上就发生了偏差，有的在老百姓家中搜出做酒的器具来，也要处罚。老百姓虽然没有酿酒，而且只搜出以前用过的一些做酒工具，怎么可算是犯法呢？但是执行的坏官吏，一得机会，便花样百出，不但可以邀功求赏，而且可以借故向老百姓敲诈、勒索。报上去说：从某人家中搜到酿酒的工具，必须要加以处罚，轻则罚金，重则坐牢。虽然刘备的命令，并没有说搜到酿酒的工具要处罚，可是天高皇帝远，老百姓有苦无处诉，弄得民怨处处，可能会酿出乱子来。简雍是刘备的妻舅，有一天，简雍与刘备一起出游，顺便视察，两人同坐在一辆车子上，正向前走，简雍一眼看到前面有个男人与一个女人在一起走路，机会来了，他就对刘备说："这两个人，准备奸淫，应该把他俩捉起来，按奸淫罪法办。"刘备说："你怎么知道他们两人欲行奸淫？又没有证据，怎可乱办呢！"简雍说："他们两人身上，都有奸淫的工具啊！"刘备听了哈哈大笑说："我懂了，快把那些有酿酒器具的人放了吧。"这又是"曲则全"的一幕闹剧。

当一个人发怒的时候,所谓"怒不可遏,恶不可长"。尤其是古代帝王专制政体的时代,皇上一发了脾气,要想把他的脾气堵住,那就糟了,他的脾气反而发得更大,不能堵的,只能顺其势——"曲则全"——转个弯,把他化解就好了。

春秋时代的齐景公,也是历史上的一位明主。他拥有历史上很杰出的政治家晏子——晏婴当宰相。当时有一个人得罪了齐景公,齐景公于是大发脾气,抓起来绑在殿下,要把这人一节节的砍掉,非常残酷。同时齐景公还下命令,谁都不可以谏阻这件事,如果有人要谏阻,便要同样被肢解。皇帝所讲的话,就是法律。晏子听了以后,把袖子一卷,装得很凶的样子,拿起刀来,把那人的头发揪住,一边在鞋底下磨刀,做出一付要亲自动手杀掉此人为皇帝泄怒的样子。然后慢慢地仰起头来,向坐在上面发脾气的景公问道:"报告皇上,我看了半天,很难下手,好像历史上记载尧、舜、禹、汤、文王等这些明王圣主,在肢解杀人时,没有说明应该先砍哪一部分才对?请问皇上,对此人应该先从哪里砍起才能做到像尧舜一样地杀得好?"齐景公听了晏子的话,立刻警觉,自己如果要做一个明王圣主,又怎么可以用此残酷的方法杀人呢!所以对晏子说:"好了!放掉他,我错了!"这又是"曲则全"的另一章。

晏子当时为什么不跪下来求情说:"皇上!这个人做的事对国家大计没有关系,只是犯了一点小罪,使您生气,这不是公罪,私罪只打二百下屁股就好了,何必杀他呢!"如果晏子是这样地为他求情,那就糟了,可能火上加油,此人非死不可。他为什么抢先拿刀,要亲自充当刽子手的样子?因为怕景公的左右听到主上要杀人,拿起刀来就砍,这个人就没命了。他身为大臣,抢先一步,把刀拿着,头发揪着,表演了半天,然后回头问皇上,从前那些圣明皇帝要杀人,先从哪一个部位下手?意思就是说,你怎么会是这样的君主,会下这样的命令呢?但他当时不能那么直谏,直话直说,反而使景公下不了台阶,弄得更糟。老子"曲则全"的谏劝艺术就是如此高妙!

沉默是金

【原文】 大音希声。(《老子·第四十一章》)

【大意】 最高的乐声听不到。

老子哲学的最高原则是"道",老子不止一次地说,"道"是寂静无声的,是听不见的,并由此肯定了沉默的价值。

说话多了人就会智穷辞穷,不如守住心中想法不说。有时候什么也不说更有力量,因为沉默时让人觉得充满暗示。

维特根斯坦说:"凡是可以说的,就能明白地说;凡是不可以说的,就必须沉默。"沉默丰富了我们的言说——既丰富了我们言说的内容,又丰富了我们言说的技巧。

《红楼梦》里林黛玉离开贾府回老家扬州吊父,再回贾府时,宝玉与黛玉一见面,彼此无多话,完全是沉默。宝玉与黛玉这次见面为什么会如此沉默?因为别后重逢他们要说的话太多了,所以干脆什么也不说。沉默在此成全了他们的情意,如果任何一方说话都只会打破完美。宝黛二人冰雪聪明,当然是什么也没说。

老子指出:"多言数穷",实际上提出了三个命题:一就是"多言数穷",指话说多了会智穷辞穷;二就是"少言数中",指适当说话可以应付自如;三就是"无言数丰",指不说话会觉得说了很多。

显然老子是侧重于第三点。当他说"多言数穷"的同时,也就是在说"无言数丰"。

老子主张"无为",所以也主张"无言"。"无言"不是什么也不说,而是"我正在说"。之所以"无言"看起来没有话,而是借助身体语言暗示。"没有话"时，人全身都在说话，眼神、嘴唇，甚至拿杯子的动作，走路的姿势全都在作明确的言说。粗心的人一见别人不说话就闷，细心的人会从对方的无言中解读对方的语言、态度、观点与暗示、指示。《西游记》上菩提祖师手持戒尺在孙悟空头上打了三下，孙悟空就明白了是让他三更时分进去传道。现在我们像孙悟空一样玲珑剔透还很难，但至少应该懂得别人不说话是什么意思。

"多言数穷"，就是说话多了会让自己智穷辞穷。我们常常看到一些人喜欢喋喋不休，实际上他自己也知道没有效果，所说的不会实现。所以当有人特别话多时，可以让他说个够，以冷场来对付他。这种人只要你一开口他就来劲，说天说地，不知所云，让人头晕。你看，多言的人多讨厌，我们自己千万不要做这种让人讨厌的人。

有个饶舌者在亚里士多德面前喋喋不休地谈论，然后问亚里士多德是否烦得要死。亚里士多德回答说："不是那么一回事，因为我根本就没听你在说什么。"

而在另外一种情况下，在必须彻底表达自己全部意思的时候，我们就必须多说、说透，诸葛亮"舌战群儒"，应对那么多人的诘难，话不多是不行的，当然，前提是话的精辟。

当我们自己感觉说不出什么有意思的话时，就应该打住，或把语言弄简洁一些，以免漏洞百出，活生生当了别人的话靶子，让人肆意攻击。有人老是在心中愤愤不平："他们为什么老是攻击我？"这总是事出有因，一定是自己在什么场合说过什么足以让人攻击的话。

人不能陶醉于自身，至少要一边说话一边看人，不要自顾自抒情、演说，那样会弄得自己不好收场，何必。老子说"多言数穷"，一个"穷"字道出了话多之人的窘迫。话越多，越窘迫。何必自己逼自己，所以，大部分时候多言是不必要的。多言必多心，多言必多事。

老子指出"多言数穷"，并不是让人不说话，而是要人在不该说时可以不说或少说，这样才能在该说的时候尽兴地说。"少言数中"，就是少说话可以从容应对。

很多人平时沉默寡言，关键时候不说则已，说则语惊四座，起到关键作用。这无疑是值得肯定的行为。东晋画圣顾恺之有句名言："一像之明昧，不若悟对之通神也。"意思是画一幅画无论好坏，都不如说话应对有意思。"悟对通神"，这个词形象地说明了人在说话时可以通过当下领悟获得"通神"般的快感。

古希腊演说家安提丰有个有趣的规矩，他与一般人说话一律收费，可见他的话多么金贵！苏格拉底认为智者的智慧不能用钱衡量，安提丰说："你不向与你交往的人索取报酬，你是正义的。但是，每一件衣服或每一所房子都是值钱的，不能白送。如果你的谈话有价值，那一定会要求别人付以适当的代价。"安提丰作为古希腊最著名、最成功的演说家之一，平时却非常寡言，用别人喋喋不休的时间去思考。这样，他与喋喋不休的人辩论起来就会游刃有余，击中要害，从而获胜。

而"无言数丰"，就是沉默让人丰富。

王阳明在《传习录》中指出很多人实际上是"辞章之富，适以饰其伪也"。也就是说，话多的人多虚伪，话越多越虚伪。一个花花公子骗小女孩的通常手段就是夸夸其谈，能从天上谈到地下，好像无所不知、无所不能。如果把花花公子的话录下来给这个小女孩在十年后听一遍，这位小女孩一定会惊跳起来："他说的全是假的！"大呼上当不已。

《易经》上说："同心之言，其臭如兰。"要想让人觉得话中有清芳，就必须像兰花一样默默开放。兰花默默开放，所以很香。沉默的人默默对视，所以很传神。沉默是金，无言是水。老子说"多言数穷"，同时也在说"无言数丰"。人在不说话时最丰富。

老子还说："知者不言，言者不知。"就是说知道的人不说话，说话的人不知道。人们在说话时往往只知道自己在说话，而不知道说了什么。所以要想知道自己说什么，最好不说话。那就是沉默。

荀子也说过："言而当知也，默而当知也。"即由发言而论及核心，可谓"知"；保持静默同样能达到核心的，也可以称得上"知"。他所要表达的意思是，无论雄辩或沉默均是相同的。有时候无须开口说话，利用表情、眼神、举止、态度等，也能充分地表达意念而接触到核心。

现实社会复杂多变，有时候不开口比开口更有效，所谓知者不尽言，即"沉默是金",利用沉默的效果,往往会产生令人意想不到的效果。正所谓"此时无声胜有声"。在日常生活中,在适当的时候保持沉默,能产生诸多方面的良好效果。

有时,"适时沉默"可使你避免自食其言以及由此引起的不愉快。一个朋友就因为缺乏"适时沉默"而尝到了自食其言的苦果。朋友的朋友邀请吃午饭,主人做了土豆肉冻,朋友很讨厌这种东西,但是出于礼貌他说:"你做的土豆肉冻真好吃!"主人听后自然很高兴,并牢牢记住了这句话。在以后的十五年里,每次到那个朋友家里做客,主人总要用土豆肉冻来招待他。

"适时沉默"还是一种办事的策略。有时,有意的沉默,即使是一小会儿,所取得的效果令人惊讶。朋友回忆起有一次他到一家商店退一件圣诞节前买的礼物。当时商店里的客人很多,朋友要求退货时,一位忙于应付的店员说他买的东西不能退,并离开他到别的顾客那儿去了。于是朋友把礼物放在收款机旁等着。十分钟后,那位店员回来了,朋友冲店员笑了笑,但没有开口。那位店员在收款机前忙了几分钟后,没说一句话就拿起了朋友的礼物到柜台后面去了,回来时退钱给了朋友。朋友有礼貌的沉默使他办成了她想办的事。如果同店员吵闹,结果会适得其反。

总之,"适时沉默"同语言一样具有表达能力,很好地掌握并利用它,就能达到你所希望的结果。

谨防祸从口出

【原文】 知者不言，言者不知。(《老子·第五十六章》)

【大意】 聪明的人不夸夸其谈，夸夸其谈的人不聪明。

老子认为，夸夸其谈的人不是聪明人，因为夸夸其谈不仅显示出自己的浅薄无知，更重要的还会招惹祸端。舌头是人之利器，也是人之祸害。佛教《大方便佛报恩经》云："一切众生，祸从口出，夫口舌者，毁身之斧，灭身之祸……人生世间，祸从口出，当护于口，甚于猛火。猛火炽燃，能烧一世，恶口炽燃，烧无数世。猛火炽燃，烧世间财，恶口炽燃，烧圣七财。"人不论辈分，也不论大小，都是离不开与别人沟通的，而与别人沟通最方便，最直接的手段就是说话。如果在说话之前，未经考虑便口无遮拦，想说什么就说什么，小则误人误事，大则误国误民。一旦事实既成，再欲图补救，只怕也是悔之晚矣！

舌头能帮你也能害你，所以，管不好自己的舌头，就要面临祸从口出的灾难！有些人心里藏不住话，听到什么，看到什么就爱四处传播，这是一个很大的缺点，中国有句俗话"病从口入，祸从口出"，许多是非往往是我们多嘴多舌造成的。当然，人长了嘴巴就是要说话的，但说话一定得看场合，看时机。如果说话不看场合，不讲究方式方法，不分责任，不考虑结果，往往容易惹出是非和麻烦来。特别是青年人，社会阅历少，经验不足，爱说敢说，如果不注意控制，就更容易因话惹祸。这时不管你是有心还是无心，长期下去，最终害了你自己。

在我们的日常生活中，舌头惹出的风波太多了。口不择言者屡见不鲜，自然与"嘴痒"好事不无关系。有很多人似乎只抱定一个看法：反正现在是言论自由，没人因为你说了什么叛逆的话而把你怎么样了，既然活得不快活图个嘴的快活那也是一种快活。于是有些人稍稍受点委屈，便大肆发泄对现实不满情绪，甚至以极其污秽的语言谩骂他人；于是有些人没资深装资深，知得某个腐败分子东窗事发，便大言不惭地发表议论；有些人酒未高便耍酒疯，逢得饭馆稍有不周便小题大做，拉开架势就要关人家的张……这种类型的口无遮拦、撒泼耍赖不要太多，一次两次就足以说明问题：你的生活观是消极的，你的精神是颓废的，你的意志是薄弱的。如果你不管好自己的那张嘴，誓与"快嘴"结下不解之缘，那你将注定永远只能和"不满"二字为伴，令人讨厌！

不负责任的背后瞎说，毫无根据的怀疑猜测，不经调查的轻信乱传，东拉西扯的闲言杂语，都会给许多人造成痛苦和烦恼，给人世间增添许多是非和不幸。当然给别人带来不幸的同时，往往最终自己也受到恶报。

"害人的舌头比魔鬼还厉害……上帝仁慈为怀，特地在舌头外面筑起一排牙齿，两片嘴唇，好让人们在开口讲话之前多加考虑。"这是文学家的语言，意思是说我们在说话之前要多加考虑，要负责任，不能出口伤人，损害别人。其实，言为心声，语言受思想支配，反映一个人的品德。不负责任，胡说八道，造谣中伤，搬弄是非等等，都是不道德的。能管住自己的舌头就是做人最大的成功之一。

杨修是曹操的主簿，他在《三国演义》一书中，是很有名的思维敏捷的官员和有名的敢于冒犯曹操的才子。

刘备亲自打汉中，惊动了许昌，曹操也率领40万大军迎战，曹刘两军在汉水一带对峙。曹操屯兵日久，进退两难。曹操吃饭时适逢厨师端来鸡汤，见碗底有鸡肋，有感于怀，正沉吟间，夏侯惇入帐禀请夜间号令。曹操随口说："鸡肋！鸡肋！"人们便把这作号令传了出去。行军主簿杨修向别人说明"鸡肋"之含义，还让随行军士收拾行装，准备归程。夏侯惇也很信服，营中诸将纷纷打点行李。曹操知道后，怒斥杨修造谣惑众，扰乱军心，便把杨修斩了。

后人有诗叹杨修，其中有两句是："身死因才误，非关欲退兵。"这是很切中杨修之要害的。

曹操曾造成花园一所，曹操去观看时，不置褒贬，只取笔在门上写一"活"字。杨修说："门内添活字，乃阔字也。丞相嫌园门阔耳。"于是翻修。曹操再看后很高兴，但当知是杨修析其义后，心中顿生嫉意。又有一日，塞北送来酥饼一盒。曹操写"一合酥"三字于盒上，放在台上。杨修入内看见，竟取来与众人分食。曹操问他为何这样？杨修答说，你明明写"一人一口酥"吗，我们岂敢违背你的命令？曹操虽然笑了，内心却十分厌恶。曹操怕人暗杀他，常吩咐手下的人说，他好做杀人的梦，凡他睡着时不要靠近他。一日他睡午觉，把被子蹬落地上，有一近侍慌忙拾起给他盖上，曹操一跃而起拔剑杀了近侍，然后又上床睡。不久他起来后，假意问谁人杀了近侍，大家告诉他实情，他痛哭一场，命厚葬之。因此众人都以为曹操是梦中无意杀人。只有杨修知曹操的心，于是便毫无顾忌地向他人一语道破。凡此处种，皆是杨修的聪明犯了曹操的忌；杨修之死，死于他的聪明才智，更重要的是那张无遮拦的嘴。

杨修之死给我们留下了重要的启示。第一，才不可露尽。杨修是绝顶聪明的人，也算爽快，且才华横溢，其才盖主，这就犯了曹操的大忌。有些将帅帝王是不喜欢别人胜过自己的。例如，乾隆皇帝好卖弄才情，好写诗，写过数万首诗。他上朝时经常出些辞、联考问大臣。大臣们都很聪明，明明知道那是很浅的学问或简单的对联，也不说破，故意苦思冥想，并且求皇帝开恩"再思三日"。这意思无非是让乾隆自己说。果然皇帝喜滋滋地说了出来，于是大臣一片礼赞之声，让皇帝喜得不得了。杨修犯的正是这禁忌，你处处出尽风头，那曹操的英明怎么体现呢？这是他必死的原因之一。第二，话不要说破。譬如鸡肋，曹操正苦思于此，不知如何解脱，你捅穿这层薄纸，就是羞辱了他。这是杨修死因之二。

我们在日常工作中，不难发现以下问题：有一些事，人人已想到、认识到了，却无一人当众说出来。这些人并非傻子，而是都学精了。有一句老话叫："枪打出头鸟。"人所共知而不言，话你争着说，必定犯着时忌，或说中别人之痛处，这样你就会倒霉了。

杨修是历史的一面镜子。他的死殊为可惜，可他的死确实使后人清醒。

口不择言还有一个要命的弊端,那就是容易因"快嘴"而得罪人。这种情况如果仅仅发生在私人之间,那还可能用时间去弥补,如果是代表一个国家发表言论时出现语失,那惹的麻烦可就大了。

有一段时间,欧美国家头头脑脑们出头露面公开即兴演说比较多,难免会出现一些"语失"的笑话,但"话失"到"语灾",情况就有所不同了。"语失"只会让人一笑了之罢了,而"语灾"大抵因为关系到敏感性的东西,听者自然就不会轻饶。像小布什那样"语失""语灾"皆具者,因频率之高可居历届美国总统之首,以至听的人都听麻木了,也就没有找他怨尤的必要。但其他首脑或官员要是出现"语灾",就没有小布什那么幸运了。比如一向以伶牙俐齿为荣的美国前国防部长拉姆斯菲尔德在2003年1月24日的公开演讲中,把法德两国说成"旧欧洲",结果不仅惹恼了欧洲众多国家的官员,更激怒了法德的各大媒体。当日,法、德媒体不论属于哪个政党、占据什么立场,都纷纷在头版刊登文章,一致以激烈的措辞谴责、嘲笑拉氏的言论。

如果说政治家出现"语灾"尚可以非语言专家为由而求得人们适当的理解,那么,作为靠法律知识和伶牙俐齿吃饭的律师也出现"语灾",那就让人匪夷所思了。2003年11月,某国警方破获一个未成年少女卖淫集团,操控集团者多为海地移民,该国辩护律师在公开场合说了一句很不恰当的话:"他是黑人,他是海地人,这是他们文化的一部分,就像牙买加人吸大麻一样。在那样的环境里,娼妓是很平常的事。"该律师的话刚刚说出,便有媒体大做文章。海地政府对于这话也感到万分不满,并向当地法院提出要C国为10万海地居民每人赔偿25欧元的请求,赔偿额共计250万欧元。索赔数字虽然不大,但该国丢失面子之事却很大。况且,这么大的事,竟出于一个职业律师之嘴,你说这人的一张嘴要是不好好管管,还有什么祸不能闯的?

初到一个新的人际环境,也要注意矜持和城府问题。因为这时候你极易发现人都是好的,于是被一团和气所迷,全忘了逢人只说三分话的古训。相处日久,了解渐深,你看到了对方的底细,才会意识到你原来所认识的只是人家的一个侧面,此时所见才是完完整整立体多面的人。于是,你再考虑抽身回转，与他人保持一段距离以保护自己，已经很难了。

在现实生活中，不是所有的悄悄话都能长久悄悄下去。有以下四种话即便"悄悄地"也不能说。

1. 捕风捉影的话不要说

捉贼要赃，拿奸要双，这就要求我们说话办事要有真凭实据。如果我们向对方说的悄悄话，如风如影，纯属无稽之谈，那是很危险的，尤其是对一个人的隐私更是不可在私下信口开河，胡编乱造。人心难测，不一定对，也不无道理，我们说悄悄话不能只图一时痛快，而不计后果。

2. 违纪泄密的话不要说

小至单位大至一个国家，在一定时期一定范围内都有秘密，我们只能守口如瓶，不可泄露。有的人无纪律性，就私下把机密"悄悄"捅出去了，弄得一传十，十传百，家喻户晓，有些心术不正的人如获至宝，拿去作为谋利的敲门砖，给单位乃至国家造成严重损失。即使诸如涉及人事变动的内部新闻，你也不要去向有关的人说悄悄话，万一中途有变，你如何去安抚别人呢？如果为此而闹出了矛盾谁负责呢？向亲友泄密，不是害人便是害己。你一片热心向他说了悄悄话，他可能认为这是泄露机密，于是，他当面批评、指责你，甚至状告你，你的体面何在？有些人并不喜欢听那些悄悄话，还不领你的情，就更没有意思了。还是守口如瓶吧。

3. 不要随便披露悄悄话

须知这世上有些人很怪，情投意合时无话不说，无情不表；一旦关系疏淡，稍有亏待，便反目成仇，无情无义，甚至添油加醋，不惜借此陷害，从而达到他不可告人的目的。殊不知，这些抖出悄悄话的人，也要吃亏的。我们知道，悄悄话大多是在两人之间传播，试问，你一个人能够证明我有此一说吗？对方甚至出于愤怒会狠狠还击，跟编小说一样编出你的悄悄话，以十倍于你的兵力将你置于有口难辩的境地，纵然两败俱伤，也没有白白被你出卖。结果如何呢？你本是发泄私愤，不巧却被悄悄话所害。所以，假使你听了悄悄话，也没有必要往外抖，任何人在这个世上都有一片自由的天地，还是讲究信义，以善良为本，何必让人反咬一口呢？

4. 不要随便与比你强大的人分享秘密

许多人因为分享了别人的秘密而不得善终。听一位国王倾吐秘密并不是什么特权而是一种负担。许多人打碎镜子，是因为镜子让他们看到了自己的丑陋，他们不能忍受那些见过他们丑相的人。假如你看到了某人不光彩的一面，那人看你的目光绝不会友善。后应该特别强调的是：讲秘密会陷你于不利，而听秘密同样也不安全。许多人因为分享了别人的秘密而不得善终。秘密，听不得，更讲不得。

如此看来，还是中国古人的那句话说得好，"三缄其口"，以免"祸从口出"。如果实在是逢得不说话多有不便，被逼无奈而必须开口时，那么就按鲁迅先生教的这样说："哎呀，这孩子！你瞧！多么……哎哟！哈哈？嘿嘿！嘿！嘿！嘿！嘿！"这种说话方式绝对是一种经典，不妨向普天下没事爱"嘴痒"者推广。甭管听者对你说的话满意不满意，至少你说了话了，完成使命了，还可以心安理得地自诩：我绝对没有出现"语失"，绝对没有给自己惹祸！不是吗？

第七章 高明的教育思想与学习方法

教育要培养全面发展的、和谐的人,要根据受教育者的成长规律和个性特征因时因材施教。善于学习,博采众长并能融会贯通,我们就能博大精深。

教育要培养和谐的人

【原文】 天之道，其犹张弓与？高者抑之，下者举之，有余者损之，不足者补之。(《老子·第七十七章》)

【大意】 自然的规律就如同拉开弦射箭吧？高了时就压低些，低了时就抬高些，力大时就减少些，不够时就补足些。

老子认为，应损有余补不足使事物达到一种和谐平衡的状态，这对改进现在的教育思想很有启发。

香港几所知名大学来到内地参与高考招生，录取了一批高分学生，并给予了高额奖学金。但同时，却也有相当数量的省、市级高考状元在面试后被拒之门外，校方拒绝他们的理由是综合素质不够，高分低能，比如缺乏语言表达及待人接物的能力，有的甚至缺乏起码的礼貌和教养。

这则消息传出后一度在内地反响很强烈，引起了广泛的讨论，这的确出乎很多人的意料。有句话说："分，分，学生的命根。"高考状元是多少学生和家长羡慕的偶像和梦寐以求的目标，居然吃了闭门羹？但是，如果我们回过头来反思我们的教育理念，评估我们对学习与教学成果所遵循的标准，也不难发现在这种唯分数论的导向下所引发的很多问题和弊病。有些家长过于重视孩子的功课、学习，只要学习搞好了，其他的事情孩子一律都不必操心，从吃饭穿衣到个人生活的各个方面，都由家长包办。更有极端的情况，有些孩子在家长偏执的教育理念下，每天除了吃饭、睡觉，其他的时间基本就是学习功课。功夫不负有心人，孩子以优异的成绩层层跳级，终于如愿以偿、令家长满意而风光地以小小年纪就考上了重点大学，甚至并被冠以小神童的美称。然而，有得必有失，由于孩子的一切都是由父母包办，孩子除了学习，其他什么都不会，甚至缺乏基本的生活自理能力，无法正常地表达自己，不懂得与老师、同学进行沟通、交流，不能独立地处理生活中的各种问题。后来当学校不再允许家长继续陪读时，有的"神童"不得不以退学收场。由此可见，只重视一方面的发展，而忽视作为一个正常人的全面发展，其结果是，那些严重缺乏甚至难以弥补的能力可能会坑害孩子一生。

正如苏霍姆林斯基所说："如果我们孜孜以求的，是让孩子心灵的全部活力都耗费在各门功课上，那他的生活就会变得不堪忍受。"如果孩子所有的精力都禁锢在书本和题海中，难以有闲暇和松弛的状态让他们得以展开幻想的翅膀，就会缺乏创造力；如果没有时间参观博物馆、阅览课外读物、接触大自然，就会使得孩子的知识结构单一、知识面很窄；如果整天只是背书做题，自立和动手能力就差，学习的知识难以和实际相结合……更重要的是，由于分数就意味着一切，导致不管是学校还是家长，一门心思地只重视学习，而忽视德育、美育等方面的教育，孩子就很容易出现心灵上和道德上的问题。比如，孩子由于缺少与人、与社会的接触，而不善于沟通和交流；由于一切以自己为中心，而不懂得尊重和关爱；由于得来的一切都理所当然，而不懂得感恩；由于缺少团队的合作，而缺乏团结、友爱和互助……加上家长的娇惯，很多孩子更是表现出懒散、自私、狭隘、不讲规矩、霸道等很多品行上的问题。

那么，社会到底需要什么样的人？我们应该培养什么样的人？除了文化知识，还有哪些常识和观念是必须要通过教育来灌输给孩子们的？除了技能，我们还应该在精神上给予孩子们什么样的帮助？

关于教育，伟大的科学家爱因斯坦曾经说过："学校的目标始终应当是：青年人在离开学校时，是作为一个和谐的人，而不是作为一个专家。"这不仅要求个人均衡协调地发展，更要求每个人都成为社会中和谐的一分子，遵循社会的规则，与周围的人和睦相处，在社会分工中扮演好自己的角色、处理好社会中的各种关系，这些都是对于一个人最基本的要求，也是社会和谐的基础。一个均衡协调发展的人，应当具备合理的知识结构，如同吃饭讲究饮食结构平衡一样，不能总是吃偏食，长期这样下去营养就会不均衡，就容易出毛病。在摄入精神食粮的时候，道理也是一样的。一个孩子在成长的过程中，要想成为一个身心健全的人，就需要学习各方面的知识和技能，拓宽视野和胸怀。这不仅需要学好课堂的书本知识，还应该根据自己的兴趣大量摄取课外的知识。一些知识不仅要向书本学习，可能还要向身边的人学，向大自然学，甚至有些是在玩耍中学习；一些知识可能只有在社会课堂的实践中才能领悟到。同时在这些知识的学习中，不仅要获取学习的能力，还要有动手、实践的能力，独立思考、处理问题等能力。多方面知识的获得和能力的培养，是使孩子身心健康成长所必需的。

在竞争激烈的现代社会里，很多家长都认识到学习知识和提高技能的重要性，但相对地忽略了做人和品行的教育，甚至由于娇生惯养养成了很多不良的作风和恶习。曾国藩在他的家书中说："贫家儿女愈看得贱愈益长大，富户儿女愈看得娇愈难成器。"虽然近年有些家庭已经改变独生子女结构，但绝大多数仍是独生子女家庭，于是无论贫家还是富户，似乎很少有不娇惯子女的。更有甚者，由于在家中孩子是众星捧月的"小皇帝""小公主"，大人的娇惯使他们只会向别人索取，受不得半点委屈，在家里横行霸道惯了，到了社会上也有恃无恐。在某所高校里曾发生的一件恶性凶杀事件就是一个典型的例子。同宿舍的几个男生在一个家境较好但极其缺乏教养的学生带领下，经常欺辱一个家境贫寒的学生，将自己的快乐建立在别人的痛苦之上，其欺辱手段令人发指。后来这个被欺辱的学生不堪忍受，心理被严重扭曲，最后决定干掉欺辱他的同学。当他杀到最后一个同学时，他犹豫了，因为这个同学虽然也有过欺辱他的行为，但曾向他表示过歉意，而且还请他吃过一顿饭，于是他在丧失理性的瞬间还是记起了这个同学的好处，最终没有害他。区区十几块钱的一顿饭救了这个孩子一条命。这个事件曾经闹得沸沸扬扬、影响很大，这严酷的事实提醒我们，必须自省和反思教育中的很多问题。这个行凶的学生不懂得用合法的方式保护自己、解决问题，而采用这种极端的手段，固然要受到法律无情的制裁，但其他人就真的置身事外了吗？学生间的矛盾和积怨，冰冻三尺，非一日之寒，这么长时间为什么学校的老师对此毫无觉察或不闻不问呢？那几个以欺辱弱者为快乐的大学生，他们从小受到的又是些什么教育？难道他们的死自己就一点责任都没有吗？而给予他们教育的老师、家长们又该负有什么样的责任呢？现在很多家庭都是一根独苗，经常是两代人甚至三代人呵护这么一个孩子，家里的百般娇宠使他们心里只有自己没有别人，自己的利益高于一切，轻视甚至蔑视别人的感受和存在，只懂得无条件地接受别人的爱，却不懂得如何去爱别人，甚至以强欺弱、霸道蛮横。对于这样的子女，家长有着不可推卸的责任，是他们把自己的孩子推到了危险的边缘，从小不吃亏，总是欺辱别人，最终吃了一个灭顶之灾的大亏。

中华民族是一个有着悠久文明历史的民族，两千多年前，孔子就提出了"仁"的哲学概念，希望天下归仁、共享太平，"仁"就是仁爱、善良。战国时期的哲学家、教育家孟子说："恻隐之心，仁之端也；善恶之心，义之端也；辞让之心，礼之端也；是非之心，智之端也。"马克思也曾说："那些为大多数人带来幸福的人是最幸福的人。"如果我们的教育能使这些理念从小根深蒂固地扎根在孩子们心里，使他们懂得同情弱者，识别善恶，文明礼让，明辨是非，才能远离那些噩梦般的惨剧，在使别人幸福的过程中，自己也得到了幸福。

在我们的教育中，也经常谈到爱，从小我们就接受热爱祖国、热爱人民的教导，但有时对于年龄比较小的孩子来讲它显得有些空泛，因为找不到具体的对象和目标，更不知道如何去表达和体现这种爱，那么不如从爱你的父母，爱你身边的人做起。让孩子们从小从细微的事情中懂得感恩和报答。爱因斯坦说："我每天上百次地提醒自己：我的精神生活和物质生活都依靠着别人（包括生者和死者）的劳动，我必须尽力以同样的分量来报偿我所领受了的和至今还在领受着的东西。"正如雨果在他的名著《悲惨世界》里的一句名言："幸福的人希望大家都幸福。"从这些话语中我们都能够感受到一颗感恩的心，如果我们的孩子都能以这样的一颗心去对待他人和社会，这个社会就可能更加美好、和谐。

对于孩子一生的发展，良好的品行与教养的培育也至关重要。有一位在加拿大读书的中国留学生说，有两件事对她触动很大，一件事是她的一位中国同学在考试时作弊。这位同学平时成绩还可以，大概是认为作弊不

是什么大事,所以在考场中作弊被发现了还不以为然。但加拿大校方的处分非常严厉,或者公开检讨,或者退学回国,认为不能对不诚实的行为给予丝毫纵容。这个在中国学生认为不是大事的行为被外国人如此重视,她内心受到强烈震动。另一件事,她暑期打工,负责整理学生宿舍的卫生,发现最脏的宿舍是中国留学生的,地上到处是纸屑,而其他国家留学生在离开宿舍时都把纸篓倒干净了。对于影响他人利益和公共秩序的种种陋习,中国人在自己的国家里,有时参照不明显,所以习以为常,但一到讲文明的发达国家,随地吐痰,乱扔垃圾,公共场合中大声喧哗,买东西不排队,不看信号灯横穿马路等行为就十分显眼,被人鄙夷,甚至影响外国人对中国的看法。如果中国的学校把文明礼貌,像抓分数那样抓,文明就会在一代又一代人心中生根发芽,发生巨大改观,积聚出巨大的中华文明的力量。

如果说传授给孩子文化知识是必需的,那么教育孩子如何做人更是必不可少,并且更加不容易,因为没有现成的教材,没有固定的老师,不能速成,也无法通过考试来检验。因此,不管是前人还是现在的教育界,都在不断地探讨和求索如何通过德育进行做人的教育,塑造美好的心灵。老子、孔子、孟子都对人的修身提出了很多建议。中国明朝的大科学家、思想家徐光启,既是一名钻研中国文化的学者,又积极学习西方的科学技术。他曾倡导以"孔孟之道与天主教的融合",来教化中国人的良好愿望和哲学思想。而另一位中国近代的教育家蔡元培则认为,应以美育教育来代替宗教对人的教化作用,他说:"美育是自由的,宗教是强制的;美育是进步的,宗教是保守的;美育是普及的,宗教是有界的。"尽管这些人的看法有所不同,但同样的目的都是希望使人们受到道德品质的教育,使心中有一个做人的正确准则。使人懂得规矩,知道方圆,遵纪守法,不自私、不狭隘、识大体,做一个善良而诚信、平等而博爱的人。唯有这样,我们所学到的知识和才华才可能服务于社会、有益于社会,我们也因此而成为一个真正有价值的人。只有和谐的人们聚集在一起,才可能构成一个和谐的社会。

个性化的教育

【原文】 夫物，或行或随，或歔或吹，或强或羸，或载或隳。(《老子·第二十九章》)

【大意】 世间万物有的在前有的后随，有的气缓有的气急，有的坚强有的羸弱，有的有成就有的毁坏。

老子认为，物性不同，要允许差异性和特殊性的存在和发展，不可强行一致，所以我们要提倡个性化的教育。

植物成长是有规律的，人的成长同样存在许多规律和潜在规则，教育者如果了解和掌握了这些成长的规律、懂得教育的规则，就能够抓住时机给予孩子恰当的指导。比如从孩子刚出生开始，就在他们运动、认知以及语言等关键期，给予他们本阶段所需要的帮助，就可能达到事半功倍的效果。而如果对孩子的叛逆时期及青春期有所了解，就会有所准备地对待逆反心理和其他可能出现的种种心理问题，从而少走弯路。

教育都应该在孩子喜欢和不知不觉中进行的，任何强加于人的热切和操之过急，都容易引起孩子的反感，损伤孩子的兴趣，反而欲速则不达。一些家长在孩子学习特长的问题上表现尤为突出，有的家庭一有孩子便购置了钢琴，请老师上培训班，一厢情愿地为下一代规划出今后的道路，但没有耐心地引导他的兴趣，而只是给孩子提出各种各样的要求，这样的学习往往收效甚微甚至最后适得其反。毕竟每个孩子都有自己的特点和兴趣所在，不能千篇一律地要求。

青年钢琴家陈萨，起初父亲是让她学习小提琴的，但刚 5 岁的陈萨人小主意大，她勇敢地告诉小提琴老师：她不喜欢小提琴，而是想学钢琴。

虽然小提琴也是一件非常美妙的乐器，它的歌唱性是钢琴望尘莫及的，然而她的父母并没有按照自己当初的设计坚持让她学习小提琴，而是在买不起钢琴的情况下，母亲每天起个大早，带着陈萨到单位的礼堂去偷偷地练习，直练到别人上班为止。9岁时，陈萨在四川音乐学院学习音乐，每次都不辞辛苦地从重庆坐火车前往成都。天道酬勤，1992年，她在全国少年钢琴邀请赛上获得专业组第一名，后来又在国内外的钢琴大赛中获得许多奖项，终于成为著名的青年钢琴家。对于陈萨的成功，人们钦佩的不仅仅是这个懂事而执着的小女孩所付出的努力，还有她那理解体贴孩子的父母。如果不是他们尊重孩子的意愿，并尽自己一切能力帮助孩子实现意愿，陈萨也许不可能有今天的成就。

苏霍姆林斯基把"尽可能深入地了解每个孩子的精神世界"当作"教师和校长的首条金科玉律"。所以，家长的期望无论多么美好，理由多么充分，终究代替不了孩子们自己的选择，千万不要固执地将自己的愿望强加到孩子身上。俗话说："强扭的瓜不甜。"只有因势利导，根据孩子自身的特点、个性和喜好，细心地体会和深入地了解他们的需求和愿望，才能最大限度地挖掘出他们的潜能。

孩子们在似懂非懂之中，受到的启迪和感悟各不相同。同样讲述安徒生童话，有的孩子喜欢它的语言，有的喜欢它的情节，有的喜欢它的人物，有的喜欢它表现出的道理。所以，孩子们接受教育的能力也各有侧重。同样一个人在性格和智力等方面也会有很多差异和区别，有的人这方面强，有的人那方面强；有的人成熟得早，有的人成熟得晚；有的人逻辑思维好，有的人形象思维好；有的人擅长用脑，有的人擅长动手……所以，如果以人为的方法、进度、要求来规范每个孩子，恐怕难以摆脱僵化的思维模式。就像不同的花草一样，有的喜湿有的喜干，有的喜阴有的喜阳，只有根据不同孩子的特质因材施教，才能满足个性化发展的需求，使孩子们都能更加健康地成长。

教育的目的是让每个人都尽其所能，如果孩子对学习失去兴趣，很大程度上是因为老师和家长没有找到孩子的症结所在，没有对症下药。所以，有人把教育比作一门精细的医术，唯有高明的医生才能找到病人真正的病因，并给予有效的治疗。苏霍姆林斯基有句话很耐人寻味："教育首先在于培养、磨炼一个人成为受教育者的能力。"他又强调，"注意每个人，关怀每个学生，并以关切而又深思熟虑的谨慎态度对待每个孩子的优缺点——这是教育过程的根本之根本。"哲人说每棵树上都有无数片叶子，但摘下来比较，却没有两片树叶是完全相同的。从这个意义上说，每个孩子都是独一无二的。

所以，教育既要有普遍性也要有针对性。普及教育是基础，知识无差别的灌输是必要的，而有针对性的、因人而异的教育，可以挖掘出不同人特有的潜质，是教育的高级阶段，它能真实地反映出教育者的职业精神和教育水平。

现代多元化的社会需要多元化的人才，这就要求在教育中的评判标准也是多元化的，教育不应该使学生成为一个模子刻出来的木偶，而是应该各有所长，风格各异。学习文化知识、奠定一个良好的文化基础，固然是必要和值得鼓励的。但是，读书并不应该成为通往成功的独木桥，在成功的路上，应当是条条道路通罗马。一位保姆，从小没读过书，17岁来北京时，连酱油和醋的字样都不认识。但她勤劳、诚实、好学，不出几年，样样事做得好，既会做中餐，又会做西餐，还会修家用电器，现在，她一回老家探亲，雇主每次都催她快点回来。她后来结婚生子，孩子在北京借读，她的雇主们有的出钱，有的出力，都愿意帮助她。你能说这位小保姆不成功吗？过去讲，三百六十行，行行出状元，现在的社会分工越来越细，又何止三百六十行。

因为身体素质、智力因素、家庭背景等天生的条件各不相同，人从一降生开始，就站在了不同的起跑线上。但由于骄傲、浮躁等原因，最终并不一定是那些身体健壮、精力充沛、各方面条件好的人就一定更加出色。相反，一些条件不好的人往往能踏踏实实地做出了成绩。奥斯特洛夫斯基在重病卧床的情况下坚持写作，完成了《钢铁是怎样炼成的》；从小就高位截瘫的张海迪用她的笔、她的心、她坚强的意志感动多少身体健全的人；患有严重小儿麻痹的小提琴家帕尔曼，当别人跳舞、玩乐的时候，他唯有通过练琴打发时光、寻找快乐，从而成就了他高超的琴技。正所谓天下无难事,只怕有心人。虽然每个人的起点不一样,但是每个人的目标和终点也是不尽相同的,那些用残缺的肢体铸造辉煌的人们告诉我们,先天条件和能力的不足并不是不可逾越的障碍,关键是要用心去寻找适合自己、属于自己的那条路,从而树立起属于自己的那份勇气和自信。明朝的李贽早就说过:"天生一人,自有一人之用。"一部交响曲,要有各种不同乐器配合,才能奏出优美的乐章。一个社会,也是由不同类型的人组合而成,每个人都会有自己独特的优势,只要不是不劳而获的寄生虫,就不是无用之人。做不了顶梁柱的木材还可以做精巧的家具,也能充分体现出它的价值来。在实践中,当我们面对理想,当我们向困难挑战,当我们抉择进退、取舍时,需要的往往不仅仅是能力,更需要前进的勇气和自信。只有因人而异的个性化的教育方法,才能发掘每个孩子的特点和与众不同的潜能,树立起他们的信心;只有多元化的衡量标准,才能建立更加丰富多彩的成功模式,开辟出更多的可行之路,才能"不拘一格降人才"。

学习是了解世界的重要方法

【原文】 不出户,知天下;不阚牖,见天道。(《老子·第四十七章》)

【大意】 不走出门,就能够推知天下的事理;不窥望窗外,就能够了解自然界的运行规律。

过去视老子学说为神秘主义、唯心主义,所以认为"不出户,知天下;不阚牖,见天道"是在讲有特异思维、特异功能的人。我们往往喜欢把简单的问题复杂化,其实老子的这句话译成俗语便是"秀才不出门,全知天下事。"用哲学术语来说便是"间接经验也是认识的重要来源"。

"秀才不出门,全知天下事。"说的是有科学知识的人,对于没有亲身经历的某些事件,也能清楚地知道它们的原委。这个结论与"实践出真知"的观点似乎是矛盾的,但生活中又确实可以看到这样的事例。三国时期,诸葛亮在隆中耕田,便知将来的三分天下;一个将军运筹于帷幄之中,却决胜于千里之外;即使我们没有到过其他的国家,却也了解一些国外的风土人情。我们怎样去认识这些问题,解释这些现象呢?

我们知道,认识来源于实践,人们的认识是在实践的基础上产生的。人们在改造客观世界的过程中,一方面通过自己的感官(眼、耳、鼻、舌、身)去接触客观世界,使客观对象反映到自己头脑中来;另一方面又不断通过实践促进事物内部发生变化,加速客观事物的暴露过程,从而加深对事物本质和规律性的认识。总之,认识是从实践中得到的。即使是某些难以进入的领域,比如遥远的天体、深部的地层,人们不可能直接去接触,也能通过各种仪器和探测手段去进行观察和分析。因此,不经过对某一领域的实践活动,对于这一领域的认识是不可能得到的。只有实践才是认识的来源。

那么是不是我们所有的认识都必须经过自己亲身的实践活动，而别无其他的途径呢？也就是说，要想了解天文学的某些知识，是不是必须亲自去观察天象；要想知道战争学的理论，是不是必须亲自去打仗；要想学习世界地理，是不是必须亲自去周游列国。如果是这样的话，就会遇到许多无法解决的困难。我们知道，一个人的生命是有限的，在一个人的有生之年要想事事都去直接经验、亲身经历，那么本领再大的人也不会取得什么成就。而且人人都去进行自己的实践而不能学习前人的经验，那么整个人类的认识就无法发展。

所以，任何一个人的知识，除了亲身经历的那一部分外，更大的一部分则是通过书本、语言交流或其他途径获得。特别是在互联网高度发达的今天，多媒体可以让我们对发生在地球另一端的事情如同身临其境。至于得到前人或其他人的认识成果，这就是直接经验同间接经验的问题。直接经验是通过亲身实践得到的知识，间接经验是通过某种途径得到的知识。当然，今天科技发展为我们获取信息提供了极大的方便，同样对我们从信息海洋中"去伪存真，去粗取精"的能力也提出了更高的要求。我们说秀才不出门便知天下事，也就是讲他可以通过某种途径得到一些来自间接经验的知识。这种间接经验虽然自己没有经过实践，但在他人却是直接经验。所以一个人获得知识用不着事事都去亲自经历，他通过某种途径得到的间接经验，也会让他变得博学多识。

善于向他人学习

【原文】 不贵其师，不爱其资，虽智大迷。（《老子·第二十七章》）

【大意】 不尊重他的师长，不爱惜他的学生，虽然自为以明智，其实是糊涂虫。

老子认为，聪明的人应该懂得向他人学习，不懂得向他人学习还自作聪明的人是愚蠢的。

不善于向他人学习的人一定是愚蠢的人，不善于向他人学习的民族一定是一个愚昧的民族，这样的国家也必定是一个落后的国家，我们相信这是一条真理。

历史告诉我们，凡是对人类有杰出贡献的人，都是善于学习的人；一个善于学习的民族，国家才有希望。

日本在第二次世界大战结束时，就清楚地认识到，要振兴自己的民族唯有靠教育，于是日本兴起了一股学习高潮，他们拼命地学习，向他人学习，向书本学习，恨不得一夜之间把全世界人类智慧的精华统统吸收过来。正是由于这种善于学习的精神，日本在短短的几十年时间内得以恢复，很快就跻身于仅次于美国的第二经济强国。

改革开放的 30 多年中，我们国家发生了翻天覆地的变化，而今处在 21 世纪的中国人不仅是向世人昭示着新中国的曙光，更为重要的是她昭示着更加灿烂的未来。这一切应归功于邓小平同志为我国开创的一条改革开放之路，使我们的民族得以认识过去的错误，向世人敞开谦虚的怀抱，向他人学习，学习一切先进的东西，发展我们自己，从而成为今天世界上第二大经济体，增强了我们的道路自信和文化自信。

善于学习的人往往是一个十分谦虚的人。对我国出版业做出过杰出贡献的当代科学家王选就是这样的一个人。他一直认为自己一生有很多地方不如别人，他说，"我总觉得己不如人，在跟我合作的人一起，我会觉得这个人那一点比我强，这个人这一点比我强。但我总体上信心非常足，对自己充满信心，从来没有丧失信心。"他不仅是一个谦虚的人，而且又是一个十分幽默的人，他说："我觉得世界上有些事情非常可悲和可笑。有一种马太效应，已经得到的他使劲得到，多多益善，不能得到的他永远得不到。这个马太效应现在在我头上很厉害，就是什么事情都王选领导，其实我什么都没有领导起来，工作都不是我做的。我承认我剥削年轻人最多，但是由于大家都知道我并不是主观上要去剥削年轻人，所以对我也比较谅解。可悲的是，人们对小人物往往不重视，当年我在第一线，在前沿的时候不被承认，反而有些表面上比我更权威的人要来干预，你该怎么怎么做，实际上确实不如我懂得多。"

　　善于学习的人也往往是一个能接受批评的人，这是获得成功的一个很重要的因素。美国的奠基者之一本杰明·富兰克林曾经说过："批评我们的人就是我们的朋友，因为他们指出了我们的错误。"不能接受他人批评，不能进行自我批评的人，在某种程度上是一个独裁者，一个顽固不化的人。谦虚使人进步，骄傲使人落后；谦虚的人让人尊敬，骄傲的人永远被人唾弃。

　　还有很可贵的一点就是，善于学习的人有自知之明，能把自己的缺点变为优点。松下幸之助之所以成为日本的管理之神，正如他所说的那样："我有三个缺点，都被我变成了优点：第一，因为家里穷，知道奋斗才能成功；第二，没有文化，懂得要自学；第三，身体不好，懂得要依靠别人。三个弱点变成了三个优势。"

　　总之，无论是个人、团体，还是民族、国家，都必须善于向他人学习，只有这样，才会有进步，有希望，才能在错综复杂的形势下立于不败之地。

从大自然中学习

【原文】人法地,地法天,天法道,道法自然。(《老子·第二十五章》)

【大意】人效法地,地效法天,天效法道,道效法自然。

老子认为水具有许多美德,他说"上善若水"。在论述反常的现象不能长久时,他说"飘风不终朝,骤雨不终日";他甚至更直白地说人应取法于天地。可见老子的很多智慧都直接来自大自然的启发,他告诉我们应从大自然中学习。

有一位医生,他的医术极佳,看病诊断都是一流的,但是他恃才自傲,目中无人,见人没有笑容,冷若冰霜。病人看病时第一个感觉到的是医生的态度,并不知道医生有多么高超的医术,所以,尽管他医术高明,还是经常有病人给他提意见。有一次这位大夫旅游去了福建武夷山,回来之后,他像变了一个人似的,亲切了许多。武夷山的自然山水非常美丽,山清水秀,风光怡人。面对大自然的伟大、壮丽和可爱,这位大夫突然感到了自己的渺小。自然给了他无言的教育,他开始敬畏大自然,感觉自己实在没有那么值得骄傲自满的地方,他调整了自己。

当你被喧嚣的城市所围绕,被纷繁复杂的人际关系所困扰,当你觉得已被生活所抛弃时,不要忘了还有一样东西是永远不会抛弃你的,那就是大自然。大自然是所有人的精神家园,它敞开胸怀,把日月星辰,把美丽的山水风景,把迷人的花草树木和各种神奇的飞禽走兽无私地献给了我们。不管大自然以何种方式出现,它都给我们提供了一个更为广阔、更为奇妙的世界。而我们在与大自然接触的过程中,会使自身变得更加充实、更加丰富。

印度著名的哲学家奥修说过:"当你看着一朵花,一朵玫瑰花的时候,你感到快乐,你的快乐是玫瑰花创造的。而当你快乐的时候,玫瑰花也感到快乐。它依赖着你,它等着你来。如果你不来的话,它就像一个爱人似的感到难过……如果你爱玫瑰花丛,它就会长得更快,它就会开出更大的花来,因为有人在关心它,在看它。有人在等着它,它怎么可能辜负你呢?"我们爱着大自然,大自然也就会爱着我们,为我们呈现出它最美的一面。生命的整体是互相依存的,每一样东西都依赖于其他一样东西。

亲近大自然,热爱大自然,你会变得更加健康,也会更加快乐,同时你也会从大自然中学到许多宝贵的知识。法国著名的小说家威尔·桑说:"我有时逃开自我,俨然变成一棵植物,我觉得自己是草木、是飞鸟、是树顶、是浮云、是流水、是天地相接的那一条黄线;觉得自己是这种颜色或那种形体,瞬息万变,来去无碍。我时而走,时而飞,时而潜,时而露。我向着太阳开花或栖在叶背上安眠;云雀飞时我也飞翔,蜥蜴跳时我也跳跃,萤火虫和星光闪耀时我也闪耀。总而言之,我所栖息的天地仿佛是由我自己伸出来的。"这种与大自然融为一体的心胸是何等的空灵,又是何等的舒心。

事实上,人类是属于大自然的一部分,我们每个人都来自于大自然。在人还没有成为人之前,和其他物种没有什么差别。但是在人类进化的过程中,人有一颗比其他物种聪明一点儿的大脑,人类开始懂得学习。起初,没有任何已有的经验或教训,人一直都是从大自然中学习,在与恶劣的生存环境做斗争的过程中逐渐成长起来的。可以说,人类的进步是从大自然学习的结果。从大自然身上,人们取得了生命延续所需的各种滋养。人类是永远不能独立于大自然之外而存在的,任何人都无法离开大自然。即使科学技术再发达,人类还是以大自然为基础的。

当你疲惫时,当你烦恼时,走出空气污浊的房间,走到大自然中去,放松心情,体会大自然带给你的智慧启迪。幸福与健康属于那些亲近自然的人们,成功属于那些善于从自然中学习的人们。

博采众长，融会贯通

【原文】江海所以能为百谷王者，以其善下之，故能为百谷王。(《老子·第六十六章》)

【大意】江海所以能够汇集一切溪流成为百谷之王，是因为它善于处在低下的位置，因此，能汇总溪流成为百谷之王。

老子认为，要想如同江海般博大，就必须博采众长并融会贯通，这样会使我们的学问达到一个新的高度，我们的人生也更加丰富充盈。

看上去不相关的知识，其实相互之间有时却存在着某种关联，当我们深入到一定的程度，就会发现其中的奥妙，就会了解它们之间互相支持、互为补充的作用。我国青年钢琴家傅聪在谈到音乐与中国古典诗词的关系时，语出有据，见解独到。他认为，肖邦的音乐与南唐后主李煜的词有很多相似之处，觉得音乐的旋律和节奏与诗词中的韵律原本是一回事。肖邦的第一、二、三叙事曲和李斯特的《爱之梦》等，都是在深刻地体现着那些诗情画境。诗人发人深省的诗、荡气回肠的词，同样贴切而深刻地揭示出了音乐丰富的内涵。我国近代教育家蔡元培曾经说过：文理不应该分科，他认为文科的哲学，必植基于自然科学，而理科学者最后的结论，亦往往牵涉哲学。作为中国近代的一位有影响的学者，他在辛亥革命后任南京政府教育总长，并长期担任北京大学校长。对于一个曾在光绪十八年中过进士，受过封建科举教育的人来说，能针对陈旧的教育制度进行反思，提出这样的教育理念，是具有怎样卓越的先见之明！

无论什么样的知识到什么时候都是有用的，我们一定要多多地积累知识，多学几种技能并能熟练地掌握应用。学得太单一很容易变成匠人，我们要学会全面立体地学习。学习如果分工分得这样细致，那岂不成了在工厂的流水线上制作产品了，你只负责做很小范围的一个工作，连自己也快成为机器的一部分了。现代的大工业生产可以是这样，也许在一些尖端的科学领域的研究也需要如此，但在其他领域却有所不同，比如艺术创作。在艺术上如果没有一个宽广的视野，就难以展示不同的艺术风格。比如古典乐派只是西洋音乐发展中的一个时期，如果不能学好它之前的巴洛克时期以及它之后的浪漫派时期的作品，就不能更深刻地认知它，更无法清楚地区分它们不同的风格，也就谈不上更准确、生动地表现这些作曲家的作品了。

　　历史上善于博采众长并融会贯通的多才多艺者的例子也不胜枚举，用现在的话说就是"复合型人才"。在梵蒂冈的西斯廷教堂参观时，大家无不为《上帝创造亚当》和《末日的审判》两幅穹顶巨画所折服，它们都是出自世界上最优秀的雕塑家米开朗基罗之手，他的代表作《大卫》《摩西》都是人类雕塑史上的巅峰之作，同时他还是一位伟大的建筑家和诗人。他将融会贯通的绘画技艺施展于那超凡脱俗的创意和构思中，400多年来深深地打动每位观众。再来看意大利文艺复兴时期的另一位杰出人物列奥那多·达·芬奇，很多人都知道他是一位优秀的画家，殊不知，他杰出的绘画才能只是他的一个"小小的爱好"。不朽的《最后的晚餐》《蒙娜丽莎》仅仅是达·芬奇才艺的冰山一角。他首先是一位军事城防工程学家，其次是水利工程师，在500多年前不用电的情况下，设计出水渠，让水流到每个需要用水的地区，这在当时绝非一件易事；他还是位机械发明家，画过飞机设计图，现代飞机螺旋桨就是在他所设计的制造原理基础上发明的，同时他还是数学家、天文学家、解剖学家、建筑师。有时他赋闲在家，为了谋生他向贵族推荐自己，希望得到一份工作，在他求职书的最后写到："如果有闲暇时间，我还可以为夫人和小姐们雕刻和绘制她们的肖像，相信她们会喜欢……"的确会喜欢，何止被画的夫人和小姐喜欢，全世界的人都会喜欢！作为文艺复兴时期一位最伟大的学者，他将人文主义思想与科学精神高度结合，由于尊重和不断地探询事物的客观规律，他对一切事物都具有独到的真知灼见。他认为："理论好比是统帅，实践则是百万士兵。"他说，一个人如果喜欢没有理论的实践，就像水手上了一条没有舵和罗盘的船，永远不知道驶向何方。他涉猎的领域五花八门，但门门有创新，有成就，所以有人说他是博物学家，是掌握了一通百通规律的哲学家。他打破了学科的界限，是既善于形象思维又善于抽象思维的典范，是人脑潜力挖掘和人类进化到极致的典范，他可能比爱因斯坦都伟大许多。

在19世纪三四十年代欧洲的大钢琴家中，尤其是基本功扎实、技艺高超的钢琴家绝非只有肖邦和李斯特。但从思想、内涵和勇于创新的角度来说，他们两人无疑是最优秀的，因为他们两人都是多才多艺的音乐全才。现实中我们可以发现，专攻演唱和专攻作曲的人，在音乐创作方面所做出的成绩，反而还不如能兼顾两个方面的人。要知道，他花在其中一个方面的时间和精力只有前者的百分之五十啊！原因就在于演唱和创作，两者是相辅相成、融会贯通的关系。尽管很多单方面的专家也很有造诣，但这种音乐全才对后世的影响显然更加深远。

一个人的精力是有限的，穷尽毕生精力，能够精通一种技艺已属不易，像达·芬奇这样能够同时精通多种技艺且都出类拔萃者，确是凤毛麟角。除去本身的天赋以外，恐怕掌握事物的内在规律，知识的融会贯通、相互借鉴、相辅相成是非常关键的，正是各种知识和技能之间的充分互补性，构建了一个博学多才人的根基。

在当今所谓"知识爆炸"的信息时代，除了了解我们自己涉猎的学科，对其他学科也应该有所了解，对我们是大有好处的。倘若将自己封闭在一个很狭小的专业圈子里，是难以博采众长而达到一定高度的。社会需要专才、匠人，但更加需要复合型的人才，需要一专多能的人才，而"多能"又往往使他的"一专"达到更精深的高度。

大器晚成

【原文】 大器晚成。(《老子·第四十一章》)

【大意】 贵重的器物总是迟迟才能完成。

《老子》中说："大器晚成。"其实，这是很浅显的道理：制造汽车、飞机之类的大家伙，自然要比制造自行车、手推车这些小玩意儿耗费时日。又如，随便搭盖一间茅草房，可以一蹴而就，设计建造高楼大厦，非得务实其基础、宏大其规模不可，也须多费时日。稀世的珍品需要精雕细琢，辉煌的成就需要付出更长时间的奋斗，这就是大器晚成的原因。

人才的成长，同样有少年得志和大器晚成之分。提及大器晚成，人们最容易想到"姜太公八旬遇文王""梁灏八十二岁中状元"的故事，这都不失为劝人稍安毋躁的说辞。"苏老泉，年17，始发奋，读书籍。"这是过去在我国民间广泛流传的《三字经》中的一则故事。讲的就是北宋大文学家、《六国论》的作者苏洵青年时代的事。苏洵年轻时，读书不努力，糊里糊涂地混日子，直到17岁方有觉悟，于是发愤学习。学了一年多，自以为差不多了，就去考进士，结果没有考中。这才使他认识到，学习并不容易，要得到成果非下苦功夫不可。一天，苏洵的书房里忽然不断地向外冒黑烟，家里人都很吃惊，不知出了什么事，走进去一看，只见苏洵正把一沓沓的文稿往火炉里送。原来，他要把自己过去所有不成熟的作品全部烧掉，决心从头开始。从此，他谢绝宾客，闭门攻读，夜以继日，手不释卷。如此发愤攻读了五六年，终于文才大进，下笔如有神，顷刻数千言。宋仁宗嘉祐年间，他带了儿子苏轼、苏辙，不远数千里，从家乡四川来到京师开封。当时翰林学士欧阳修把他的作品二十二篇呈上朝廷，得到了极高的评价。宰相韩琦见他文章写得好，上奏皇帝，召试舍人院，苏洵推病不愿应试。后来又任命他为秘书省校书郎，这时他已年过半百了。

53岁，玛格丽特·撒切尔成为英国第一位女首相。65岁，丘吉尔首次成为英国首相，开始与希特勒作划时代的斗争。生活中这样的例子俯拾皆是。一位家庭主妇，从前没有学过任何工业设计的知识，50岁以后开始学习，竟然成为杰出的工业设计师。一位老先生，70岁才进医学院学习，成了名医。另一位70岁的老人进了法学院，现在已是一名优秀的律师……所有的事例都告诉我们，大器可以晚成，成功不分先后。

多么翔实而有力的例证！这些事实已经可以向我们说明一个问题了：无论什么年龄，你都可以成功，只要你肯把握现在。人的成长固然有着各种不可违背的规律，但是成功是不受年龄限制的。

当然，人在年轻的时候精力旺盛，身体状况良好，这为成功奠定了一定的基础。可是，年龄增加并不意味着智力衰退，不再有成功的可能。医学研究证明，人的心智在50岁时还正年轻，而且仍在成长，脑力活动直到60岁才达到巅峰，80岁以后便衰退了。科学告诉我们，成功是一生的事，是不分年老年幼的。不仅幼年、童年、少年能取得意想不到的成绩，中年、老年同样可以大有作为。

然而，许多人已经习惯于接受"神童"一类的成功，却无法相信白发苍苍、已近垂暮之年的老人也会成功，就像人们总是习惯于赞颂喷薄而出的朝阳而伤怀逐渐西下的落日一样。偏偏生活总爱与人开些出乎意料的玩笑，许多被人们认为老之将至的人却青春勃发，取得了令人羡慕的成绩。

但是，坐享其成、不思进取的人是不会成为大器的，即使年纪再大也将一事无成，因为他懒惰，他不珍视现在，不抓住一切学习的机会。

作为青年朋友，最应做的是珍惜自己的现在，而不是抱怨自己年纪太小、缺乏机会。当然，也不能因为自己至今还没有突出的成果而沮丧，时间将是最好的证明。从现在开始，只要你努力，抓住一切机会，任何事情都不算迟，都还来得及。

但不管如何，毕竟光阴易逝，常人是难以忍耐寂寞的。孔子曾有"逝者如斯夫"的感叹，又说："后生可畏，焉知来者之不如今也？四十、五十而无闻焉,斯亦不足畏也已。"岁月不饶人,上了年纪,体力大为衰减,更为紧要的是"无意百炼钢,化为绕指柔",许多当初血气方刚、踌躇满志的青年,遭遇几次打击往往变得身心憔悴,百无聊赖,锐气一落千丈。春秋时期的烛之武在郑伯面前叹言:"臣之壮也,犹不如人,今老矣,无能为也已。"一席话,代表了"老而无为"者的种种伤悲和无奈。大器晚成的人,往往要经历许多煎熬!不过煎熬与折磨也是一种宝贵的人生财富,也是成就我们的资本。看过世界名著《唐·吉诃德》吗?当你感慨这部不朽之作的伟大和神奇时,你是否想到它的作者塞万提斯是53岁才开始著书的?而且,他的一生坎坷曲折,负债累累,左手曾在一场战争中受伤致残,虽然多次承担公职,但却都是"七品芝麻官",还被囚禁过。这样一个命运多舛的人,一般人都不敢对他的后半生命运做出美好的推想。然而,他成功了!他的书一下子风靡世界,并且经久不衰。

春兰秋菊,各有千秋。少年得志,固当堪羡;大器晚成,亦实可嘉。欲求大器晚成,得自家先有真本领。通俗地说,即是机遇总喜欢与有准备的人结缘,光是怨天尤人无济于事。有了经天纬地的才能,一旦置之囊中,必能脱颖而出。

第八章 保养生命的智慧锦囊

懂得生命的珍贵才能珍惜生命。心态积极,不违背客观规律,自然而然,我们就能健康,就能长寿,而最好的长寿之法莫过于让精神永存世间。

珍惜生命

【原文】自爱而不自贵。(《老子·第七十二章》)

【大意】自爱自重但不自居高贵。

老子认为，人虽然不能自居高贵，但应懂得自爱，要珍惜自己的生命。

我们几乎每天都见到自杀的消息，而其中来自高校学生的自杀，又使人格外震惊。学生自杀主要是因四大压力：情感压力、学习压力、经济压力和就业压力。他们或因为恋爱失败、或因为与同学闹矛盾，或因为考试问题，分别走上绝路。

有一个哲学教授清晨吊死在自家门前的槐树上。这位教授的家庭生活美满，学术研究成果出色，但是，数年来在事业上逼自己太紧，攻治学问的标准过高而影响精神状态，终以自杀了结了自己的一生。这个故事引人深思：悲剧故事的主人翁不是一般的人，而是研究哲学的高级知识分子。一个成功的哲学研究者，是能为人指引生活道路的，在面对各种问题时，他们应该比别人更睿智，更有力量。可是，这位知识渊博也有研究能力的教授，在并没有遭受打击和压力的情况下，却选择了放弃生命。为什么这些接受过良好教育的知识分子，却容易走上人生的绝路呢？这说明：我们拥有生命，却未必拥有关于生命的智慧。

毫无疑问，意识到自己也必有一死，对任何人来说都是足以震撼心灵的。许多名人都有这样的体验，俄国大文学家托尔斯泰在他的《我的忏悔》中，就提到过这一念头曾长久折磨他。美国大作家海明威，他一生参加过无数次战斗，并且多次死里逃生。然而到老年时，他却是平生真正严肃地正视死亡。一位作家在给他写的传记中，甚至这样描述："他怕死怕得只想自杀!"由此可见，不管一个人何等有学问，何等能干，何等勇敢，当他不得不面对死亡这一问题时，他所受的震撼都是强烈的。

怎样才能做到珍惜生命？

1. 认识到生命的可贵

人死不可复生，对我们每个人而言，没有了生命，就没有了一切；放弃生命，就放弃了存在的基础！真正珍惜生命、正视生命的人不会因为一点小小的挫折就轻易放弃生命；也不会浑浑噩噩，如行尸走肉，直到生命最后一刻。不仅应该珍惜自己的生命，而且要珍惜别人的生命。

2. 自我做主

没有谁能代替你来活。你饿了，你爸爸妈妈吃得再饱，能够帮助你解饿吗？你困了，你兄弟姐妹连睡三天，能帮你解困吗？你病了，最亲的人再爱你，能替代你感受病痛的煎熬吗？你将死去，你的爱人能以他的死来代替你吗？……我们在吃喝拉撒睡这样的事上，没有任何人能来代替你，你怎么能够要求在一些更重要的方面，依靠别人呢？谁也不可能代替自己活！因此，你必须追求自己所热爱的东西，不盲从别人；你必须尽好人生的本分，不要把自己应该承担的责任，让别人去承担。

3. 活在"现在"

假如明天不再来临我们所拥有的只是今日、当下。所以应该及时把握、珍视此刻，踏踏实实地过好今天、当下，这是一种要求，也是一种境界。据说有些著名的高僧大德，在晚上就寝时，会把杯子倒空，杯口朝下。因为他们不确定明天是否会醒过来，是否还用得着杯子。人生就是由一个个独立的"现在"组成。我们谁都无法将"现在"抽离出来而只空谈明天。其实，当我们一再地错过当下，实际上是在错过生命啊。比尔·盖茨的生命理念是："人生就是一场正在焚烧的大火，一个人能够做到，也必须去做的，就是尽自己的全部力量从这场火灾中抢救出点什么来。"正因为有这种超乎寻常的生命智慧，当他考上了美国最著名的哈佛大学后仍果断休学创业，成为信息时代最成功的创业典范，并几次蝉联世界首富。

4. 正视死亡

应该学会把死亡当成生命的导师，接触到生死问题，才是真正确定人生观的第一步。意识到人的局限，才可能获得局限中的"最大"。认识到每个人都会死,恰恰是一个人自主人生的开始,死让我们意识到了生的短暂与宝贵,我们才能摆脱盲目,积极地筹划一生,学会当自己和生活的主宰。

死亡使世界的一切平凡都显得不凡!由于死亡将每个人的生命从头到尾都做了限定,所以正是它赋予了生命的意义。因此,我们每个人都应更多地考虑好好度过此生的问题。要创造幸福和价值,这是此生的根本责任。你不是为了事业或者其他什么才到这个世界上来的,首先,你是为了得到幸福和创造幸福才到这个世界上来的,至于事业或其他什么,是否能够成为幸福的一部分,那是下一个层次的问题。事业只能决定自己在生命价值中的比例,绝对决定不了生命价值的根本。爱情、生活及别的一切,也同样如此。

5. 拥有关于健康的知识

曾任世界卫生组织总干事的中岛宏博士说过:"许多人不是死于疾病,而是死于无知。""千万不要死于愚昧,千万不要死于无知。"所以我们说:"最好的医生是自己,最好的处方是知识。"要想健康并不需要花多少钱,拥有正确的观念非常关键。

如今不同的人群如知识分子、离退休人员、家庭妇女、农民等,对健康的重视程度都不一样。离退休的老人一般比较关心自己的健康,他们每天早上起来走走路、练练拳,中午小睡一会儿,生活很有规律。当然这与他们压力小、时间富余都有关系。老年人积累了丰富的阅历,往往心态比较豁达,得病率反而比年轻人低。国外有报道说,人的健康状况与知识水平密切相关。受教育程度越高,其健康状况就越好。知识水平也分两种,一种是专业知识,一种是社会知识。一些公司的管理人员、工程师,他们的工作能力很强,专业知识丰富,可对健康的认识几乎等于零,对胆固醇、高血脂等词都没概念,连基本的健康常识都不了解,这样的人在知识结构上存在很大缺陷。他们的健康也很容易出问题,许多人的英年早逝与知识结构的缺陷有很大关系。一个人的知识结构应该包括社会、历史、哲学、文学、科技等方方面面。在美国,从小学就开始教孩子讲卫生、预防疾病等基础的健康知识,让孩子从小就树立正确的健康理念。在这方面,我国做得还不够。

养生关键要心态好

【原文】 不欲以静，天下将自正。(《老子·第三十七章》)

【大意】 没有过多的欲念就会平静下来，天下将归于正道。

老子认为，一个人心态好，通达乐观，天下将归于正道，一切都会变得美好。

世界卫生组织认为，如果把健康元素按照百分比划分，可以分为以下几个部分：遗传占15%；环境占17%，其中社会环境占到10%，自然环境7%；接下去就是医生占8%；自己占60%。遗传的15%和环境的17%是我们控制不了的，而其中的60%是个人因素，我们自己可以控制。所以说，健康其实就在我们自己手里。

健康是一个人人都关心的问题，但是大多数人对健康的真正含义还是比较模糊的。在生活中，有的人身体稍有不适就赶紧往医院跑，不检查出点毛病不罢休，就好像故意和自己过不去似的，这种人应该称为"健康的病人"；还有一种人，虽然身体上得了病，但看上去和正常人一样，工作、学习、娱乐什么都不耽误，治疗疾病对他而言只不过是一件平常事，这样的人我们姑且称之为"带病的健康人"。"健康的病人"可能会在郁郁寡欢中真得了病，而那个"带病的健康人"则可能在快乐的生活中变成一个真正的健康人。我们当前提到的健康教育，多数讲的是吃什么食物对身体有益，这个水果抗癌，那个水果抗衰老，那个水果美容。实际上就是能抗癌的水果，有人天天吃也抗不了癌。如果心态不好，天天生气，吃多少抗癌水果也无济于事。我们往往对心灵、文化、思想关心得很少，只关心最浅表的东西，忽略了深层次最重要的东西。我们在健康问题上存在误区，猪肉的蛋白质含量是多少，脂肪有多少等当然重要，但更重要的心理、心灵，我们现在把最重要的给忽略了。

养生的关键在于自己的力量。如果自己豁达乐观，情绪稳定，对未来充满信心，充满力量，那么你的力量将强大到你想象不到的不可估量的程度。人可以战胜细菌、病毒、癌症……但是战胜疾病有一个前提条件，即健康的心态。人体的抵抗力分各种不同层次，由各个系统组成，它需要一个总指挥——心理，如果这个"总指挥"乐观向上，积极稳定，那么就可以调动全身所有抵抗力协同作战，形成对疾病强大的攻击力。如果心里没有信心，感到恐惧，那整个"指挥部"就崩溃了。这就和打仗一样，指挥部如果很坚定，那就能赢。如果连自己都不知道该怎么打，甚至老觉得没有胜利的希望，指挥部先乱了，一定会全军覆没的。很多人体格健壮、身体良好，但心理很脆弱，这样的人不会真的健康。我们必须明白，精神乐观、情绪稳定可以调动一个人全身各个系统的力量来对抗病魔。有人说癌症病人有三分之一是吓死的，那是因为他的精神先垮了。这话说得十分中肯。

本来一个人看着没什么异常，一查出是肺癌，可能一个月就完了。其实如果他不做这个检查，说不定还能活上三五年呢。查出有癌症后，他的精神就先不行了。有了疾病，首先应该保持好精神，在战略上藐视它，不害怕；战术上则该治的治，积极配合治疗。阿姆斯特朗是美国自行车运动员，1996年他被查出患了睾丸癌，后来癌细胞转移到肺部，又转移到脑部。这是晚期睾丸癌的症状，医生说他死亡的概率是99%，活的可能性不足1%。一般人听到医生这样的结论会被彻底打垮的，可阿姆斯特朗对医生说，"没事，大夫您放心，我不怕。您不是说活的概率有1%吗？我就是那1%！"阿姆斯特朗的睾丸在被切除后仍不断进行放疗，而且在治疗期间，他还努力练车，他的自行车越练越好，同时他多次成为全国和世界冠军，获奖无数，至2005年已连续七次获得环法自行车赛世界冠军。还有一位26岁的法国姑娘患了子宫癌，切除子宫两个月后，癌细胞转移到卵巢，又赶紧把卵巢切除了，可几个月后竟又转移到结肠。她接连做了八次手术，全身都是刀疤。几个化疗疗程下来，她的头发全掉光了。她吃不下东西，吃了也会全吐出来。她骨瘦如柴，最后彻底绝望了。她觉得上帝对她不公平，自己这么年轻就得了绝症，还不如死了算了！有一天她的一个朋友来看她，惊讶地发现她好像变了个人，完全失去了原来的模样。她说我已经绝望了，你能告诉我怎样才能死得更快一些吗？朋友劝慰她说，你千万别死，生命非常珍贵，人生很有意义，你想一想你这一辈子让你最高兴的事吧。姑娘想起了三年前她在海滨滑水、游泳的情形。蓝天白云，微风徐徐，海鸥在海上飞翔，人与自然融为一体，那时候感觉最快乐。于是姑娘决定和她的朋友再去体验一下当时的感觉。可这时候她连站都站不起来了，一站起来就摔倒，这是因为她卧床太久的缘故。为了体会三年前的幸福感受，她重新练习走路，又接着练滑水。其间，她遇到一位同样身患癌症的小伙子，他们俩互相帮助，互相鼓励，她的滑水技巧日益精湛，她的身体也越练越好。很长一段时间后，医院让她去复查。化验结果让医生大吃一惊，她的一切生理指标都正常了。两年后，这个姑娘获得了世界女子滑水冠军。

人如果有了精神的力量，就会变得很强大。拿破仑有一句名言："在世界上只有两种力量，一个是剑，一个是精神，归根到底，人类的精神力量会战胜剑的力量。"不管是预防疾病还是治疗疾病，如果我们能保持积极、乐观的心态，并采取科学的方法，那就一定能克服困难。乐观者总是从正面的、积极的角度去看待事物，他有希望，愿意努力；而悲观者，总是从负面的、消极的角度去看待事物，这样的人没有希望，前途也是在灰暗的。态度悲观的人容易得病，就算没得病的时候，他也是在文章开头所说的"健康的病人"。对健康起最关键作用的，恰恰是心理，说得更严肃一些，其实一个人的一切就取决于心态，心态一变，整个世界就会在你眼中发生彻底的改变。换个角度想问题，你会觉得世界太美了，生活多么美好，多么有意义，多么值得你去创造、去欣赏。

学会享受生活

【原文】 甘其食，美其服，安其居，乐其俗。(《老子·第八十章》)

【大意】 人民认为自己的食物香甜，认为自己的衣服美观，认为自己的居所安适，认为自己的习俗快乐。

老子希望百姓能"甘其食，美其服，安其居，乐其俗"，用今天的话说就是享受生活。

过去一段时间内很少有人敢提出享受生活，认为那是资产阶级思想，应该受到批判。人家日日夜夜苦干，可你却只愿享受。可现在不一样了，既要好好干工作，同时也要享受美好的生活。实际上，做好工作也是一种享受，享受生活是工作的最终目标。因此，我们需要把越来越多的文化、思想、道德、心灵这些精神因素注入健康的范畴内，而不要以为健康只是营养好、肌肉发达，那只是最低层次的健康，我们应该追求更高层次的健康，那就是心灵的健康。心灵的健康能促进机体的健康，更能帮助我们积极地对待生活，乐观地享受生活。

下面这个故事说明了享受生活的重要。

五官科的病房里同时住进来两位病人，都是鼻子不舒服。在等待化验结果的时候，甲说，如果是癌，立即去旅行，首先去敦煌，然后去拉萨，乙也表示赞同。结果出来了，甲得了鼻癌，乙长的是鼻息肉。

甲列出了一张告别人生的计划表：去一趟拉萨和敦煌；从攀枝花坐船一直到长江口；到海南的三亚以椰子树为背景拍一张照片；在哈尔滨过一个冬天；从大连坐船到广西的北海；登上天安门；读完莎士比亚的所有作品；成为一名大学生；要写一本书……凡此种种，一共有27条。在这份生命的清单后面他这样写道：

"我的一生有很多梦想，有的实现了，有的由于种种原因，没有实现。现在上帝给我的时间已经不多了，为了不遗憾地离开这个世界，我打算用生命的最后几年去实现还剩下的27个梦想。"

当年，甲就辞去了公司的职务，去了拉萨和敦煌。第二年，又以惊人的毅力和韧性通过了成人高考，成为一名大学生。这期间，他登上了天安门，去了内蒙古大草原，而且还在一家牧民家里和他们住了一个星期。现在，甲正在实现出一本书的夙愿。

有一天，乙在报纸上看到甲写的一篇散文，打电话去问甲的病情。甲说，我真的无法想象，要不是这场病，我的生命该是多么的糟糕。是它提醒了我，做我自己想做的事情，去实现自己的梦想，现在我才体味到什么是真正的生命和人生。你生活得也挺好吧！乙没有回答，因为在医院里他所讲过的一切，早就已经因为患的不是癌症而被抛到脑后去了。

其实，这是一个多少带有伤感色彩的故事。在这个世界上，我们每个人都患有一种癌症，不是吗？那就是死亡，谁也不可能抗拒。但是我们之所以没有像患鼻癌的甲那样，列出一张生命的清单，抛开一切多余的东西去实现梦想享受生活，也许是因为我们认为自己还会活得更久。也许正是因为这一点差别，使我们的生命有了质的不同。平日的劳碌折磨了我们的一切感官，而死亡却带给了甲对人生和生命价值的真正体味。

现代社会工作的节奏是快四步，不仅肉体疲劳，精神也会疲惫不堪。适当地休息，就好比军队刚刚打了一场恶仗，休整一下，以利再战，是非常必要的。因此，我们需要享受生活，需要休息，需要一个完整香甜的睡眠，一段轻松舒缓的音乐或者一份精致可口的饭菜……

第八章 保养生命的智慧锦囊

顺应自然规律的养生之道

【原文】以辅万物之自然，而不敢为。(《老子·第六十四章》)

【大意】用来辅助万物的自然生成发展，而不敢轻举妄动。

四季更替，寒暑分明，人们在这样一种变化莫测的大环境中生活，为了更好地保持健康的体魄，少生病或不生病，必须遵循自然界的规律。老子为我们总结有一条基本原则，就是顺应自然规律，养生首要。

人类以自己柔弱的躯体，面对威力无穷的大自然，可谓"顺者昌，逆者亡"，企图"人定胜天"还为时过早。自然界的变化让我们体会最真切者，莫过春夏秋冬的更替，前些日子的骄阳似火与近日的秋风送爽，人们的感受大不一样。

中医学在养生保健和防病治病中，处处强调人与自然界是统一的整体，称"天人相应"，告诫说"要顺四时而适寒温"。自然界的一切生物受四季气候变化的影响，于是形成了春生、夏长、秋收、冬藏的自然规律。一年四季的变化同样随时影响人体，人体的五脏六腑，四肢九窍，皮肉筋骨血脉等的功能活动与季节变化息息相关。人们顺应自然界养生就能健康少病长寿，反之则可能患病夭亡。

前人为了更好地顺应和利用自然，常以"节气"来指导人们衣食住行和农事劳作。至今，中医看病还时刻不忘节气，在养生保健方面认为在春夏阳气当旺之季，要保护体内阳气，以免阳虚致病；秋冬阴气当旺之季，要注意体内真阴的保护，以适应来春阳气之发动，《内经》称之为"春夏养阳，秋冬养阴"，这是养生固本的一大原则，不可违背，否则必然会损伤正气，导致病害。

以秋季为例，古人说"春华秋实，仓积容满"，秋季是收获的季节。秋三月还需分孟、仲、季三个不同阶段，立秋、处暑为第一阶段，此时暑气未消，秋阳余炎；白露、秋分为第二阶段，此时金风送爽，玉露初凝；寒露、霜降为第三阶段，此时碧空如洗，大雁南飞，是"阳消阴长"天气逐步转凉的过程。人们在秋季的起居也应随着阳光的收敛、燥气的影响调整睡眠时间，《黄帝内经》中说秋季应该："早卧早起，与鸡俱兴。"有研究发现，脑血栓或缺血性脑血管病患者，在秋天坚持晨练有明显的防治作用，有利于减少血栓形成，可改善脑功能和智力，这可能与秋季空气中负离子含量较多有关。

无为养生法

【原文】不为而成。(《老子·第四十七章》)

【大意】不妄为就能自然成功。

人的生命只有一次，养好生命，人才能长寿。然而，危及人类生命的杀手比比皆是：饮水、空气、食物等生存条件被破坏和污染，人们普遍运动失衡，各种灾难性疾病残害着人们。我们如何养生才好呢？让我们听听中华民族智慧之神——老子揭示的真谛："不为不成。"意思是：人学地，不妄为，不违背规律，自然而然就可以成。也就是说，做事做到自然状态，就是达到了最高境界。由此，我们可以悟出：无为养生，是养护人生的最高境界！

无为养生，辞海中没这词条，辞源中没这词条，中外药典等各类医养类著作中也没有无为养生的阐述。无为养生是一个全新理念。如何无为养生呢？就是顺应自然世界和社会生活的规律，养护我们唯有一次的生命，也就是"顺其自然"地追求人生健康。

对于养生，人们各有各的看法。但"英雄所见略同"，许多长寿者都认为养生不必有过多的禁忌，以顺乎自然为好。

著名历史学家周谷城说："有人说老年人不能吃肉，不能吃动物油，连吃鸡蛋也只能吃蛋清。对此我却不大赞成，我是想吃什么就吃什么，什么东西吃着香就吃什么，饮食首先要吃下去，然后才能消化吸收。不想吃的东西看着就叫人烦，那怎么行？有想吃的东西却不让吃、吃不着，这在精神上也会引起不良反应，对健康同样是不利的。"

北大教授、著名学者季羡林年逾九十高龄时，仍身板硬朗，思维敏捷。有人问他有什么长寿秘诀，他的回答是："我的秘诀就是没有秘诀，或者不要秘诀。"一些相信秘诀的人，禁忌很多，这也不敢吃，那也不敢吃，季老不以为然。他凡是觉得好吃的东西都吃，不好吃的东西就少吃或不吃，其理论是："心里没有负担，胃口自然就好，吃进去的东西就能很好消化，再辅之以腿勤、手勤、脑勤，自然就百病不生了。"

说起养生之道、长寿秘诀，那真是形形色色，五花八门，不仅使人眼花缭乱，无所适从，甚至有的互相对立。有这么一个笑话：某记者听说某地有位长寿老人，便赶去采访。老人向其介绍自己的长寿秘诀：一辈子不吃肉，不喝酒。记者如获至宝，于是专心记录。恰在此时，忽然从屋子里传出叫骂声，记者忙问是怎么回事？老人不好意思地解释："因为接受您的采访，耽误了给我父亲买肉打酒，老人家发脾气了……"人体的差异性很大，没有一成不变的养生之道和长寿秘诀。在养生问题上，不要有那么多禁忌，搞那么多条条框框、清规戒律，不要强迫自己做那些难以做到的事。保持精神愉快，乐观豁达，想吃什么就吃什么，吃也吃得下，睡也睡得香，有问题则设法解决，有困难则努力克服，干什么就专心干，心平气和，从容处之。这样符合自然规律，焉有不长寿之理？当然，这里所说的"顺乎自然"也是相对而言，如果因为有病或其他原因，医生嘱咐忌吃某些食品、减少某些活动，那就另当别论了。

养生过度损健康

【原文】人之生,动之于死地,亦十有三。夫何故?以其生生之厚。(《老子·第五十章》)

【大意】人本来可以活得长久,却自己走向死路的,也占了十分之三,这是什么缘故呢?因为他们养生过度的缘故。

老子提倡过一种寡欲质朴、纯真自然的生活,这样才不会伤残人的本性,可以活得长久。他认为欲望太盛、供奉太多,反而使生命受到损害。

我的一位朋友的母亲曾经就是个养生过度的人。她订了许多卫生保健方面的报刊,经常剪贴、复印下来,分别送给朋友和老同学。她也关心电视上的健康节目。一次她特地打电话通知她的老同学,第二天有治疗高血脂的节目。她的老同学说:"我的血脂还正常。"她劝道:"以后说不定会高呢!"她常怀疑自己有这病那病。身体某一部位稍有疼痛,就害怕"长东西"了,弄得惶惶不可终日,精神负担很大。最近她在别人的劝说下上了老年大学绘画班,还每日与老伴出去锻炼,才感觉精神和身体都好多了。

中医理论非常好,非常奇妙。中医治病的本质是和谐,它不讲究杀菌杀病毒,而是给你调理阴阳平衡,虚实平衡,气虚补气,血亏补血。比如,现在很多人每天吃一大堆补品,说这个好那个好,一小点可以补充那么多营养,其实未必。如果真是那样的话,就可以不用吃饭,只吃补品就行了。任何东西少了不行,可并不是说多了就好。比如维生素C,成人每天的需要量是100毫克,如果你摄取了200毫克,多余的就会从尿液中排出,不会有什么其他问题;可如果你长期摄取过量,它会通过肝脏先储存起来，然后再一点点释放；如果你摄取的量过多，肝脏储存过多，就会导致中毒症状，头晕头痛，恶心呕吐，甚至肝细胞坏死。每年因过量服用补品导致中毒甚至死亡的人不知道有多少。

所以养生要适度，适度包括营养的适度、运动的适度、心理的适度。

过去困难时期，营养不良的人很多。现在生活条件好了，又走了另一个极端，就是吃得太多，于是出现了肥胖、超重等问题。也有一些人粗粮吃得很少，这样也不好，人类就是从吃粗粮过来的，玉米、小米、高粱、南瓜、土豆、红薯都是很好的食物，含有非常丰富的天然营养。所以东西要搭配着吃。另外要注意的是，吃到七八分饱就可以了，适可而止。俗话说："七八分饱，百岁不老。"人为什么要吃七八分饱而不是全饱呢？老虎生活的环境里，吃的东西不是每天都有，抓到猎物就要吃个够，接下来的两三天不吃都没事。而我们人类有丰富的食物来源，天天都有吃的，如果吃得过饱过量，就容易吃出病来。从生理学的角度讲，我们吃完东西后，要等血糖上升才有饱腹感，如果吃得过饱，等血糖上升的时候，一定又会觉得撑了。所以吃得快的人一定容易发胖。这就像一个汽车制造厂，每辆汽车需要4个轮胎即可，生产1万辆汽车即需要4万个轮胎，如果你做了40万个轮胎，当然会把整个车间都给占满，反而无法生产出汽车了。所以如果违背了适度均衡的原则，好东西也会变成坏东西。当然，有特殊需要的人适当多补充一些复合营养还是对健康有益的。

"健全的心灵寓于健康的身体。"这句格言可以追溯到罗马时代，而且历久弥新，到今天仍然适用。生命在于运动，人若不动，也就不能生存，更不能成为有思维有感情的高级动物，但运动必须合乎科学，按照科学规律去运动，才能达到健身的目的。一个人如果不按科学规律去运动，盲目地做一些不适合于自己身心的运动，那不仅得不到健身的效果，反而会损害健康。

心理的适度也就是心态平和。有人说，心态平和哪里能做得到？有时候碰到某件事情我就会特别着急，平和不了。心态平和，不是讲心如止水、心如枯井，更不是说麻木不仁。心态平和的人一样拥有喜怒哀乐，这是很正常的，但不要过度。比如说今天你中了个大奖，请朋友吃饭，本来挺高兴的一件事，可你大喜过望、酗酒过度，引起健康问题，乐极生悲。再比如说你不小心丢了钱包，其实没什么大不了的，只要吸取教训就得了，可要是你为此而捶胸顿足，寝食不安，可能会得植物性神经功能紊乱，最后变成抑郁症。所以我们遇事尽量不要大喜大悲，大惊大恐。过度的情绪波动会伤害内脏，导致十二指肠溃疡、高血压等许多病，要尽可能保持理性、适度的情绪。

随着人们生活水平的提高，人们对养生越来越重视，然而养生过度对健康反而有害。人不要把养生作为生活的唯一追求，过分执着养生，甚至定出种种规章、禁忌，活得并不自在。稍有不适便忧心忡忡，这样的心态对健康极为不利。人应该提倡科学的生活方式，掌握必要的医学常识，让身心处于轻松状态，做些令精神愉悦的事，潇洒并快乐地活着，这才是最好的养生。

让精神长存

【原文】 死而不亡者寿。(《老子·第三十三章》)

【大意】 那虽死犹生的人,称得上真正的长寿。

老子的"死而不亡",并不是在宣传"有鬼论",也不是在宣扬"灵魂不灭"。而是说,有些人的身体虽然消失了,但他们的精神是不朽的、是永垂千古的。

常香玉在国难当头时毅然把三个孩子送到托儿所,拿出自己多年积蓄,卖掉车和房子,组织多场义演,1952年共筹资旧币15.2亿元(当时的货币)买了架"常香玉号"战斗机捐给志愿军抗击美国侵略者。常香玉大师做事"从来都是先想着别人,把自己放在第二位"。改革开放和市场经济的今天,她依然没有丢掉德艺相依,德为先、艺为后,台下好好做人、台上好好演戏的大师之风范。"戏比天大",这是常老对豫剧执着追求的座右铭,她临终时,还念念不忘党和人民的利益,留下了丧事从简、不发讣告,不许任何人以她的名义向组织提非分要求的遗嘱,这种精神何等的难能可贵。这与那些有了点名气便以此索要高额出场费等,一切向金钱看齐的所谓"大腕""明星"形成了多么大的反差!

2010年10月,原云南省保山地委书记杨善洲永远地离开了我们。2011年感动中国十大人物的颁奖词是这样描述他的:"绿了荒山,白了头发,他志在造福百姓;老骥伏枥,意气风发,他心向未来。清廉,自上任时起;奉献,直到最后一天。60年里的一切作为,就是为了不辜负人民的期望。"

1988的3月,61岁的杨善洲从保山地委书记的岗位上退休,婉拒了省里劝其搬至省城昆明安度晚年的邀请,只为他心里还装着要"帮家乡办点实事"的承诺。于是,他执意回到家乡施甸县,开始了20多年在大亮山的义务种树。这里原来林木参天,20世纪50年代后为发展生产毁林开荒,终于导致山秃水枯,生态遭到严重破坏,周边十几个村寨又重新陷入贫困。杨善洲忧心忡忡地说:"再这么下去,子孙后代的日子可怎么过?"2009年,大亮山重披绿装,有人算了笔账,这里活木蓄积量价值已超过3亿元。83岁的杨善洲望着青山绿水,含笑离开了我们,他将一生的努力和积蓄留在了人间,也把伟大的精神留在了世代人们的心里。

有的人死了,但他们却活着。常香玉、杨善洲就是这样精神永存、永远活在人们心中的人。对于他们的离去,社会各界人士都深感悲痛和惋惜,但同时也觉得他们虽死犹生,因为他们的无私奉献精神和高贵品质永远留在人们的记忆中。他们对党的无限忠诚,对人民群众的无限忠诚,他们那种爱民、敬民、为民的衷肠柔情,永远激励活着的人。

第九章　无为无不为的管理之道

以"无为"达到"无不为"是老子管理之道的精髓。学会识别人才并尊重人才也是管理者的必修课。

老子管理思想概论

【原文】无为而无不为。(《老子·第四十八章》)

【大意】能顺应自然不妄为就没有什么事情办不成。

老子的思想体系中包含着丰富、精妙的管理智慧，其中的妙语箴言，至今仍对现代企业管理有着非同一般的深远影响和启迪。老子管理思想的核心是追求"无为而治，道法自然"的境界。

老子说："太上，不知有之，其次，亲而誉之，其次，畏之，其次，侮之，信不足焉，有不信焉。悠兮其贵言，功成事遂，百姓皆谓：'我自然。'"(《老子·第十七章》)此话的大意是：最好的领导者，人们感觉不到他的存在；次一等的领导者，部属亲近他，而且赞美他；再次一等的，则是让部属畏惧害怕；而最差劲的领导者，则是处处被部属看不起，遭人蔑视。而且，领导者最重诚信，没有诚信则得不到部属的信任与忠诚。最好的领导者的态度是悠闲自然的，他不轻易发号施令，如此则事事顺遂、功成业就，大家就会说："我们本来就是这样的。"老子还强调"人法地，地法天，天法道，道法自然。"所谓"道法自然"是说道就是其本来的样子，"道"以它自己的状况为依据，以它内在的原因决定其本身的存在和运动，而不必靠外在其他的原因。老子认为，任何事物都要顺应它自身的情况去发展，"自然"就是道，就是规律，就是法则。老子的这些论述实际上反映了其学说的精髓和本质；简而言之，就是倡导一种"无为而治，道法自然"的思想。

事实上，如果从管理企业的角度来思考，这些思想与现代企业的管理理念与方法有着异曲同工之妙。老子的思想启示我们，在现代企业管理中，必须追求一种"无为而治，道法自然"的境界，唯有如此，企业才能立于不败之地；而唯有具备如此素质的企业管理者才是真正称职和优秀的领导者。

现代社会的商业竞争越来越激烈，并且已经演变到了一个新的阶段和层次，由单极转向多极，从区域遍及全球。科技日新月异，信息层出不穷，在这种情况下，老子的"无为而治，道法自然"的思维方式将是应付社会巨变的一种行之有效、弹性极佳的管理策略。随着企业生产规模的不断膨胀，部门不断增加，人员不断扩充，企业活动所涉及的层面也越来越广，越来越深，即使再精明能干、智慧不凡的领导者也无法面面俱到、事必躬亲，样样"有为"。所以，在现代企业管理中，领导者在决策上应"有所为，有所不为"。这就要求管理者能辨别轻重，分清主次，在事关全局和长远利益的"大事"上有所为，而在无关紧要的琐碎"小事"是则有所不为。就现代企业而言，高明的管理者应该是领导和指挥众人的"导演"，而不是扮演什么具体角色的"演员"。现代管理学提倡科学管理，讲求管理效率，这实际上与老子"无为而治，道法自然"的想法是完全一致的。

法国著名管理学家法约尔就极力反对上层领导者"在工作细节上耗费大量时间"，在小事上"总是忙忙碌碌"。他一直主张："一个企业，经理应始终设法保持对重大事情的研究、领导和检查的思维自由和必要的行动自由"。这就是说：现代企业的管理者必须讲求管理策略，要善于"抓大事"而"舍小事"。

从另一个角度来看，推行"无为而治，道法自然"的管理原则，是企业顺应客观规律、走向成功的必然选择。老子"无为而治，道法自然"的思想提倡的是"顺其自然"，讲求按照事物本来的运行规律办事。其实老子这里所说的"无为"，并非人们通常理解的消极的"无为"，并不是要人什么事都不做，毫无作为，听凭命运的摆布，而是要求人们积极遵道以行，率理以动，因势利导。此外，强调人不应妄为、不应乱为，不违背事物存在和发展变化的规律，要充分认识事物的发展规律，然后根据自然规律去工作，而不要勉强去干那些违背于规律的事。老子此处的"无为"强调的是管理者在进行管理时应采取的态度和方法，即在企业管理中，管理者既不能随心所欲，为所欲为，也不能脱离实际，勉强胡乱地去做，而要顺其自然，遵循自然规律和社会规律，以忘我淡泊、宁静致远的心态去处理事物，并严格按客观规律办事。

被誉为日本"经营之神"的松下幸之助在回答"你的经营秘诀是什么？"的问题时，强调："我并没有什么秘诀，我经营的唯一方法是经常顺应自然而然的法则去做事。"松下幸之助的这种管理理念实际上已是对老子"无为而治，道法自然"一说进行了充分肯定。

要达到"无为而治，道法自然"的管理境界，必须从以下几方面进行努力：

1. 具备管理者素质

企业管理者必须具备虚怀若谷、胸襟开阔的素质；必须要有"容人、容事"的气度和风范；必须在识贤、求贤上"有所为"，在用贤上"有所不为"。一个成功的现代企业领导者，如果要做到"无为而治，道法自然"，就必须在干部和员工的使用上实行"君无为而臣有为"的管理方法，这就要求企业管理者必须具备伯乐寻千里马、刘备三顾茅庐的精神，发现人才并重用人才，真正做到"用人不疑，疑人不用"，以充分调动企业各级管理者和全体员工的主动性和创造性；而不是处处设限，事事干预，更不要不懂瞎指挥。实践证明，只有敢于"无为"，才能大有所为。作为企业管理者，如何将具有不同文化背景、不同宗教信仰和思维方式的雇员凝聚在一起，让整个公司形成一种信任、团结的风气和环境，的确不是件易事。如果大小事务都要亲自过问、亲身参与，不仅领导者本人会觉得精疲力竭，事情多得干不完，员工也会觉得你不信任他，牢骚满腹，造成管得越多越管不好的情况。

2. 确定管理机制

从企业管理的角度来讲，必须建立一套适合本企业特点、有前瞻性、并能与时俱进的管理机制，只有这样，企业才能灵活自如，游刃有余地运作。

要实现这个目标，必须要采取以下几方面的措施：

（1）建立合理的组织结构，使部门与部门之间形成既相互协调、又相互制约的状态。

（2）根据现代企业的要求，结合本公司的发展规划制定与之相符的管理理念，用以指导公司未来的发展。

（3）通过授权和分权的方式，提高工作效率，科学有效地管理企业。

事实上，任何一个企业管理者的管理范围都是有限的，超过某一限度，必会造成自顾不暇，效率低下，并最终导致整个管理系统的紊乱和失衡，只有分级管理，才能使管理者摆脱烦琐事务的束缚，集中精力抓大局和战略。美国纽约著名的贝尔实验室在研究工作方面成绩斐然，曾诞生过十几个世界第一的发明。在向记者谈及治所之道时，该所负责人陈煜耀博士指着他办公室挂着老子的"无为而治"的条幅解释说："领导者的责任在于既要做到你在领导别人，又要做到别人并不认为你在干预他。"陈煜耀博士的这番话可谓一语中的，贝尔实验室的成功正是老子"无为而治"管理思想在现代企业成功运用的一个鲜活实例。事实上，只有分级管理，才能使管理者摆脱日常琐碎事务的干扰，集中精力做好自己分内的事；从另一个角度来看，对某一个企业而言，若过度依赖某个强势的领导，当有朝一日出现人事变动时，企业可能因而无法正常操作和运转，这将对企业的长远发展和做大做强造成严重影响。

3. 确定规章制度

企业的规章和大原则不能朝令夕改，一旦制定就必须保持连续性和一贯性。这就是说，企业的规章制度一旦确定，就应如老子说的"守中""抱一"，按既定的道路，脚踏实地、坚定不移地前行。如果我们"这山望着那山高"，成天忙着为了一己之利或改变规则，或变更项目，过分"有为"，到头来恐怕只会乱作一团，一事无成。

由于经济全球化和市场竞争的加剧，尤其是近几十年来日本企业界在世界商业市场的崛起，令越来越多的西方管理学家开始关注中国道家，尤其是老子的管理思想和管理原则。美国管理学家约翰·海德就在他所著的《领导之道——新时代的领导战略》一书中，引用了不少《老子》一书的思想，他十分推崇老子的"清静无为"，在书中还从管理学的角度对这种思想作出了自己全新的诠释。事实上，管理学界学习研究老子思想的热潮一直历久不衰，老子思想犹如一个巨大的宝库等待人们去深度挖掘。

变领导为引导

【原文】 太上，不知有之。(《老子·第十七章》)

【大意】 最好的君主，下面的百姓感觉不到他的存在。

从古到今，研究君学的人无不认为，"无为而治"是君学的最高标准，能够达到无为而治的人，是天下第一流的领导。从《易经》到老子、孔子、庄子，以及后来各代的权威学者，无不一致认为这一标准是天经地义的正确道理。君主作为古代国家中的最高领袖人物，所以君学就是指领袖学而言。

《易经》中说："易，没有思虑。寂然不动，就有感觉通融天下。不是天下最高神人，谁能做到呢！"又说："天下同归而殊途，一致而百虑，天下何思何虑？"无思无虑，就是顺应之功，自然之至，无为之极。无为，就可以静然而应、感通于神，自然有所成就。

老子说："道常没有作为而又无所不为，君王诸侯能遵守它，万物都会自然化育。"又说："圣人不行而知，不见而明，不为而成。""我无为而民自化，我好静而民自正，我无事而民自富，我无欲而民自朴。""因为圣人无为，所以没有失败；没有固执，所以没有损失。""因为无为而治，所以，就无所不治。""为无为，事无事。"又说："要想取得天下而去强求它，我看他不能得到。天下的神器，是不可强求，也不可执着。强求的人失败，执着的人也会失败。"

当然，无为的人不是一事不做，而在于不侵犯臣职，善于守着自己的职责尽量对工作进行引导而不是僵硬的"领导"。所以，无为的人，不是说引他不来，推他不去，而是他依从规律而做事，因资深而立功。我们必须注重"为无为"和"无为而无不为"这两句话的深刻含义。要知道老子所说的，不是平常人所说的清静无为的消极思想与消极的政治。

只有懂得"无为而治"的管理者，才有大智慧、大眼界、大气度、大胆略。有大智慧就能看得透彻，有大眼界就能看得长远，有大气度就能容纳万物，有大胆略就能提得起、放得下。明道明理，要靠大智慧；知人善用，要靠大眼界；容人信人，要靠大气度；提得起、放得下，要靠大胆略。知人困难，善于用人更困难；容人困难，信得过人更困难；提得起难，放得下是难上加难。

长期以来，管理者都是以命令的方式要求员工做这做那，结果并不理想，这极大地妨碍了员工积极性的发挥。

某服装厂绩效很差，按件计酬，产量仍然无法提高，经理尝试用威胁、强迫的方式要求员工提高工作效率，仍然无效。后来请了一位专家来处理这个问题。专家将员工分成两组，告诉第一组员工，如果他们的产量达不到要求会被开除；告诉第二组员工，他们的工作有问题，要求每个人帮忙找出问题在哪里。结果第一组的产量不断降低，有的员工甚至辞职不干了；第二组员工的士气却很快提高，他们依照自己的方式去工作，负起增加产量的全部责任，由于齐心协力，第一个月的产量就提高了20%。这种效果完全是引导造成的，强迫不能使员工提高业绩，相反，引导却能有效地激励员工，提高工作业绩。

领导与引导是不同的，领导无疑含有命令的成分多一些，而引导包含的命令成分要少得多，将领导变为引导是企业管理者灵活运用激励原则的高超表现，在工作中能够取得意想不到的效果。领导转化为引导，对管理者有着较高的要求，首先管理者要有非凡的智慧，能洞察企业运行的实质不是靠产品而是靠员工。其次，管理者要做出表率，管理者对于自己制定的规范、政策，要以身作则，身体力行；对自己的诺言，要言必行，行必果。只有管理者以身作则，言行一致，员工才会心悦诚服地接受领导，跟着积极行动起来。最后，管理者不能单凭自己的职务、权威和形式上的地位尊严去建立领导地位，而是要靠对员工的信任和引导去建立领导地位，要相信自己的下属是有工作积极性的，有提高自己的能力、承担更大责任的愿望。

以身作则

【原文】我无欲,而民自朴。(《老子·第五十七章》)

【大意】我没有私欲,百姓自会淳朴。

老子认为,下属会向管理者看齐,有什么样的管理者就会有什么样的下属,管理者能以身作则,树立起好的榜样,是实现成功管理必不可少的条件。

"火车跑得快,全靠车头带。"领导临阵指挥,最能提高部下的士气,特别陷入困境时,唯有出色的统领立于头阵,身先士卒,才能打开生路。临阵指挥,并非在展现领导优越的能力和魅力,重要的在于它能影响全体的精神。

大家都知道,员工的态度反映了领导的态度,你的职位愈高,你就愈需要表现你的领导力。

做领导要在言行举止上展露出做领导的风范。然而,很多人无法彻底实践自己立下的规定。假如你要求每个人都遵从某一种方法做事,你自己也不能例外。假如事情不得已一定要例外行事,你得向员工解释其中的道理,或者改变规定。假如你期望下属一直对你诚实,你也要付出同样的真诚。假如某件事需要保密,你应该什么都不要说,或者明白地对别人表示,不宜对这个议题发表意见。假如你希望下属整天埋头工作,你自己也要勤奋不懈怠。

对领导而言,能够成为下属的榜样,自然魅力大增。但是要做到这一点,并非易事,要靠以身作则,靠自己平时对员工的影响力。

以身作则不是整天在下属面前喊喊口号就可以了,做永远比口号更重要，且更能让你的下属钦佩有加。

在下面的内容中，我们将给你指出几种技巧，运用这几种技巧你就能够树立起被学习的榜样。只要你能把这几种技巧运用得熟练，你也就用不着再费心去树立别的榜样了。

使用这些技巧，每天运用它们，你很快就能把这些个人品质发展到你的下属要向你学习的程度；你会激发他们殚精竭虑地工作，你想让他们做什么，他们就会做什么。这才是货真价实的领导权，也是最大地驾驭下属能力的具体表现。

你应该永远记住这句话：领导是被学习的榜样，不是被赞扬的对象。给别人树立学习的榜样远不是一件容易的事情，那意味着必须时时刻刻不断加深我们在孩提时代从学校那里听来的那些传统的个人品质和修养。树立榜样就意味着去发展诸如勇气、诚实、随和、不自私自利、可靠等那些个人品格特征，甚至当这种坚持需要你付出很高代价的时候，也得坚持。

你的下属将永远把你看作他们的领导者，看作学习的榜样。由于你自己能够履行上司的义务并能以身作则表现出榜样的风范，你的下属就会尊敬你，为你而感到骄傲，而且会产生一种想达到你那样高的境界的强烈愿望。

表率即率而先之。通俗地讲，工作业绩突出、品格高尚的领导影响力较大。作为领导，当然要起到表率作用，用魅力感召下属，形成上下同心协力的工作局面。美好的形象能产生一种形象效应，给下属以信心、勇气、力量，引导他们勇往直前。领导具有顽强意志等人格魅力，影响着下属的工作方向，"因为自己的形象使下属产生折射反应，则会产生极好的效果。"

"上有好者，下必有甚焉。"有什么样的领导，自然会有什么样的下属，所以领导在责怪下属处事不当之前，应该想想自己是否有同样缺点。其身不正，试问又如何去责怪下属？

你是否发觉，不少人的辞职，原因也涉及不喜欢领导的处事风格？由此可见，如果下属认为与领导不属同一类人，多数会自动辞职，所谓"物以类聚，人以群分"便是这个意思了。因此，我们可从下属的表现，得悉其领导的管理能力。

解决矛盾时，要勇于承担责任。谁都会失误，再加上一些决策本身就具有风险性，工作中出现错误是难免的。当工作中出现问题时，与之相关的人都在考虑责任问题，谁都不愿意承担责任，推给他人自己省去麻烦，岂不更好？但作为管理者，无论如何都会有责任，如果是决策失误，自然是管理者的责任；如果是执行不力，也许是制度不严或是管理者用人失察，也许是执行者自身的责任；如果是因外界原因造成失误，那么管理者和执行者都有分析不足的责任等。出了事儿只知道责备下属，把责任推给下属，不从自身找原因，就会与下属发生矛盾，会让你失去威信，失去民心，也会令人怀疑你的管理能力。即使是下属的过失，管理者也应该站出来承担一部分责任，比如指导不当、计划不周等，这样做更能显出你处处为他人着想的高风亮节，这样处理就会把很多矛盾消于无形。不至于在出了问题以后把上下级关系弄得很紧张。

为使下属有样学样，身为领导的你，最好时常省察，不时反省一下自己有什么坏习惯，并及早戒掉。最容易犯的错误，便是领导时常借故迟到早退，这样会令下属工作散漫，严重影响工作效率。领导不在，部下工作自会放松，或四处找人聊天，将你"偷懒"的消息四处传播。久而久之，集体就会变成一盘散沙，所以不要以为身为领导便可以随意离开岗位。

当然，做事公平及公私分明，才是部下学习的好榜样。只有这样的领导，才会赢得下属的好口碑。

领导要起表率作用，塑造自己的魅力，还应该做到以下十一点：

（1）自己努力工作为你的下属树立高标准的学习榜样；

（2）身体要健康，精神要饱满；

（3）要完全掌握自己的情绪：要保持愉快而乐观的态度；

（4）在指责或批评别人的时候，不要把你个人因素掺和进去；

（5）待人要随和，要有礼貌；

（6）你的话必须一诺千金；

（7）做任何一件工作，都要比一般人想得周密，做得有条理；

（8）勇挑重担，不怕困难，喜欢在重担和困难面前锻炼自己的人格和能力；

（9）能从全局看问题，从小处着手，一步一个脚印地解决问题；

（10）不追求个人享受，任劳任怨，以身作则，同时能以大家的甘苦为自己的甘苦；

（11）能以科学的态度和方法，指导大家的工作，能以人性为本，激励大家的工作热情。

礼贤下士

【原文】善用人者,为之下。(《老子·第六十八章》)

【大意】善于用人的人,对别人很谦逊。

我们知道,人是感情动物,人的一切行为动力都受感情支配。而获取人们感情的唯一方法,就在于你能了解尊敬他、器重他、同情他、帮助他、爱护他。管理者与其抬高自己的身份,使人们认为你是伟大、神圣不可侵犯的领袖,还不如降低自己的身份,放下自己的架子,使人们认为你是完全可以信赖的人,是他们的真诚朋友。这样,人们不仅会心悦诚服地拥护你、爱戴你,甚至于心甘情愿地为你赴汤蹈火,为你效忠效力,心甘情愿献上自己的生命。但是,作为一个领导,如果唯我独尊,狂妄自大,就永远难以赢得人们真诚的拥护与爱戴。

老子说:"王侯不能保持天下首领的地位,恐怕就要倾覆。所以贵以贱为本,高以下为基,因此王侯们自称为'孤''寡''不谷',这不就是以贱为根本吗?人们最讨厌的,就是'孤''寡''不谷',但王侯们却用来称呼自己。所以一切事物,如果减损它反而得到增加,增加它反而得到减损。"《曲礼》中也说:"礼就是要自卑而尊敬他人,虽然是贩夫走卒,也必须尊敬他,何况高贵的人呢?"

因此,作为领导阶层来说,就是要能恰当地抑制自己,显扬他人。显扬他人实际上就是抬高了自己。唯我独尊、狂妄自大、目中无人、放纵无礼,足以毁坏自己的事业。

真正大者不显示大,真正高贵者不炫耀高贵。所以老子说:"江海所以能够成为河流百川所汇聚的地方,乃是由于它善于处在低下的地方,因此能够成为百川之王。因此，圣人要领导人民，必须用言辞对人民表示谦下；要想领导人民，必须把自己的利益放在他们的后面。所以，有道的圣人，虽然地位处在人民之上，而人民并不感到沉重；处在人民的前面，而人民并不感到难堪。"作为一位领导，要想取得员工的拥护与爱戴，就要处高而不故意显示高，处大而不故意显示大。

从古至今，有所作为的领导人都深深地领会到老子思想的精神，对人才格外重视。

《史记·魏公子列传》中说：魏公子无忌为人仁厚，又能礼贤下士，凡是士人，不论才高才低，都能谦虚地以礼相待，不因为自己富贵就怠慢士人。因此，纵横几千里地方的士人，都争相前往归附他。他招来的食客有三千人。在这期间，各个诸侯因为无忌贤能，门客又多，轻易不敢侵犯魏国。

魏国有个隐士名叫侯嬴，70多岁了，家境很穷，只好去做大梁夷门的守门人。魏公子听说后，就前去问候，要赠送他丰厚的财物。侯嬴不肯接受，无忌就摆酒席，大请宾客。客人坐定之后，无忌带着礼物，空着车子左边的尊位，亲自去迎接夷门侯先生。

侯先生整了整破旧的衣帽，登上了无忌的车毫不谦让地坐在上首，想借此来观察无忌。无忌握着缰绳，更加恭敬。侯嬴又对无忌说："我有个朋友在街上屠宰坊里，希望委屈您的车马，让我去访问他。"无忌驾着车子来到市场，侯嬴下车去会见他的朋友，故意久久地与朋友谈话，暗中观察无忌。无忌脸色更加温和，一点也没有不耐烦的表现。

侯嬴看到无忌脸色始终不变，才辞别朋友，登上了车子。来到无忌家，无忌领着侯嬴坐在上首，并向他一一介绍宾客。侯嬴便对无忌说："我只是夷门的守门人，而无忌却委屈车马，在大庭广众面前亲自去迎接我，我本不应该去访问朋友，却委屈无忌去了一趟。然而我侯嬴要成就无忌的美名，故意让无忌的车马久久地停在街市上，这样人们大多把我看作小人，而认为无忌是有德行的人，能谦恭地对待士人啊！"从此以后，侯嬴成了无忌的上宾，并为无忌的事业做出了许多贡献。

魏公子无忌之所以对许多别人看不上的"小人物"如此屈尊拜访，就在于他认识到了"小人物"蕴藏的巨大潜能,对地位不如自己的人谦逊,礼贤下士。

一个领导人树立了"为之下"的意识,才能有所作为。要知道,人是最复杂的动物,你应该尽力去了解你的下属中潜藏着哪些人物,去关心他们,爱护他们。在他们身上不经意的投入,有可能带来意想不到的连锁反应。

也许你只是因为一点家务事而心情不好,但却把这种不良情绪带到了工作中,自认为是领导就不加遏制地对下属任意发泄,让他人成为"出气筒""受气包",当然大多数下属只能忍气吞声。但是,其中一些有个性且自尊心强的人,也许会在某一天让你吃一次大亏。也许这些人颇有才华,几年以后,其中会有人处于和你平级、甚至高于你的位置,这样等于给自己树立了未来的敌人,使你后悔莫及。早知如此,何必当初?

世界是不断变化的,没有一成不变的事情。"小人物"或许有一天也会变成"大人物",多一个朋友总比多一个敌人强。或许当你消息闭塞时,会有一个你意想不到的朋友给你送来一则起死回生的消息,帮你力挽狂澜;当你仕途低迷时,会有人扶你一把;或者在你的单位进行民主评议的时候,你这个群众关系好的人所得的票数会比别人多。

《战国策》记载了这样的一个故事:中山国君宴请都城里的军士,有个大夫司马子期在座,只有他被忽略了未分得羊羹。司马子期一怒之下跑到楚国,劝说楚王攻打中山国。中山君被迫逃走,他发现,逃亡时有两个人拿着戈跟在他后面,寸步不离地保护他。中山君回头问这两个人说:"你们是干什么的?"两人回答说:"我们的父亲有一次快要饿死了,你把一碗饭给他吃,救活了他,我父亲临终时嘱咐我们:'中山君如果有难,你们一定要尽死力报效他。'所以我们决心以死来保护你。"中山君感慨地仰天而叹:"给予,不在于多少,而在于正当别人困难时;怨恨,不在于深浅,而在于恰恰损害了别人的心。我因为一杯羊羹而逃亡国外,也因一碗饭而得到两个愿意为自己效力的勇士。"

《三国演义》里的曹操更是因为对待"小人物"态度的不同而影响大业。在官渡之战兵处劣势时,曹操听说袁绍的谋士许攸来访竟顾不得穿鞋，赤着脚出来迎接，对许攸十分尊重。许攸感其诚，遂为曹操出谋划策，帮了他的大忙。然而曹操也吃过忽略"小人物"的亏，当他正一帆风顺时，西川的张松前来献地图，他态度傲慢，以至于给张松留下了"轻贤慢士"的坏印象，于是张松改变了主意，把本来要献给曹操的西川地图，转而献给了刘备。这对曹操来说不能不是事业上的一大损失。可以想象，曹操对张松如果像当年对许攸那样尊重，西蜀的地盘说不定早就成了曹操的了。

记住老子"善用人者为之下"的箴言吧，它会让你受益无穷。

平等对待员工

【原文】圣人无恒心，以百姓之心为心。(《老子·第四十九章》)

【大意】圣人永远没有主观偏见，以百姓的意见为意见。

老子认为，领导者应平等对待下属，并且要爱护关心下属。现代企业管理者要想真正留住人才，和员工们在一起时，绝不可以只是上下级关系和工作关系。管理人员要明白只有把员工当作家庭成员对待，与其亲切友善地打成一片才能实现成功的管理；而与员工亲切友善打成一片的最简单方法，就是实现平等管理。

员工跳槽带来的不仅是缺少了人才，而且还会带走公司的专有技术，甚至转而为原来的竞争对手工作，这时的损失往往是不可估量的。不过，有一点应十分清楚，无论在哪里工作，即使是那些最爱跳槽的人，也不愿意平白无故地舍弃干得很顺心的工作。那么，既然想留住人才，我们又何不去满足他们的志趣追求呢？

因个人自尊心而产生的要求平等的精神和平等的意识在企业人才管理中是不可忽视的。优秀的企业家和管理人员都十分重视这种平等精神，准确地把握并合理地安排员工，使企业上下齐心，使老板与员工们和谐相处。

不要有偏见，不要另眼相待。这两点其实是连在一起的，凡是对一些人有偏见的领导，对另一些人则会另眼相待。

有的领导不明白了。"有偏见当然不好，我们对工作努力的同志另眼相待难道也不对？"我们的回答是：另眼相待同样有害无益。

对于干得出色的下属当然是应该表扬的，但是，该表扬的时候表扬，该评功的评功,平时还是应该与其他职工一视同仁。这就是说,他靠工作出色赢得了他应该得到的东西,其他方面还是同别人一样。别人若像他一样工作,那也能赢得所应该得到的东西。这里强调的是工作,突出的是公平。如果你把一切特权都授予了他,甚至对他做错的事也睁一只眼、闭一只眼,那么,你让别人怎么向他学习?

另眼相待所造成的特殊化,使他和其他人员有了差距和隔膜,别人反而无法也不想向他学习了。人们会因为妒忌、仇恨而消极怠工:"他既然这么得宠,为什么不把所有的工作都给他去做呢?我们忙个什么劲儿!"

所以一定要给下属一种公平合理的印象,让他们觉得人人都是平等的,机会也是均等的。这样,他们才会奋发,才会努力。这样做,对作出成绩的人也有好处,有助于他戒骄戒躁,不断上进。

对女性职员和体弱的职员也不能另眼相待。确实是不适合女性工作的岗位,干脆就不要安排女性。既然安排了女性,就要同工同酬。体弱的职工也是一样,在规定的时间内也要和其他职员一样工作,作为企业是一个集体场合,要有一种工作气氛,弄几个闲散的人在里边是会影响士气的。

我们不要以为好心一定能干好事,像另眼看待这种"好事",不论对本人,对旁人都是有害无益的。

在管理中,所谓的平等,不仅是指老板和管理人员对所有员工一视同仁,使员工们在同等的情况下感受的待遇相同,而且还指老板、管理人员与员工之间相"平等"。对员工的尊重和信任是企业管理的核心内容,而这核心内容之首就是要求平等。

目前,美国的一些大公司已经取消了经理董事和其他管理人员的专用车辆、专用洗手间、专用餐厅,他们在工厂与工人们交谈、争论,有时也跪在地上和工人们一道摆弄有故障的机器。日本的企业更甚,公司经理、董事长在工作时间同工人穿一样的工作服、一起干活。下班后一起到酒吧喝酒聊天,到舞厅娱乐……总之,他们都取消了自己的特权,放下了高高在上的指挥者的形象,以平等的身份走向员工,与员工们亲密相处,从而激发了员工们的工作热情,打消他们想跳槽的想法,有了归属感、安全感、认同感,以轻松的心情投入工作,发挥出最大的积极性和创造力。

在目前的一些企业中，平等意识还不够浓厚，老板和管理人员以"统治者的面孔出现"，"脸难看，话难听"，往往伤害了员工的自尊心，打消了他们工作的积极性，造成上下不和谐，影响着企业的发展。像某些企业的干部配有专车、专用餐厅，发福利时领的东西都比员工的多，甚至连劳保用品和工会发的电影票也有区别；还有些管理人员挖苦讽刺员工像训斥小孩子一样。

企业管理是对人的管理，管理者也应是"人"，不能把自己当成"神"，人与人之间虽然职务不同，但在人格上都是平等的，都应该受到尊重。讲究人本思想，像某些欧美企业的老板那样，以"人"的形象站在员工面前，以平等的身份与他们共处，员工们必然会喜欢你，从而不愿离开公司。

其次，平等管理是要管理者对部下和员工亲切友善，具有关怀同情之心。管理人员对部下和员工若能亲切随和、笑容可掬、不摆架子，就会使他们感到他们的老板很有"人情味"，他们也会更加努力地为公司、为企业效劳。这样一个企业就能上下沟通协调，气氛轻松活泼。

有些管理人员，看到员工犯了错误，或自己在别处受了气，就朝员工发脾气，拍桌子，瞪眼睛，大吼大叫，员工们见了他仿佛老鼠见了猫。其实这样的管理人员的水平是很低下的，不能自尊自爱，用不了多久便会威信扫地。这种管理人员的所作所为不但伤害了部下和员工的自尊心，侮辱了他们的人格，而且破坏了企业的凝聚力与和谐气氛，是很不明智的。

管理人员应该像对待家中亲人一般把自己的热情送到每一位职工的心坎上，而不要仅仅只做一些表面上的文章。当员工生病住院时，送上一束鲜花，当员工生日时，给他以热烈的庆贺。如果老板工作过忙，让秘书代劳也是可以的。这样做的目的就是要让员工能感受到领导管理人员对他个人的关心，使他感到自己是公司大家庭中的一员。这样他们不但把公司的事情看成是分内的事，有一种使命感，自觉担起责任，也使他能敬重领导，从而使上下关系打成一片。

重视员工利益

【原文】夫唯不厌，是以不厌。(《老子·第七十二章》)

【大意】只有不压榨百姓，才不会被百姓厌弃。

老子主张，对下属不应压榨、剥夺，要重视他们的利益，这样才能得到下属的心，调动起他们的积极性。

春秋末年，齐国国君荒淫无道，横征暴敛，老百姓苦不堪言。齐国的贵族田成子对他的宾客说："用这种榨取的手段，虽然得到了不少财富，可是失去了民心，这种'取'实际上是'舍'，丢了义，失了民，也最终丢了国家。他的仓库储存很殷实，但是国家不牢固，不是给别人（取而代之的人）收藏的吗？"于是田成子制作了大小两种斗开仓赈民，大斗出，小斗进。结果借出的是粮食，收回的是民心，似给予，实则得到。果然，齐国的人民不肯为王室种田效力纳粮而投奔于田成子门下，齐国国君宝座终为田氏家族所得。

作为一个领导者，你的下属工作勤恳卖力，使你的企业蒸蒸日上，你的事业一天强于一天，下属为你的事业做出了突出的贡献，这时候，作为一个上司，可千万不要吝惜你腰包中的钞票，更不要吝惜你的赞美和夸奖之辞；要不失时机地对你的下属进行物质奖励和精神鼓励，使他们觉得付出并没有随着汗水而付诸东流，而是有一种成就感；同时，奖励和鼓励工作勤恳的下属，也是在告诉别的员工，在工作中，多付出一分汗水，就会多一分收获。

所以说，适度而有效的奖励，可以在最大程度上激发和保持下属工作的主动性和积极性。重视员工利益,学会激励下属,是领导者的一种行之有效的管理手段。

我们的生活当中,凡是由外力促成的行为,其持久力都不会很强。但是,如果使人们的心里产生一种来自于自己内心的动力,其持久性是显而易见的。汽车油箱里的汽油一旦用完了,汽车就需要人推着才能行走,没有人的推动,汽车就很快要停下来。但是,如果汽车油箱中的汽油一直是满的,车内的发动机就能不停地驱动汽车前进,几乎没有一个尽头。产生于人内心的力量是相当于汽车油箱里一直加满油,这种持久力几乎是永远的。

人和激励的关系也是如此。人如果没有了激励,就很难行动起来,更不可能鼓起冲劲,也就难以发挥自身潜能。反过来,如果一个人不停地受到激励的驱动,他就能永远前进。

激励,在我们的生活中可以表现出多种形式。当然,最好的形式即是受到全社会的认可,得到全社会的承认。这种激励的力量是巨大的。所以,在文学创作界,我们常常听到某个作家因为获得某大型的文学奖项而一发不可收拾的事情。作家如此,其他的人也是如此。那么,你的下属同样如此。

当然,激励并非一定要是物质奖励或者提拔他们到基层的领导岗位。在生活和工作中,你采用一些其他的手段照样可以达到目的。比如,你可以采用下列方法:

(1)在开会或是其他场合,给予工作上表现出色的员工书面或口头上的赞扬。当然,这种赞扬要是衷心地赞美,而不是冠冕堂皇地随便应付几句。

(2)你的公司的事业蒸蒸日上,你要让那些为公司事业立下汗马功劳的下属们和你一起享受这些成就和荣耀。

(3)在平日的工作中,真心地欢迎你的下属和员工们表达自己的意见,提出工作上的建议,并对他们给予表扬或奖励。

(4)在决定影响公司前途和命运的会议,邀请你的下属参加,并鼓励他们发表自己的建议和意见。这样,他们就会自觉不自觉地将公司的命运和自己的命运紧紧地联系在一起。

（5）积极鼓励及奖赏那些尽力帮助公司摆脱困境，并向你提出建议和批评的下属。鼓励你的下属对公司的发展提出自己个人的意见及构想，甚至鼓励他们提出和你意见完全相反的意见。

（6）经常抽空和你的下属一道吃午餐或者晚饭。经常抽出些时间，和你的员工们聊聊天，并通过这种方法了解他们，和他们建立起良好的关系。经常和员工们谈谈他们的人生理想、生活目标，并鼓励他们树立远大的理想和远大的目标。

（7）真心实意地给你的下属提升的机会，以满足他们的期望。

（8）给你的下属创造晋升、参与新工作目标及任务的机会。

（9）如果有机会，将你的下属介绍给公司的最高层人员并给予下属向他人学习的机会。

（10）要求自己和下属在工作和生活中都和气、诚实、公正、公开。

（11）鼓励下属从某一工作组织、社团或报纸上吸取工作和其他方面的知识，以实现他们的个人理想。

（12）了解下属在工作之外的业绩和其他方面的表现。

（13）当你的下属实现了自己的人生目标，应该给予他们以物质和精神奖励，哪怕他们从此以后不再为你的公司工作。

东芝社社长土光敏夫就是一位重视员工利益的楷模。为了了解实际情况，他遍访东芝公司设在日本各地的33家工厂和营业所，而巡视时间大都利用总公司上班的余暇。当然，这主要是因为他在白天不可能有空闲的时间，更主要的是，这是他一贯的工作作风，他很愿意和自己的员工们交谈，了解他们的酸甜苦辣，了解他们的人生理想和人生目标，而且他真的乐在其中。一次，土光敏夫来到川崎的东芝分厂，厂里的职工说：历任社长从未来过，如今土光敏夫社长一来，鼓舞了大家的士气。于是工人的干劲大增。

在东芝公司，土光敏夫提倡实行"长期经营计划"，广泛征求了上上下下各方面的意见。土光敏夫说："我一向奉行重担子主义，也就是说，人的工作情况必须在工作能力之上。比方说，这个人可以挑起100千克的东西,那么实际上就应该交给他 120 千克的东西才成。如果不赋予重任,那是一种罪过。如果要做到尊重人,那么就应该给他重任,这样可以激发起他的创造能力。"

土光敏夫认为最高领导者还应给员工提供一种良好的工作环境,让每个人发挥自己的所长。可以说,东芝公司的事业蒸蒸日上,与土光敏夫的用人政策以及他对待普通员工利益的重视是不能分开的。

第十章　无往不胜的商战韬略

以诚信为立商之本，定位准确，抓住机遇，稳扎稳打，懂得让利与合作，防范商业危机，我们就能在激烈的商战中立于不败之地。

诚信为本

【原文】信不足焉,有不信焉。(《老子·第十七章》)

【大意】不讲信用,别人就不会信任他。

老子认为,不讲信用的人得不到别人的信任。中国有句古话说,商道即人道,做生意首先要做的是人的生意。这对于现在许多以追逐利益为至高准则的企业来说是一个警示。如果在企业的发展成长过程中过分追求利益而忽视其他方面,只会得不偿失,而那些将义、信、利完美结合的企业,无不在最终获得了更加丰厚的回报。

美菱公司在发展过程中曾经制定了一个"经营八不准",倡行职业道德,自我禁绝一切无德经营和不正当竞争。现在看来,在美菱的功劳簿上,应当给这"经营八不准"重重地记上一笔。因为实践证明,它不仅为美菱公司树立了良好的形象,赢得了信誉和口碑,而且堵恶疏良,引导公司把功夫用在加强管理、创新技术、提高质量、改善服务上,使企业受益无穷。

做生意先做人和做事先做人的道理一样。做人首先要注重的就是道德与品格。在经商过程中,商德是决定一个生意人能否成功的关键要素。一个没有人格魅力的商人,是不可能受到别人的尊敬的,当然获得生意上的成功也就难上加难了。做人和做生意之间的关系是相辅相成的。

首先,做人与做生意是绝对统一的关系,不分先后。我们说"先做人后做生意",并不是要求先把人做好后再来做生意,而是强调在做生意的过程中要特别注意讲人格、讲道德、讲精神。买卖公平、文明竞争、守法经营、勤劳致富等,都是先做人后做生意的基本要求。

其次,把做人和做生意对立起来,注定要失败。不管是先做生意后做人,还是只做生意不做人,都是不可取的。商人如果为了赚钱可以不择手段,那么可以肯定地说,这种生意是做不长久的。无数的事例告诉我们,经营企业好比做人,只有自身具备良好的素质,才有可能赢得外部的竞争。反之,就不可能得到他人真正的尊重,更谈不上获得多大的成功。

诚信经营的核心有二:

1. 商业道德先行是做生意的基本出发点

"义"就是所谓商道,"君子爱财,取之有道",所以商业道德务必先行。商场上的恶性竞争虽然是少数商家的把戏,但也从一个侧面反映了现代商业环境中一些企业经营者为追逐眼前的利益,而忽视了长远的发展;为了追逐利益而忽视了对信义的坚持;为了追求利益而忽视了自己应当负起的社会责任。而这些企业,即使能够在短期内获得一定的成功和发展,在时间的检验中也一定会付出沉重的代价。

英特尔公司首席执行官贝瑞特曾经阐述过这样一种观念:企业公民。所谓的企业公民,是指企业在其成长发展的过程中与社会是紧密联系在一起的。企业的一举一动都与社会息息相关。因此,企业也是社会的一分子,也应当为社会的发展尽到自己的责任。而这种责任不是外界或社会强加的,而是企业作为"公民"应当履行的义务。这个观念应该引起中国企业家的关注。

2. 信誉第一是商业经营的基本保障

信誉意味着诚信和名誉,一个是要恪守的诺言,一个是要维护的形象。从经济学角度讲,信誉属无形资产;从伦理学角度讲,信誉则属于道德资产。信誉是一种灵魂,是特殊的无形资产,是企业竞争的核心武器,具有凝聚人心的魅力。信誉看不到,摸不着,它是依存于企业与企业之间、人与人之间在商品交换中的一种信任关系,并每时每刻地影响着人和企业的行为。"信誉是企业的生命",这是精明的企业家所信奉的经营法宝,是商业经营的基本保障。对有头脑的成功企业家来说,信誉是企业最宝贵的资源。靠信誉成功,靠信誉成名的企业家不在少数,因为他们懂得只有善于信誉管理,信誉财产价值才会与日俱增,而且还会创造出更多价值。企业只有加倍维护产品的信誉，才能赢得消费者好评，取信于民，并由此享受到信誉所带来的无形资产的回报。

做人讲守信，做企业更应该讲守信，守信就是企业的生命。企业对员工、客户、社会都要守信，不能守信的企业将不能持久。以前几年所谓的"十大经典策划"为例，某商场以拒售索尼彩电为由头，大肆进行新闻炒作，理由是索尼对某消费者所购问题彩电赔付不满意。抛开当时的各种因素不谈，如果让时间"说话"，事实是索尼在中国消费者心目中仍是高科技进口家电的代表，而当时出尽风头的该企业却出现逐渐淡出市场的态势，几近销声匿迹。

投机钻营做不成百年企业，"口水战"的风光掩盖不了事实的"商业欺诈"，抓住极个别的偶然现象，否定索尼的全部，了解真相的消费者怎么能认可。靠打击诋毁竞争对手，以对手的更坏来证明自己更好，不但有悖于守信经营，也是很不明智的。令人遗憾的是，有些商家仍在拿自己的信用当儿戏，为了和对手搞价格战，在报纸上打出价格很低的商品，等消费者蜂拥而至，实际上却没有货销售。更有甚者，为了营造所谓的商业氛围，个别商家竟然明令员工家属排队烘托生意火爆的气氛，借以吸引和欺骗顾客。这些将守信当儿戏、愚弄消费者的行为，不仅使自己丢了信誉，更使整个社会的信用基础受到破坏。

人类社会发展进步了几千年，让商家重提"质优价廉""童叟无欺"的古训，确实有循环往复的感觉，但消费者作为群体是最聪明和最有识别力的。为了增强社会的诚信度，企业更要重视建设自己的诚信形象。让消费者满意是商业企业发展的动力，只有对消费者诚信，消费者才能忠诚于企业和产品，进而培养出企业和产品的忠实顾客群。

全球最优秀的企业之一美国通用电气公司，不仅把诚信看作企业的外在形象，更将诚信作为崇高的道德理念和无价的资产，看得高于一切，甚至视为企业的生命。在通用，没有人会因为失掉一个地区的市场或犯了一个错误而失去工作，人们会有第二次、第三次机会，并且可以得到培训。唯一有一种表现是没有第二次机会的，那就是违反诚信。

物物经济，货币经济，再到信用经济，是经济社会发展的三个重要阶段。推广诚信建设，是个人、企业更是全社会的当务之急，做人灵活，但不能失去原则、失去诚信，要信守诺言。诚信是做人的基本原则，失信则失去别人的认可，对自己以后的发展是非常不利的。

下面几个故事的主人公，都是因为诚信在商战中站稳了脚，这也证明老子所言的真理性。

日本山一证券公司的创始人小池说："做生意成功的第一要诀就是诚实，诚实像是树木的根，如果没有根，树木就别想有生命了。"这确是小池经验之谈，他正是因诚实而起家的。

小池20多岁时开小池商店，同时在一家机器制造公司当推销员。有一个时期，他推销机器很顺利，半个月内便跟33位顾客签订了契约，并收了定金。之后，他发觉所卖的机器比别的公司出产的同样性能的机器贵，他感到很不安，立即带订约书和定金，整整花了三天时间逐家逐户去找订户，老老实实说明他所卖的机器价钱比别人卖的机器贵，请他们废弃契约。这使订户深受感动，结果33人中没有一个废约，反而对小池更加信赖和敬佩。消息传开，人们知道小池经商诚实，纷纷前来他的商店购买货物或是向他订购机器。诚实使小池财源滚滚，终于成了大企业家。

威尔是美国一名成功的房地产经营家，他刚开始从事房地产交易时，有一次带一位买主去看森林湖区的一座房屋。房产主曾私下告诉他说这栋房子大部分结构都不错，只是屋顶过于陈旧，当年就得翻修。买主是一对年轻夫妇，他们说准备买房的钱很有限，极怕超支，所以想买一处无须修葺的房子。他们看过房子后，很喜欢，马上决定购买，并想立即搬进去住。但威尔对他们讲，这座房子需要8万美元重修屋顶。威尔知道，说出房子屋顶的真相，会冒风险，有可能毁掉这笔交易。果然，这对夫妇一听说要花这么多钱来修屋顶，就不肯购买了。一星期后，威尔得知他们从另一家房地产交易所花较少的钱买了一栋类似的房子。

威尔的老板听说这笔生意被人抢走，十分生气。他把威尔叫到办公室，问他是如何把这笔生意搞吹的。老板对威尔的解释很不满意，他咆哮着说："他们并没有问你屋顶的情况！你没有责任要告诉他们。你主动告诉他们屋顶要修是愚蠢的，真是多管闲事，现在你把一切都失掉了。"老板解雇了威尔。

威尔希望自己是一个诚实的人,这与他一直受的教育是要说实话有关。他的父亲总是对他说:"你同别人一握手,就等于签订了一项合同,你说的话要算数。如果你想在生意上站稳脚跟,就必须对人公平交易。"所以,威尔总是把信用、人品放在第一位,而不是把赚钱看成高于一切。尽管当时他也想把那座房子卖掉,但他不能为此而有损自己的人格价值。即使丢掉了工作,他仍然坚信自己唯一的做人准则就是在一切事情上都讲真话。

后来威尔从他帮助过的一位亲戚那里借了些钱,搬到了加利福尼亚,开了一家小型房地产交易所。数年之后,他以做生意公道和为人诚实建立了信誉。虽然他也为此丢过不少生意,但他却渐渐赢得了人们的信任。最后,他名声远扬,事业发展,生意兴隆,客户遍及全国。威尔靠他的诚实和信用发达了起来。

美国亨利食品加工工业公司总经理亨利·霍金士先生突然从化验室的报告单上发现,他们生产食品的配方中,起保鲜作用的添加剂有毒,虽然毒性不大,但长期服用对身体有害。如果不用添加剂,则又会影响食品的鲜度。亨利·霍金士考虑了一下,他认为应以诚对待顾客,毅然把这一有损销量的事情告诉每位顾客,于是他当即向社会宣布,防腐剂有毒,对身体有害,同时毅然宣布公司不再使用有毒的防腐添加剂。这一下,霍金士面对了很大的压力,食品销路锐减不说,所有从事食品加工的老板都联合了起来,用一切手段向他反扑,指责他别有用心,打击别人,抬高自己,他们一起抵制亨利公司的产品。亨利公司一下子跌到了濒临倒闭的边缘。

苦苦挣扎了4年之后,亨利·霍金士的公司濒临破产,但他的名声却家喻户晓。这时候,政府站出来支持霍金士了,亨利公司的产品又成了人们放心满意的热门货。亨利公司在很短时间里便恢复了元气,规模扩大了两倍。亨利·霍金士一举登上了美国食品加工业的头把交椅。

建立信誉,树立诚实正直的商业形象,消费者才能觉得你值得信赖,你做事才会顺利,收获才会大,所以经营者千万不能因一时利益为伪诈而毁诚信。

要善于把握时机

【原文】 动善时。(《老子·第八章》)

【大意】 行动要善于把握时机。

老子认为,行动要善于把握时机,这样才能增加成功的机会。中国有句古话:时也,运也。还有一句古话:时势造英雄。他们所说的道理是一致的。对于创业来说,并不是所有的小企业最终都能成为世界著名的大公司,也不是所有有志于创业的人就一定能够成功创业。每一年,在我们的世界上,都有数百万家自营的小企业成立,但是到了最后能够在激烈的市场竞争中脱颖而出的只有极少数,这也就是说,很多小企业在竞争的过程中都失败了,被无情的市场所淘汰;有些即使没有彻底地被挤出市场,也是在风雨飘摇中苦苦支撑,勉力为继;还有些业绩平平。

影响一个企业成功与否的因素是很多的,但是正所谓"时也,运也",选择一个合适行业、合适的时间,并在一个十分有利的时机下杀入激烈竞争的市场,在某种程度上,是企业成功的关键因素。

在这一方面,微软公司的成功就很能说明问题。

微软公司或者说比尔·盖茨所创造的人间奇迹,只能出现于20世纪的中后期,它不可能出现在卡耐基时代,因为道理非常简单,微软公司之所以成功,比尔·盖茨之所以能够创造20世纪的神话,是与我们世界整个信息技术的微电脑的发展是绝对不能分开的。可以说,比尔·盖茨选择了一个那个时代最恰当的一个行业,选择了一个绝对恰当的时机,选择了一个我们中国人常说的在"天时,地利,人和"这三方面的条件都具备的情况下,进入到我们这个竞争越来越激烈的世界大市场中来。

是时代造就了微软公司,是时代造就了比尔·盖茨。反过来说,比尔·盖茨又创造了一个时代。

微软公司是20世纪末期美国自由企业制度胜利的标志,也是我们人类IT时代杰出企业的代表,其主要创办人比尔·盖茨更是被世界视为IT时代的管理天才。国外有评论说,在某种程度上,是IBM公司和微软公司把我们人类带入了21世纪。

微软公司的创业、发展和整个计算机产业的成长是分不开的。当比尔·盖茨和他的好朋友艾伦从美国西雅图湖滨中学毕业的时候,美国的电脑业进入到了一个快速发展的时期,就在这种大背景下,比尔·盖茨上了哈佛大学,艾伦则在波士顿找到了一份电脑程序设计员的工作。两个对电脑异常痴迷的青年,常常在一起商讨他们未来的计划。就在这时候,机会出现了。

1974年4月,著名的英特尔公司推出了一种名为8080的微处理器。不久,一家名为"密斯特"的小公司的创办人艾德·罗伯茨决定采用这种微处理器,设计生产微电脑。"奥泰"刚上市不久,在市场上便引起了轰动。就在这时,艾伦和比尔·盖茨决定用"奥泰"电脑来开发BASIC语言程序。

1975年2月,他们终于完成了第一套微电脑程序的开发。盖茨和艾伦开发的这套语言程序,在70年代已经达到了相当高的水平,如果用户的程序有错误,它会立即显示错在哪里,而不会一错到底,绞尽脑汁后才发现结果是错误的;此外,这套程序也不容易引起电脑死机。在此后的6年多时间里,这套程序在市场上一直居于领先地位。盖茨和艾伦的成功,竟然也使8080微处理器的生产厂家英特尔公司有了意想不到的收获。因为盖茨和艾伦证明了8080可以成为多用途电脑的神经中枢。微电脑从此开始迈向统计、会计的实际应用领域,电脑科技市场急剧扩张,艾伦和盖茨也看到了个人电脑行业发展的巨大前景和发展趋势。于是,就在1975年,他们成立了微软公司,他们把公司定位于为各种各样的微电脑开发软件。不久,为了集中精力发展微软公司,盖茨也从哈佛大学退学,全心全意投入软件开发和微软公司的经营活动之中。

随着微电脑在美国及世界范围的迅速普及，微软公司的业绩也不断地攀升。1977年，微软公司与苹果公司签约，授权苹果第二代电脑使用BASIC语言。于是，微软公司拥有了苹果公司这个大客户，当年的营业额达到了50万美元。到了1978年，微软公司的业绩突破了百万美元大关，而当时，微软公司还仅仅只有13人。

用我们今天的眼光看去，比尔·盖茨和艾伦也许算不上是典型的创业者，他们既没有制订什么经营计划，也没有创业资金，没有往来银行或小企业贷款，一开始他们甚至穷得租不起车。尽管如此，他们还是具有在新兴电脑天地中大显身手的一切条件：他们有产品、能编写程序，而且更为重要的一点是，盖茨和艾伦具有长远的眼光，他们看到了这个行业所具有的无限的潜力。同时，也是我们这里主要要强调的一点，他们把握住了商机。

1980年，以生产商用机器及巨型计算机闻名的著名企业IBM公司准备进军微电脑市场。IBM看出台式电脑的市场潜力，准备要生产自己的机型。他们决定使用现成的元件，例如英特尔公司的微处理器，但是毫无疑问的是，他们还需要有操作系统，并希望这家企业能够提供可靠的产品，并且准时交货。令人不可思议的是，IBM公司竟然找来盖茨和艾伦这两个年轻人主持新的公司。这一年对微软公司来说是至关重要的，尽管微软公司和IBM公司还算不上是门当户对，但微软公司却得到了IBM公司的订单，双方在1980年签约，微软为IBM个人电脑提供操作系统，IBM公司按售出数量支付微软公司权利金，并且不拥有操作系统的所有权。当时谁也没有想到，这一份合同竟然使微软公司十年之后取得了像IBM公司一样的行业霸主权。

随着电脑网络的发展，1995年，盖茨认识到了万维网的威力。微软公司开始在网络时代发起新一轮的冲击。直到1999年，盖茨仍然稳居世界首富的位置。

对于商界竞争来说，把握商机是非常重要的。把握商机往往需要人弃我取，先人一步。

第二次世界大战之后，德国建筑业迅速发展，需要大批瓦工师傅。而这个时期的德国柏林街头上有许多失业者流落街头，无事可做。一日，他们在报纸上发现了"你能成为瓦工"的广告，于是争先恐后地跑到广告上所提供的地址学习瓦工手艺。这个"瓦工培训班"的开办，对那些失业者来说可谓雪中送炭，他们顾不上学费之高昂，全部一哄而上去学瓦工手艺。办培训班的这人叫贝尔，他本来也是一个从外地来到柏林的无业者，在大家纷纷想着去当瓦工之时，他却租了一块场地，雇用了一位技艺熟练的瓦工师傅，开始了瓦工培训业务。他一天赚的钱等于一个瓦工累死累活干20天的工资。这样，办瓦工培训班的迈克就大大地赚了一笔。

贝尔高人一筹的眼光是他成功的关键。在大家纷纷把目光转向瓦工的时候，他抢先干了别人没有想到要干、却是社会所缺的事，他也把目光瞄准了这个热点，但他不是去做瓦工，而是做瓦工培训班。

上帝并不偏爱哪一个商人，生意场也并非是专为哪一个商人而开，而有些人何以能够成功，成为命运的宠儿？这里的回答是：商机使然也。贝尔在别人都还没意识到培训瓦工将是一个很大的市场时，他看到了。于是，他捷足先登，抓住了商机。

不可盲目行事

【原文】妄作凶。(《老子·第十六章》)

【大意】茫然无知地胡乱作为，会遭遇凶祸。

老子认为，茫然无知胡乱作为会遭遇灾祸。有句俗话说："隔行如隔山。"尽管社会生活中的各行各业是紧密地联系在一起的，但是行业和行业之间存在着许多你看不见的隔阂和区别，每个行业都有其自身的经营之道。所以，无论你是久经商场，还是初出茅庐，如果你这次创业要涉足一个你自己并不熟悉的领域，一定要慎之又慎，绝对不能盲目从事。

创业是一门大学问，外行涉足一个全新的领域去搞经营、开发，想不摔跟头都难。在这一方面，商海里有许多正面反面的例子可供我们引以为戒。

澳门当代博彩业大王何鸿燊，出身于豪门世家，其祖伯父何东爵士，是东南亚最富有的华人，他的父亲何世光既是洋行买办，又是立法局非官方及华东三院主席。另外，他的其他伯父和叔叔大多都是买办出身，家境非常富裕。何氏家族凭借他们既通中文、又精通英文的优势，在香港的华人、洋人贸易界中举足轻重。然而可惜的是，就是这样的一个名门望族在上流社会绝对有头有脸的人物，却栽在了股票市场，而且弄得倾家荡产，家破人亡。

事情的经过是这样的：何鸿燊的叔父何世亮，原是怡和洋行买办。有一天，他进入洋行"大班"办公室，发现地上有一封未封口的信，他就好奇地将它拣起来瞄了一眼。这一瞄可不要紧：原来是一个正好伺机股市买入股票的信息。

异常惊喜之下，何世亮急忙回去与兄弟们商量，决定立刻倾其所有家产并贷款购入怡和大班所持的股票。

何家上下的人按理来说都是非常聪明的人，可他们不知这其中有诈，更不知他们所不熟悉的股票市场的水到底有多深，就这样稀里糊涂地一头扎进了股市。他们不知道这其实是怡和大班所玩的一个阴谋诡计，大班想抛出手里的股票，发愁没有多少散户也就是中小投资者没有巨额资金来接盘，就故意玩了这样一出把戏，可没想到何家的人真的就上当了。当何氏家族倾其所有将全部资产投向了那支股票后，该股票的价格演出了"高台跳水"的一幕，一路狂跌，一直跌得何家家破人亡。何世亮因无法偿还债务，饮弹自杀；长兄何世荣急得得了精神病，服下了大量的安眠药长眠不起；何世光则带了两个儿子，抛下娇妻和姐弟亡命他乡。

从此以后，在澳门显赫的何家家破人亡，一蹶不振。

由此可以看出，虽然股票市场天天都有涨得很好的股票，但并不是每个人都能成为股票市场的赢家。在股票市场上没有所谓的全部都是赢家的情况，因为有人赚了就肯定有人要赔了。

诚如我们在前面所说，成功创业需要发挥我们的优点，需要我们去扬己之长避己之短。选择自己的创业行业时，一定要考虑自身的情况，万不可冒冒失失，一头扎进自己不熟悉的领域而不能自拔。

比如，你擅长于某一行业，那么，就不要强求自己去做自己并不适合做的事情，因为你即使做了恐怕也难以有收获。从另一个角度讲，即使你的工作环境暂时与你的自身优势有所不合，你这时候仍可积蓄自身的潜能力，并在本职工作中闯出一个可以扬己之长避己之短的小环境来。

从社会发展的大趋势和成功创业人士的经验来看，一个人要想取得事业的成功，只有自身不断成长，才能将自身的优势最后转化为胜势。我们的"优势"之所以要不断地生长，是因为目前数字信息化社会变化繁复，昨天的优势到了今天便有可能成为劣势。

做老板自己创业是一回事，给老板打工又是另外一回事。自己做老板，公司里外的所有事情都要在自己的掌控之下，既要做好公司内部的管理，同时也是更重要的是对外要有客户才行。你是一个打工仔，对自己原来打工的公司业务的确非常熟悉，也的确闭着眼睛就能把业务玩转，可你不能忽视了一点，要成功创业，单靠自己的业务能力是远远不够的，因为你最终面对的是市场，是顾客。没有了后者，你纵使有上天的本领和能力也于事无补。

为什么有些公司赚钱，而有些公司不赚钱，其实，说怪也不怪。就创业而言，经营者想办公司做生意，最忌讳的就是做那些你从来没有涉足的既陌生又没有把握的生意。你熟悉餐饮业，你就踏踏实实地做你的餐饮业，而不要去经营汽车配件；你熟悉建材行业，那你就踏踏实实地做你的建材业，不要看到眼下化妆品的生意很火爆就去经营化妆品。在进行创业设想的阶段搞清了这一点，对你以后的创业会大有好处。

所以，一心一意、全心全意地去做你熟悉你懂行的行业，千万不要人云亦云，不要好高骛远，也不要打一枪换一个地方。如果你能做到这一点，创业就肯定能赚到钱；否则，恐怕只有站着观看的份儿。

选择一个好场所

【原文】居善地。(《老子·第八章》)

【大意】居住要选择合适有利的地方。

老子认为，居住要选择善的地方，这是智慧之言，道理也很好懂。那么经商也一样，创业之初，不但事先一定要将大环境考察清楚，也要对小环境加以观察，然后将有关各方面考察结果作为经营路线上决策的参照。

如果你创业之时决定做店面生意，那你除了考虑店面是否合适之外，还得细心考察周围的环境。比如说，你熟悉的是饮食业，但经过考察之后，认为自己选定的地方适合经营高级家具店，这时又该怎么办呢？

所谓考察，应该是相当客观的。但是在大多数的情况下，许多人的考察，却带有一定程度的主观好恶，再加上急于做生意赚钱，使得所谓的客观大打折扣。

譬如，有一个300多平方米的店铺，在一年之内就四易其主。前面三位都失败了，而第四位却成功了，他到底有什么过人之处呢？

第一位开设的是水果店，第二、第三位经营的是餐厅，虽然经营的项目不同，但所走的都是中低价位路线。

这个店面所处的地方，是在两座大厦出口的小路旁，从这里往下走十几步路便是一条马路，这条马路是一条单行道，路上行驶的各种车辆很多，路的两边设满了各种各样的店铺，但最多的都是餐厅、面包店和小吃店。这些店家基本走的是中低价路线。此外，还有一家水果店，面积也只有30余平方米。另外，在路旁的人行道上，还有流动的小贩专营水果。像这样的一个旺地，前三位在开设店铺之前，对自己所要经营的项目，到底了解清楚了没有呢？事实上，他们就是因没有了解清楚情况，很快就遭到失败。

应该说，症结在于这样300多平方米的店面，正处于两座大厦的出口，附近又有那么多中低价位的商家，如果经营饮食业，该如何给它定位呢？经营者首先要看准的是那两座大厦。

作为一个创业者，首先要弄清两个方面：一是这两座大厦，本身又没有开设任何店铺，那么多住户要买东西、要吃东西，都要走出大厦；二是这两座大厦都属中上阶层的住宅。仅这两个方面，对店铺的定位就极具参考价值的。

第四位创业者就是看准了上面的一切，仍在这店铺经营饮食业，但走的是高档路线。首先，他将店铺装修得极为典雅，既具有质朴诗韵，又具现代的气派；大门两旁放了两座大型的水族箱，里面养了各种各样的海鲜；靓丽的女服务员的服饰、男服务员的仪表，都显得一丝不苟。店铺改了格局，朝中上层的路线发展，很快就成功地发展为高级餐厅。

所以说，创业之初，事先一定要将大环境考察清楚，也要对小环境加以观察。尤其是对小环境的考察，要尽可能做到细致，不能有半点疏忽。

此外，还应注意以下技巧：

1. 广开渠道寻找商铺

现在的许多生意人都喜欢通过报纸广告、房屋中介、房地产交易会、互联网等了解商铺信息。其实，当时商铺市场有个"二八法则"，即有公开出租信息的店铺只占总数的20%，而以私下转让等方式进行隐蔽交易的却占80%。所以，寻找商铺一定要广开渠道，多管齐下。

2. "客流"就是"钱流"

商铺选址一定要注意周围的人流量、交通状况以及周围居民和单位的情况。对经营商铺的创业者来说，"客流"就是"钱流"，千万不要因为怕竞争而选在偏远地区。

3. 选址要有前瞻性

并不是所有的"黄金路口"都一定赚钱，有时遇到市政规划变动，热闹的地段也有可能变成冷僻之地。如果附近有工地的话，你还要深入了解一下，这工地要盖什么样的建筑物，今后会有什么样的发展前景。因此，创业者在选址时要眼光放远些。除了市政规划外，还要注意该地区未来同业竞争的情况。

4. 注意租金的性价比

不同地理环境、交通条件、建筑物结构的店面，租金会有很大出入，有时甚至相差十几倍。对创业者来说，不能仅看表面的价格，而应考虑租金的性价比问题。举例来说，对月收入在 2 万元左右的饮食店，其月租金在 3000~5000 元比较合适，能保证一定的毛利率。

5. "团租"方式经济实惠

目前，十几平方米的小商铺很抢手，租金因此水涨船高，而一二百平方米的大商铺却因滞租而身价下跌。在这种情况下，建议几个创业者以团体租赁的方式低价"吃"下大商铺，然后再进行分割，细算下来能节省不少费用。

所有的这些资料，你都要作综合分析，这些都是你今后的创业的极为珍贵的数据。

先做小事,赚小钱

【原文】九层之台,起于累土。(《老子·第六十四章》)

【大意】九层高的楼台,起始于积累的泥土。

老子认为任何事物都有形成的过程,积少可以成多,又说做事应从容易处着手,这两方面的道理都说明了"先做小事,赚小钱"的合理性。

报纸上曾经报道一位拥有100万美元的富翁,原来却是一位乞丐。我们心中难免怀疑:依靠人们施舍一分、一毛的人,为何却拥有如此巨额的存款?事实上,这些存款当然并非凭空得来,而是由一点点小额存款累聚而成。一分到十元,到千元、到万元,到百万元,就这么积聚而成。

聪明的人,为了要达成主目标常会设定"次目标",这样会比较容易于完成主目标。许多人会因目标过于远大,或理想太过崇高而易于放弃,这是很可惜的。若设定"次目标"便可较快获得令人满意的成绩,能逐步完成"次目标",心理上的压力也会随之减小,主目标总有一天也能完成。

曾经有一位63岁的老人从纽约市步行到了佛罗里达州的迈阿密市。经过长途跋涉,克服了重重困难,她到达了迈阿密市。在那儿,有位记者采访了她。记者问道,这路途中的艰难是否曾经吓倒过她?她是如何鼓起勇气,徒步旅行的?

老人答道:"走一步路是不需要勇气的。我所做的就是这样。我先走了一步,接着再走一步,然后再一步,我就到了这里。"

是的,做任何事,只要你迈出了第一步,然后再一步步地走下去,你就会逐渐靠近目的地。如果你知道具体的目的地,而且向它迈出了第一步,你便走上了成功之路!

每个人都应该有伟大的长远梦想和希望，然而，对于目标设定，成功大师往往建议人们先设定一个容易坚持的目标，也就是说，采取初级步骤。例如，如果你最终想减重50磅，拥有健美的身材，他们会推荐你先减重20磅，而不是试图向前迈出一大步，一下子减重55磅；不是去健身房一个小时，而是只去20分钟。换句话说，设定一个不太大的目标，然后迫使自己坚持它。这样你就不会觉得压力太大，而是觉得能够应付自如。由于觉得自己能够应付，你会发现自己渴望去健身房，或做生活中其他需要你做或改变的事情。

  拥有宏伟的大胆的梦想，然后每天做一点容易成功的事情，也就是说，用小步而不是迈大步越过一个个障碍，你就会走向成功的巅峰。

  许多人对小生意不注意，觉得要做就做生意。实际上，小生意也能赚大钱。即使一些不引人注目的行业，以及那些被人瞧不起的新行业，也能创造出杰出的企业家，创造出令人惊叹的奇迹。

  有人说北方人是小钱不爱赚，大钱赚不来；而南方人是什么钱都能赚，什么苦都能吃。所以，真正靠做生意发家的，南方人要比北方人多得多。"先做小事，先赚小钱"，这句话许多年轻人都不爱听，因为哪个年轻人不是雄心万丈，一踏入社会就想"做大事，赚大钱"呢？

  立"做大事，赚大钱"的志向基本上是没错的，因为这个志向可以引导一个人不断奋进；但说老实话，社会上真能"做大事，赚大钱"的人并不多，而一踏入社会就能"做大事，赚大钱"的人也需要一些特别的条件：

  （1）过人的才智。也就是说，是一块天生"做大事，赚大钱"的料子！

  （2）优越的家庭背景。譬如说家有庞大的产业或企业，因为有这样的父母的帮助，所以一踏入社会就可"做大事，赚大钱"。

  （3）好的机遇。有过人才智的人需要机遇，有优越家庭背景的人也需要机遇，才能真正"做大事，赚大钱"。

  谈到这里，请读者好好想想：你的才智如何，自认是"上等"还是"中等"？别人对你的评价又如何呢？你的家庭背景如何呢？有没有可能助你一臂之力？对"机遇"你有信心抓住它吗？

不管你的回答如何，现实却是：很多白手起家大企业家都是从伙计干起，很多政治家是从小职员当起，很多将军是从小兵成长起来的。所以，当你的条件只是"普通"，又没有良好的家庭背景时，那么"先做小事，先赚小钱"绝对没错，你绝不能拿"机遇"来赌，因为"机遇"是看不到抓不到，难以预测的，而且它不会光顾没有准备的人。

那么"先做小事，先赚小钱"有什么好处呢？

"先做小事，先赚小钱"最大的好处是可以在低风险的情况下累积工作经验，同时也可借此了解自己的能力。做小事既然得心应手，那么就可做大一点的事，赚小钱既然没问题，那么赚大钱就不会太难，何况小钱赚久了，也可累积成"大钱"。

此外，"先做小事，先赚小钱"还可培养自己诚实的做事态度和正确的金钱观念，这对日后"做大事，赚大钱"以及一生都有莫大的助益。

千万别自大地认为自己是个"做大事，赚大钱"的人，而不屑去做"小事"、赚"小钱"，要知道，连小事也做不好，连小钱也不愿意赚或赚不来的人，别人是不会相信你能做大事、赚大钱的。如果你抱着这种只想"做大事，赚大钱"的心态投资做生意，那么失败的可能性很高。

一家海鲜连锁餐厅的老板很可能当初是在水产品市场练摊的，而一家皮鞋连锁店的老板当初可能是个擦鞋的。俗话说，万丈高楼平地起。基础是最重要的，小事做不好的人，大事肯定也做不好；小钱都赚不来的人，没有人相信他将来能成为一个有钱人。

学会让利

【原文】将欲取之,必固与之。(《老子·第三十六章》)

【大意】要想夺取它,必先给予它。

老子认为,要想获取,必须先给予,这是一种高明的策略。在商战中,不能死抱住一些眼前的蝇头小利,应该为了长远目标而放弃眼前利益,尤其是在情形不利时,更是应该让出自己的一部分利益,这样才能赚到大钱。

美国富豪洛克菲勒年轻时为了营造自己的垄断帝国费尽心机,不择手段,被人称为"蟒蛇",是魔鬼的化身。到了晚年面对数不清的财富,才醒悟到钱财是身外物,生不带来死不带去,他不过是"为上帝看管财富的奴仆"而已。当时洛克菲勒是个垂暮老人,儿子还没有继承财产,世人都盯着这笔财富的去向。

1905年《世界主义者》杂志发表了一组题为"他将怎么安排它"的文章。开场白这样写道:"人们对于世界上最大的一笔财产,即约翰·D.洛克菲勒先生的财产今后安排感到很大兴趣。这笔财产在几年之中将由他的儿子约翰·戴·洛克菲勒来继承,不言而喻,这笔钱影响所及的范围是如此之广泛,以致继承这样一笔财产的人完全能够施展自己的财力去彻底改革这个世界……要不,就用它去干坏事,使文明推迟四分之一个世纪。"

显然,世人已关注这笔世上最大财产的用途。在这种情况下,老洛克菲勒看到:"花钱是最好的投资。"在他最信任的朋友牧师盖茨先生的勤奋工作和真心建设下,他先后散了上亿巨款,分别投给学校、医院、研究所等,并建立了庞大的慈善机构,进行大量的投资。在12年时间里,老洛克菲勒投资了 4.46 亿美元给他的四个大的慈善机构，并把这些机构交给儿子管理。通过这些机构，小洛克菲勒对教育、医学、环境保护以及文学艺术等公益事业进行大量投资，先后共散掉 8.22 亿美元资财。效果也是显著的，洛克菲勒基金会先后培育出十二位诺贝尔医学奖获得者，三位美国国务卿，更有无数的科学家、作家、艺术家，中国的贾平凹也从它那里获得了奖励。贾平凹因其著作《浮躁》而荣获 1991 年度"美孚飞马奖"。

这样做，不仅为老洛克菲勒洗刷掉了先时敛财的恶名，还为其家族赢得了世人的尊敬。在美国公众面前树立了洛克菲勒家族的崭新形象。为其家族的事业创造了更好的人际环境，至今，洛氏家族在美国的影响力还是举足轻重，美孚的石油产品还在源源不断地流向世界各个角落，钱财还从四面八方飞来。

英国联合利华公司总经理 G.J. 柯尔在企业经营中，有一个基本信条，即不拘泥于体面，而以相互利益为前提。依照这个信条，他在企业经营，生意谈判交涉中经常采用让利策略。在一定情况下，甘愿妥协退步，以赢得时机发展，而结果反而获得了更大的利益。

联合利华公司在非洲东海岸早设有大规模的友那蒂特非洲公司，从业人员达到 14 万，这里有丰富的肥皂原料，并适合于栽培食用油原料花生，是联合利华公司的一块宝地，也是公司财富的主要来源。

第二次世界大战结束后，非洲各地的独立运动如火如荼，结果联合利华这些肥沃的花生栽培地，一块块被非洲国家没收，公司的财富来源被切断，这就使联合利华面临着极大的危机。

这时，经验丰富的总经理柯尔亲自来到了非洲，找那些老朋友办理交涉。

针对当时非洲民族解放运动日益高涨的实际情况，柯尔对友那蒂特非洲公司发出了六条指令。

第一，非洲各地所有友那蒂特非洲子公司系统的首席经理人员，迅速启用非洲人。

第二，原来非洲人与白人在薪水上的差异，立即取消，采取同工同酬的办法。

第三,为了培养非洲人的干部,在尼日利亚设立经营干部培训所。

第四,应采取利益共享的政策。

第五,以寻找生存之道为主要目的。

第六,不可拘泥于体面问题,应以创造最大利益为要务。

上述六条,似乎是妥协退让,但后来的事实证明,柯尔不仅没有受到任何损失,反而获得了极大的利益。

柯尔在与加纳政府交涉中,为了表示尊重对方的利益。主动把自己的栽培地提供给加纳政府。柯尔的主动退让,获得了加纳政府对他的好感。后来,加纳政府为了报答他,指定联合利华公司为加纳政府食用油原料的买卖代理人,这就使柯尔在加纳独占了食用油原料的买卖权利。在与几内亚政府的交涉中,柯尔表示自愿撤出公司,这种坦诚的态度反而使几内亚政府大受感动,因而愿意挽留柯尔的公司,希望它继续存在。除此之外,柯尔在非洲各地都采用了退让策略,也获得了不同程度的利益。这样一来,在非洲独立运动的高潮中,其他一些欧洲公司都受到过不同影响,只有联合利华公司在实质上没有受到任何影响,不仅平安地渡过了这一难关,而且还获得了一定的利益。

合作也是一种竞争

【原文】夫唯不争，故天下莫能与之争。(《老子·第二十二章》)

【大意】正因为无争，所以没有人能和他相争。

我们必须承认"天外有天，人上有人"这句话。没有人攀到事业的最高峰，对于每一位成功者而言，不过是达到了别人还没有企及的高度，而不是事业的顶峰。而且，对于大多数人而言，可能面对的对手都比自己要强一些。对于这样的对手，我们应该怎么做呢？

如果不能打败他们，就和他们结合。这是许多成功人士的竞争策略。

在商界，怎样与竞争对手相处，是许多试图成功者面临的一个头痛问题，也许这种竞争的习惯会给你提供一个良策：请你和自己的对手"手牵手"进行合作！

在经过几十年的争斗后，美国最大的汽车公司——"通用"汽车公司和日本"丰田"汽车公司组织了一个联合公司，在加利福尼亚州"通用"的雷蒙德工厂合作生产汽车。两个竞争角逐的"冤家对头"终于握手言和。

联合建厂的建议是"通用"汽车公司总裁劳格·史密斯提出来的。因为他看到，在竞争日趋激烈的世界汽车市场上，日本汽车正以其成本低、价格廉而后来居上，蚕食着一直在汽车市场上占统治地位的美国的地盘。尽管"通用"想尽了改进汽车制造的办法，仍难以在这场竞争中完全取胜。如果继续恶性竞争下去，肯定会两败俱伤。于是，史密斯从长远着眼，提出了同日本厂商的联合建议，而"丰田"也欣然响应。因为这两家世界第一、第三位的汽车厂家都有各自的明确意图。对于"丰田"，可以避开美国贸易保护主义的障碍，获取更大的利润；对于"通用"，则可以深入了解丰田生产管理的第一手资料，借鉴丰田的经验。可以说，两个厂家强强联合，获得了双赢！

在商界竞争中，如果不能打败你强有力的对手，那就尝试和他们进行结合。这是许多成功人士的竞争策略，也是这些成功人士的经验之谈，你也不妨一试。

与人合作的目的就是双方都能获利，想独自获利是一种贪婪，而双赢则是一种策略。同时，只有这样，才可以处理好与伙伴与对手的关系，为下一步合作打下良好的基础。

大自然中弱肉强食的现象较为普遍，这是出于动物生存的需要。但人类社会与动物界不同，个人和个人之间的依存关系相当紧密，除了竞赛之外，任何"你死我活"或"你活我死"的游戏对自己都是不利的。

建议采用"双赢"的竞争策略，这倒不是看轻你的实力，认为你无力扳倒你的对手，而是为了现实的需要，如前面所说，任何"单赢"的策略都是不利的，因为它必然会有这样的结果：除非对手是个软弱角色，否则你在与对方进行争斗的过程当中，必然会付出很大的心力和成本，而当你打倒对方获得胜利时，你大概也已心力交瘁了，甚至所得还不足以偿付你的损失。人类社会是复杂的，你更不可能将对方毁灭。如果你一时贪心，必然会招致祸患，给自己造成潜在的危机。在进行争斗的过程当中，也有可能发生意外的情况，而这会影响本是强者的你，使你反胜为败！所以无论从什么角度来看，那种"你死我活"的争斗在实质利益、长远利益上来看都是不利的，因此你应该活用"双赢"的策略，彼此相依相存。

注重彼此和谐与互助合作，面对利益时与其独吞，不如共享。在经济利益上，讲求"有钱大家赚"，这次你赚，下次他人赚，这回他多赚，下回你多赚。人，何必如此贪心?!

总而言之，"双赢"是一种良性的竞争，更适合于现代社会人们之间的相互竞争。

要保护商业机密

【原文】国之利器不可以示人。(《老子·第三十六章》)

【大意】治理国家的玄机谋略不能随便给别人。

老子肯定了机密的重要性,认为机密不可泄露,否则会造成很大损失,这是有先见之明的。

每个企业都有自己的核心经营业务或技术,这些核心构成了企业的核心竞争力,因此企业都会尽量保护自己的这些商业机密。随着商业竞争的加剧,商业机密越来越受到商家的重视。而如何有效地保护商业秘密是一个很大的难题。企业作为市场中的个体,应如何在日常经营中有效防范?面对恶意行为又应当如何寻求法律保护?企业保护商业秘密包括事前的积极防范措施和事后的司法救济两种形式。

1. 采取积极防范措施

保护企业商业秘密的一个重要措施就是积极防范。每个企业都应把积极防范作为保护商业秘密的立足点。积极防范的具体内容有:

(1) 企业应当把具备商业秘密基本特征的经营信息、技术信息、技术秘密的事项,确定为本企业的商业秘密,并在密品、密件的封面上标出明显的标志。再通过一定的形式使有关人员明确这是本企业的商业秘密。

(2) 要结合实际情况,制定保密措施,明确保密职责。企业可同接触商业秘密的人员签订保密协议,保密协议的内容包括:保密的内容和范围、双方的权利和义务、保密期限、违约责任等。要加强对商业秘密载体的管理,在生产、传递、使用、归档、销毁等环节中,要严格控制接触范围,制定管理规定。在参观、交流等活动中,要内外有别。总之,要通过严密的保密措施，将本单位商业秘密保护起来，使其他人不用非法手段难以得到。

（3）企业还要向本单位的干部、职工进行保密教育，提高保密观念，增强保密意识，知悉保密制度和厂规厂法，为自觉地保守本单位的商业秘密尽义务，自觉地履行企业限制义务。

（4）企业可以把商业秘密的技术秘密申请专利，用《中华人民共和国专利法》予以保护起来。

2. 商业秘密的司法保护

企业的商业秘密一旦被侵害，就要寻求司法保护，每个企业都应当学会用法律来保护自己的经济权益，现在我国虽然还没有一部完善的"商业秘密保护法"，但在目前已颁布的法律、法规中，已有不少保护商业秘密的条款。如：

（1）通过《刑法》保护。从1997年10月1日起施行的《刑法》把侵犯商业秘密的行为定成一种刑事犯罪，这是维护社会主义市场经济秩序，保护企业商业秘密的重在措施，企业的商业秘密无论是被单位还是个人侵犯，都可以侵犯商业秘密罪向人民法院起诉。

（2）通过《民法通则》保护。商业机密受到侵害的企业可以依据《民法通则》的规定，向人民法院起诉，追究侵权人的民事责任。

（3）通过《反不正当竞争法》保护。企业的商业秘密如果被本单位的职工或者是竞争对手单位非法获取，就可依据《反不正当竞争法》的规定，向人民法院起诉，追究侵权人的民事责任。

（4）通过《劳动法》保护。具备条件的企业可以依据《劳动法》的规定，向劳动争议仲裁委员会申请仲裁或者向人民法院起诉，追究侵权人的民事责任。

（5）通过《经济合同法》和《技术合同法》保护。企业有相关情形的可以依据《经济合同法》或者《技术合法》的规定，向人民法院起诉，追回经济损失。

（6）通过《计算机软件保护条例》保护。企业的商业秘密如果储存在软盘中，被侵权人以不正当手段获取，或者有符合《计算机软件保护条例》第三十条所列八项侵权行为之一的，就可以依据《条例》向人民法院起诉，要求侵权人停止侵害，赔礼道歉，赔偿经济损失。

防患于未然

【原文】 为之于未有，治之于未乱。(《老子·第六十四章》)

【大意】 要在事情还没有发生时处理它，要在事情还没有纷乱时治理它。

老子认为，防微杜渐，将危机消灭于萌芽状态，才不会酿成大的祸患。管理界流传着一个关于荷叶的故事，正好说明了这个道理。

在很远的地方，有一个村子，村子里有一片清澈的池塘，这个池塘是村民们唯一的饮用水源，绝对不能被污染。

有一天，一个人不小心让一小截藕掉进去了，藕在池塘里生根，然后发芽，并长出了几片荷叶。

荷叶每天都在成倍增长，2片、4片、8片、16片、32片……按这样的速度，30天就可以覆盖整个池塘。

可是，在此之前的28天里，却没有人理会这池塘里的变化。

直到第29天，村民们注意到了，他们认为是"突然间"长满了覆盖大半个池塘的荷叶。

就在他们讨论着如何处置时，荷叶布满了整个池塘。先前生长的部分荷叶已经腐烂，并且别的水生植物也趁势猛长，水质被严重破坏。

任何一个危机事件，都要经历一个从无到有，从小到大，从轻微到严重的累积发展过程。很多危机之所以达到难以控制的程度，都是因为在萌芽状态时没有引起人们足够的重视。

很多人都还没有忘记可口可乐的那一场危机，那一阵子，全世界有很多可口可乐爱好者对这一世界顶级饮料敬而远之。

1999年6月，可口可乐这家位居世界首位的软饮料公司，尽管有充足的时间、技术资源和公共关系，有能力在早期控制危机的扩散，但由于未能引起足够重视而使其声誉和形象严重受损。

事情最先起于比利时，有消费者称可口可乐引发了重大疾病，要求可口可乐公司补偿住院治疗费用，但可口可乐公司却坚称产品是安全的。

事实却是，可口可乐公司在比利时的加工厂没有按照惯例实施产品检测，结果使一些有害的成分进入饮料之中，引发了事故，导致200多个孩子和成人患病。其实，在这之前4个星期，危机就已经有了征兆：当时，一位酒吧经营者对可口可乐公司一位经理说，有客人抱怨说闻到可口可乐的味道很不舒服，但没有任何人对此给予重视。

当可口可乐否认其产品对消费者有不良作用时，其造成的影响已十分严重，受害者家属向比利时政府施加压力，要求可口可乐公司回收产品。在法国以及其他一些国家，也先后出现类似情形。

两个星期后，芬兰发现了更多被污染的瓶装饮料，事态进一步恶化。

最后，可口可乐公司收回了1400万瓶产品。在这一场危机中，可口可乐的老对头百事可乐抓住时机，占领了许多市场。全世界的报纸都在指责可口可乐，几乎每一张报纸上都可以看到类似于"可口可乐由于健康恐慌而收回产品"的报道。

事后，可口可乐公司总裁道格拉斯·艾华士承认，他未能及早地了解问题的严重性，在事故处理过程中过于依赖下属单位，也未能尽快抓住机会，亲自向相关国家政府的外长解释清楚。

可口可乐公司的危机就像许多意外事故一样，由于忽视了早期信号，一厢情愿地以为事故会自生自灭，结果导致持续混乱局面的出现，并为此付出了高昂的代价。

大部商业危机并不是由于单一事件而引起的，而是许多个微小的、容易被公司高层领导所忽视的一系列事件综合引发的结果，有时这被称为危机潜伏。

大部分危机是可以避免的，警惕性是首要的，许多危机管理专家提议公司建立危机预防计划以避免危机的爆发，同时建立危机管理计划以便在危机无法控制时解决问题。

预防危机的第一步就是建立定期的公司脆弱度分析检查机制。比如，越来越多的顾客抱怨可能就是危机的前兆；烦琐的环境申报程序可能意味着产品本身会危害环境和健康；设备维护不力可能意味着未来的灾难等等。经常进行这样的脆弱度检查并了解最新情况，以便在问题发展成为危机之前得以发现和解决。脆弱度分析审查不仅有助于防止危机，避免对公司利益的不良影响，而且还会使公司在未来变得更为强大。

脆弱度检查小组由来自公司各部门的经理组成：生产制造、维修、人力资源、销售营销、政府事务与政策、财务会计等。他们能够清楚地了解各自领域内存在着的最大危险，并能用新的眼光看待其他部门。

检查中的一个重要部分就是，从那些最了解公司经营状况的人——你的顾客和员工——那里搜集信息。鼓励员工之间、员工和管理层之间、中层和高层之间的信息共享。询问销售人员以了解顾客说什么，不仅需要了解产品现状，还要了解顾客对产品的未来希望（没人需要的产品或者服务，当然是严重的危机）。

一旦知道了问题的存在，就可以开始分析问题并分配资源来解决问题了。然后，再总结问题可能的发展方向，以便给高层管理更广阔的视角来看待可能出现的问题及后果。

那些在事前对危机有充分思考和准备的企业，才有可能渡过危机的考验。

然后，你需要考虑采取行动或者不采取行动对公司关联群体的影响。关联群体是那些对公司产品感兴趣、并且公司以这样或者那样的方式影响到他们的生活的人的集合。他们对问题的看法和可能的反应必须考虑进来。心怀不满的消费者看起来是一个小的麻烦，但如果他们组织起来并且进行投诉，就有可能引起不必要的政府干预和媒体注意。一个对你的服务或者技术部门的答复不满意或者感到、受到冷落的顾客，可能在互联网上发布他的不满，瞬间就有可能传播开来，就像几年前，英特尔新开发的电脑芯片的漏洞一样在互联网上遭到广泛的声讨。

由以上看出，企业在危机发生前就应该有一套预防危机的机制，毕竟诺亚在下雨之前就开始造他的方舟了。